创造京瓷的男人 稻盛和夫

[日]加藤胜美——著
[illegible]越先——译

人民东方出版传媒
People's Oriental Publishing & Media
東方出版社
The Oriental Press

年轻读者：

一位平凡的乡间少年，在成长的岁月中，总不能得偿所愿，自己也好，身边的人也罢，承受着一次又一次或大或小的打击。而他，却从来不曾丧失对生活的热忱，满腔喜悦、意气风发地迈步人生之路。终有一天，豁然开朗，前方展现出少年本人根本无法想象的未来。

在这日趋迷惘纷乱的时代里，愿将那段往事，向现今易迷失方向的年青一代娓娓道来，盼他们拨云见日，重拾人生的希望！

稻盛和夫

目录

I　胆小鬼一跃而过

好哭郎之章

病与心之章

焦土之章

戒之章

危机之章

狂之章

梦之章

I

胆小鬼

一跃而过

好哭郎之章

“别哭！跳吧！”

忽地一阵，一帮光头少年向着田野飞奔而去，撒下一路欢叫。

清风带着绿意，南国的天空清澈而高远。少年们的呼喊声飞掠而过，只剩下小河流水潺潺。

不料，风驰电掣的少年们似乎把什么落在了河畔——那是一名肤色黝黑的少年，个头矮小，脑袋却分外巨大。他不敢跨过小河，战战兢兢地呆立着。因为头大身小，他被起了个“假分数”[1]的绰号。

该怎么办呢？

自己回家算了？不知妈妈在家里做什么呢？应该忙着糊纸袋吧？跳过去？万一不成，掉进河里，会粘得浑身是泥，还会被蚂蟥叮上吸血呢……

真是的！

少年进退两难，顿时慌了神，只恨自己胆子小，却又不知该如何是好，呜呜地哭了出来。可是，在这儿哭有什么用，母亲也不会来身

1　假分数：形容人头大身体小。

边。即便现在掉头回家，也已经离得太远了。

远处，跃过小河的光头少年们此时也觉察到，行军队列里少了一员士兵“假分数”，当即中断战役，再次如一阵旋风般气喘喘地折返河畔。这一带田野是鹿儿岛市内称为“原良”的田园地带，小河是庄稼地里灌溉用的沟渠。河底淤泥堆积，若不慎掉落，下半身全都会深陷进去。

年长一些的上级“军官”见“假分数”正哭丧着脸，哄然大笑，齐声冲他高喊：

“别哭！跳吧！光哭有什么用？快跳！”

一连喊了五六遍，如同一枚枚利箭，射中了这名头大身小、迈不开脚的少年。

这每枚利箭之中藏着潜台词：

“胆小鬼！这都跳不过来？”

少年敏锐地捕捉到这种特有的轻蔑腔调，声声刺耳。他抽抽搭搭地吸着鼻子，止住了哭泣。虽说胆小如豆，却生性开朗，不甘落于人后，怎能任由他们这番奚落！况且，萨摩自古尚武，本地风俗是男孩自幼年起便有意识地进行锻炼，以成长为萨摩之子。这少年，虽乳臭未干，也容不得半点羞辱！

众少年站在对岸，仍然嘻嘻哈哈，闹个不停：

“别哭！跳吧！光哭有什么用？快跳！”

其实，他们的嬉笑并不全是轻蔑之意，也是在为年幼的同伴打气，召唤他战胜畏惧、投入打仗游戏：

“快来呀！快跳呀！”

白云飘浮在空中，微风拂过脸颊，泪痕已经冰凉。好了，这可不是哭的时候！

跳过去！伙伴们都瞧着呢！不许失败！

少年退到离沟渠数十步的地方，留出助跑的距离，心中回响着“别哭！跳吧！光哭有什么用？快跳！”他喃喃自语：“跳吧！能跳过去呢！”“好胜心”在安慰“针眼胆”……

他紧张得脸色苍白，连光头少年们也都屏气噤声。

嘶的一下，猛吸一口气，只听得哒哒哒一阵快跑，嗨哟一声，跃上半空，眼看就要着地了，但由于用力过猛，直接摔了个大马趴，两手与膝盖都蹭上了土。紧接着，又是“啪嗒”一声，一个嘴啃泥，灌了满嘴土。少年“呸呸”地吐了几下，站了起来，掸去手脚上的泥土，却还是一副憋不住要哭的脸。

险险地跃过沟渠的自己，替前一刻还在抽泣的自己感到难为情，有些闷闷不乐。

即刻，再度开战！

雷鸣般的欢呼声在天地之间炸响后散开，光头少年们撒腿飞奔。

“假分数”跟在后面拼命地追赶，心中的愁绪顿时烟消云散，重新焕发出天性中的神采。沟渠上一跃而过的快乐开始蔓延至全身，“成功了！成功了！”他雀跃着，在心中一遍又一遍地唱着“别哭！跳吧！光哭有什么用？快跳！”

这件事发生在1939年到1940年前后，当时日本上空已经覆盖着战争的阴云。原良的南方、遥远的樱岛上，隐约升起了一缕白烟……

好酒的爷爷拉板车卖冰糕

“胆小鬼”少年和夫生性活泼开朗，争强好胜。他与年长三岁的哥哥利则一起，天天盼着爷爷七郎回家的那一刻。他们望眼欲穿的，其实是夏日里在鹿儿岛市内沿街叫卖后拉回家的那卖剩的一两个西瓜。大板车上用木板围了一圈，当中铺着麦秆，走街串巷。爷爷卖的西瓜甘甜味美，有口皆碑，甚至有人家早早地就在候着，等待大板车上系着的铃铛声叮当叮当地传过来。

没卖完的西瓜吊在庭院水井里冰过，用大厨刀咔嚓一声切开，露出水灵灵、红艳艳的瓜瓤——那一瞬间，打仗游戏、爬树攀崖时的磕磕碰碰、小伤小痛全都忘得一干二净。

此外，西瓜歉收或者没有好瓜卖的时候，爷爷就会卖冰糕。

涂着“冰糕”两个油漆大字的木箱装上大板车，两扇对门啪嗒一开，只见里面塞满了刨冰，上面摆着粗盐。将细长的圆棒从冰的上方旋转着拧进去，开出一个细长的圆洞。小心地在洞中并排放入若干根试管，每根试管里丢进一支木筷。两三种黄色或红色的蜜倒入金鱼缸状的玻璃瓶中，挂在木箱侧面，从瓶口垂下细橡胶管，顶端用晾衣夹夹住。晾衣夹一松，蜜水通过橡胶管流进了试管里。不知是打哪儿学来的，况且爷爷七郎本就心灵手巧，这些活计统统不在话下。

清早，爷爷出门置办货物，这对淘气的馋嘴兄弟专趁爷爷外出的时候偷吃，以此为乐。确定没人在家后，他们蹑手蹑脚地靠近大板车，小心翼翼地打开木箱门，只需猛地拔起木筷便可大快朵颐——谁知，外表看来已经冻上，里面却并不结实，竟只有木筷被拔了出来。兄弟俩心下一沉，大呼“糟了”，但馋虫已经勾起，两人伸出舌头将筷子舔了个遍才放回原处，又装出一副“事不关己、高高挂起”的模样。

傍晚时分，喜好晚饭时喝上两盅酒的爷爷，并不在意货物是否卖完，都会摇着铃铛回到位于药师町一之桥街的家中。而兄弟俩呢，无论去了哪儿，必定会在此之前赶回来。因为卖剩下的冰糕两人可以随便吃。

从刨冰中取出试管，管壁上凝结的白色冰晶刺激着饥肠辘辘的兄弟俩。他们把试管浸入大板车上的水桶里，然后不慌不忙地拉出木筷，只听“砰”一声，清脆悦耳——余音尚未了，冰糕已经落入二人口中。

砰！那拔出木筷的声音真是妙不可言！

家中一贫如洗，却有四个孩子要养活。爷爷从来不管家庭开支，结束了奔波一天的工作之后，有时会拎着狸形酒壶，步履蹒跚地穿过家门前的甲突川桥，去河对岸的酒铺买烧酒。不过，这差事一般都会交给两个孙子中的一个来做。爷爷七郎的长子畩市生有两个孩子，利则与和夫。

清酒也好，烧酒也好，都是一合[1]一合地卖。然而，如果给爷爷买不到酒，兄弟俩多少有些抬不起头。酒铺里，打酒用的长柄舀勺都是搁在漏斗上来计量，溢出舀勺的烧酒通过漏斗存入瓶中。打完酒后，舀勺也会倒扣在漏斗上，滴落的酒也积在了瓶中。这一点一滴攒下的清酒和烧酒的混合液称作“积酒”，兄弟俩的差事就是买上一两合这种酒。

爷爷七郎出生在距鹿儿岛市约三里地的小山田村。那是穷乡僻壤的山区地带，耕地少得可怜，村中百姓都死守着巴掌大的一块田地艰难度日。

其中一户人家姓“稻盛”，家中兄弟七人，一郎是大哥，最小的七郎只分得山隘一隅的三亩滩地。终年阴湿，日照不足，收成无论如何养活不了一家六口。无奈之下，只得将有的没的行李装上大板车，拉到了市内的西田町。当时，长子畩市正读小学六年级。畩市性格沉稳，不爱说话，却已经是个好帮手。他还有三个弟弟。

出村时，天刚蒙蒙亮，畩市挑着扁担往前走。扁担上吊着的行李太重，总剐蹭在山道上。父亲大发雷霆。畩市又饥又渴，几乎抬不动

1　合：体积、容量单位，作为容量单位时，“一合”为一升的十分之一。

脚。只听得父亲说，再往前走一点儿便有一处甘甜的山泉，再加把劲啊！于是，他打起精神，吭哧一声，重新挑起了扁担。那之后喝到的水味如甘露，至今难忘。畩市的母亲也一同赶路。

在鹿儿岛市内，七郎走街串巷，叫卖樱岛萝卜，畩市小学一毕业便去了印刷作坊当学徒，以补贴家用。

畩市生于1907年，1918年前后开始帮工。畩市的母亲伊势鹤于1927年去世，年仅47岁。七郎不愿续弦，却为长子畩市张罗婚事，以便将年幼的弟弟拉扯大。1928年，畩市与同样来自小山田村的溜藏之助的女儿姬美成婚，他们一家比七郎一家更早进城，定居于市内锦江湾畔的天保山下。

姬美比畩市小三岁，当时年方19岁，和服肩侧正打着窝褶，尚未束发[1]。

那一年，畩市的二弟16岁，此外还有分别上小学四年级和一年级的两个男孩。虽说日子过得紧巴巴，结婚翌年，即1931年4月11日，利则出生了。利则是个老实孩子，没怎么让母亲姬美操心。

当时，七郎已经开始拉着大板车沿街卖货，赚的钱却一分都不拿回家，养养小鸟，喝喝小酒，自得其乐，过得惬意。而畩市则充任了父母的角色，抚养弟弟，送他们去上学。一家全依赖勉强糊口的一点收入过活。姬美操持家务，处处精打细算，功不可没。

1932年1月30日，利则的弟弟和夫出世。实际出生日期是21日，夫妻俩忙着养家，又要照顾孩子，拖了好几天才去登记。不知是否因此之故，这孩子很是折腾人，睡醒后一睁眼便会号啕大哭。

七郎家所在的住宅区俗称“岛津寓所”，过去七百年间，一直是

1　日本的儿童和服在制作时肩部会经过窝褶处理，随着孩子一年一年长大，逐步放开，以便调整和服与人体的比例。当一个日本人不再穿肩上带着窝褶的和服时，表明已经成年。同时，少女成年后还会将头发束起。

萨摩、大隅、日向三州统治者岛津家的下级武士居住地。孩子们打仗游戏的战场——一望无际的田园地带“原良”之中，除了岛津寓所，还有几所学校。

七郎一家最初住在西田町，因为拉车卖货，常来原良一带。有人租下了原岛津家花木苗圃后面的房子，又转租给七郎，于是举家搬迁至此。那是 1925 年，畩市 18 岁。勤劳能干的畩市在印刷作坊当学徒，业余时间做印刷名片的零活，不久，便开办了自己的印刷作坊。这期间，隔壁邻居搬家，房屋闲置，于是有人前来劝畩市买下。畩市本无心购入，婉言谢绝，但此处一直无人问津，介绍人将畩市的出价转告房东，最终成交。

从此，畩市原先的房子变成了作坊，他们住进了新家。

“三小时哭神”在天花板上发现了赶海景象

姬美嫁给稻盛畩市的时候，畩市虽说是印刷所的工人，每日工资却仅为 1 日元，而在机关里上班的人月薪则是 100 日元。于是，姬美每月会存下 1 日元，攒起来正月里为畩市的弟弟们购置和服之类。

餐食是米饭配味噌汤。偶尔会买些便宜的肉筋回来，跟爷爷卖剩的樱岛萝卜一起炖上两个小时，煮成黏黏糊糊的一锅菜，端上饭桌。那黏黏糊糊的美味，连同那个年代里食不果腹的记忆，后来曾被姬美提起。

畩市每晚在印刷作坊加班，同时准备了一些活字模，业余时间开始印刷名片。他打发正上小学五年级的弟弟跑腿，前往甲突川对岸的草牟田纸店去取订单。这份工作是向第 45 连队交货的纸店介绍来的业务。畩市在作坊每日加班至深夜十点，回家后再印刷名片，第二天由弟弟去交货。没有准备的活字模事先查清楚，然后派弟弟去购买。

现如今（1979年），一盒名片约1000日元左右，即便利润达到一两成，收入也寥寥无几。

爆米花流行的时候，畩市也去卖过。红、白、黄等颜色的蜡纸边角料积攒下来，粘成三角袋，那鲜艳的颜色非常吸引孩子们。再去购置机器，放入大米。“嘣”的一声过后，将爆出来的大米装入袋中，去夜市或者学校的运动会上出售。因为纸袋色彩悦目，搭配得当，竟然卖得很好，很是意外。

利用边角料制作出讨人喜欢的纸袋，这种巧心思、这副好手艺正是畩市的长项。然而，他却无意去积极拓展生意，依然闷头在作坊干活，顺便接一些零碎的兼职活计。不论印刷名片还是卖爆米花，收入都很微薄。话说回来，只要做事便有收入。畩市后来一辈子以此为生——也只会以此为生。

然而，有人认准畩市老实本分，提出要不要试试二手活版印刷机。畩市一贯小心谨慎，毫不动心。对方却并不作罢，说先试机再付款也行。畩市禁不住这番热心劝说，终于点了头。其后，主要业务是一街之隔的鹿儿岛实业学校的入学申请书等公文、宣传册、笔记等。同时，畩市也开始制作手糊的纸袋。那一年是1932年，畩市25岁，正是和夫出生后不多时。

制作纸袋，第一步必须取来货样，逐层拆开，记住纸的折法。可是，他们并没有余钱一次买足纸张，只能将每月没花尽的那一丁点伙食费扣下，攒到好歹能买回一连（500张）。畩市将其分为5份，手工裁成五种大小，由姬美手工粘贴。工作量增加之后，雇来三四名糊纸袋的女工，由姬美教会，并将家中的堂屋和走廊打通，腾出工作间来。

纸袋的业务越做越大，这回又有人来向畩市推销自动制袋机。或许因为昭和经济不景气，有些纸袋作坊受此冲击而倒闭。纸商看中畩市正直忠厚，前来询问，是否愿意使用顶账扣留的机器。畩市自然拿不出这些钱来。

“鹿儿岛市内只有你用得上这种制袋机，就用这个吧！”

“不行啊，已经说了，没有钱。”

“钱可以暂时不谈，肯定会便宜给你。方便的时候再给也不迟。”

“嗯，可别这么说……买印刷机器的时候，我能从隔壁学校接业务，并不发愁。如果买下自动制袋机，万一没有销路，光有机器没活干，孩子又大了……再说，我就是一个手艺人，哪会用这种新式机器啊！”

“不急不急，我会带人来为你演示操作。以你的能力，根本不成问题，用不着打憷。纸袋的销路只要维持现在这种规模就可以。要是真卖得不够，我来帮你打探买家。我这边也是因为客户破产，机器拿来抵账，闲着也是浪费，只能拜托稻盛先生了！”

“这……无能为力啊！我不过是个手艺人，做不来这种事，万一搞砸了可如何是好……”

“正是信任你的为人，我才上门拜托！”

“嗯……”

畩市生怕负担太重，一时间颇为踌躇。男人之间的生意谈话姬美在一旁听得分明，却插不进话，对丈夫的优柔寡断急得牙痒痒，只恨自己不是男儿身——这等条件优厚的好事上哪里去找，岂有拒绝之理，况且，卖纸袋自己也能帮上忙啊！

与要强的姬美截然相反，畩市胆小怕事，从不敢摸着石头过河。然而，他终究心肠软，对方百般恳求，他也拉不下脸来断然拒绝。一番软磨硬泡之后，最终半推半就地买下了这台旧自动制袋机。不过，他坚决不同意为此事去借钱——这一点，可算是胆小者的底线吧！

机器买来了。生平头一回见到，压根无从下手。滚轮和凸轮连起来，足足有两间屋子那么长。前任主人上门来，花了半日讲解并演示操作，之后全是畩市凭着自己心灵手巧的天分来摸索。滚轮和凸轮只要一个出了问题，机器就不能自动运行。发生故障的时候，畩市细心地检查机器，一个一个地矫正零件。利则与和夫眼睛一眨不眨地盯着看，父亲熟练而精湛的技术令他们流露出赞叹的表情。这一刻，沉默寡言的父亲顿时伟岸起来。

后来，实际操纵机器变成了姬美的任务——用手摁住纸，一张一张地往机器里送，从而做出纸袋。但若运行不正常，会接连两三张都出错。

购买自动制袋机之前，即手糊纸袋的时候，和夫大约三四岁。

每每一觉睡醒，和夫睁开了眼睛，在半梦半醒之间，只觉得自己会被什么再次拉回黑洞洞的世界，孤零零的，茫然无助。他不安地四下张望，以寻求某种依靠。

谁都不在。

不安难耐，和夫畏怯地开始喊妈妈，找妈妈来温柔地抚慰他："哎呀，睡醒了吗？没事了没事了！"

妈妈哄着他，渐渐地，从黑暗的世界中逃离出来，如梦初醒一般，慢慢地回到了现实。

然而，今天母亲却没能及时赶来，不知为什么。和夫侧耳倾听，轰隆，轰隆，从作坊那边传来一如往常的单调机器声，母亲刷刷地整理着小山堆似的纸袋，并没有要往这边赶来的迹象。

再喊一声："妈妈！"快哭出来了。又试着喊了一声，却仍然没有听到脚步声。午后静悄悄的。

"哇！"

和夫的"三小时长哭"开场了。

其实，和夫的声音早已传入姬美耳中。

“不抓紧过去的话，免不了又大哭一场，哄也哄不住……”

心里这么嘀咕着，却始终没能站起身来。她正紧张地带女工们一起糊纸袋，只想早点收工。终于告一段落，去看和夫 :“哎呀，对不起，对不起，来晚了！”说着伸出手去，和夫索性放声大哭。最开始的哭泣声似乎在说 :

“妈妈，快来呀……”

终于看到姬美的身影时，变成了 :

“妈妈怎么现在才来啊……”

抗议妈妈来迟了。这下子，怎么哄、怎么逗都不依不饶。姬美一气之下回到工作间。如此一来，哭的理由又变成了 :

“妈妈怎么又走了啊……”

哭得没完没了，姬美无可奈何只得折返。然而，好哭鬼的“自尊心”在赌气 :“刚才怎么不好好哄我呢？”又亮开嗓门哇哇直哭，意思是 :

“一开始对我就不好！”

姬美丢下他回到工作间。和夫只觉得自己的正当抗议，妈妈完全无视，便开始用脚咚咚地踢门。姬美急匆匆跑过来。

“这孩子，怎么一点都不听话！”

说着，不顾和夫正在号啕大哭，往他屁股上噼里啪啦地打了一顿，留下一个“再也不管你”的背影，拂袖而去。这回，和夫又开始为自己讨公道 :

“妈妈对我不好，我才会踢坏门的，根本不是我的错！”

火烧屁股一般的哭声响彻整个房屋，女工们脸上的表情都在说 :“和夫这小子，又开始三小时长哭了！”手中还在一刻不停地糊着纸袋，偶尔瞄一眼姬美，见她若无其事地码着纸袋。而印刷作坊里，畩市正心无旁骛地制作卖给学校的笔记本。他无暇顾及孩子，周日也不休息。

“三小时哭神”也该哭累了。其实不过一个小时左右，但和夫的哭腔一开始，便无休无止，姬美才如此戏称。哭得累了，渐渐转成了抽噎，不一会儿，只剩下吸溜吸溜抽鼻涕的声音。

唉，总算消停了！姬美偷偷地往屋里瞧，那位“三小时哭神”正摆弄着什么玩呢。姬美轻手轻脚回来看一下，和夫正凝视着天花板，一动也不动。在那里，一个只属于幼儿的遐想世界缓缓地拉开了帷幕……

眼睛因为久哭而红肿了，脸上还留着泪痕，氤氲的视线之中，浮现出不知名的海岸风景。

持续哭泣近一个小时，已经筋疲力尽。恍恍惚惚间，无依无靠的幼儿那备受冷落的心被天花板上的木纹牢牢吸引住了。于是，海岸线与盛夏的白云涌来，海浪拍打着岸边，声音真切，飘来海潮的气息……

潮水退去，海滩显露，干净的沙地上小螃蟹在爬行，甚至连一丁点大的小贝类那圆圆的壳都看得一清二楚。四下里，父母与孩子手牵着手，开心地笑着，兴高采烈地东一处西一处地挖贝壳。太阳晒得光溜溜的脊背直发烫。“我呀，能挖好多好多呢！”和夫心想，目不转睛地盯着天花板。

泪水干了，视野清亮起来，赶海拾潮的风景不见了，不知从哪里传来飞机的轰鸣声。

白底上印着一轮红日的机翼反射着光芒，熠熠生辉，正在低空飞行，不断地靠近，机身控制台上那戴着飞行眼镜的驾驶员好像正在朝这边笑呢！“应该是朝我笑呢，没错吧！”还没等想明白，飞机已经开始急速拉升，腾空而起，直入云霄，接着，仿佛挥了挥手一般，盘旋了两三圈之后，消失在天际。

遐想的世界不仅在天花板上，有时候哭累了，钻进桌子下面，也能发现。这些寻常的景象映入和夫的眼帘，幻化成大人无法窥探的波澜壮阔的世界，无边无涯，无穷无尽。只消“呼”的一下，他便可以将人们日常居住的一间间房舍抹去，创造出一片不明生物栖息的森林……

哥哥利则出门上学，小伙伴们都去了幼儿园，和夫没有玩伴，闷在家里。“三小时长哭”平息后，扭扭捏捏地出现在众人面前，泪痕还留在脸颊上。姬美一边糊纸袋，一边不动声色地注意着和夫，他有时似乎想去外面，走到门边东张西望。可是，一见对面有人来，立马缩回家里，决不一个人迈出门外半步。

守着炭盆过冬时，他跨在如同涂了青瓷般水蓝色釉彩的圆炭盆上，穿着和服烤屁股。不料，这样做惹了大人生气，招来训斥：“又烤屁股！”即便如此，一整个冬天，他都像小猫一样，寸步不离炭盆。

在天花板上看赶海、看飞机，在炭盆上烤屁股，或者骑在作坊的电动机上……这个胆小如豆的好哭鬼，不常上蹿下跳，然而，一旦置于安稳的容身之所，便会坠入想象的世界，生龙活虎，自由自在地呼吸。他独自一人，将那个世界搭建又拆毁，拆毁又搭建，乐此不疲。

如此这般，一直到升入小学前后，叔叔们领着去看电影时，他竟然无动于衷。周围的大人们乐得哈哈大笑，他心里却想：

“大人怎会这么幼稚！这种故事我都能编！一看就知道后面的剧情嘛！看这种东西，花这么多钱，太傻了！大人的头脑为什么这样单纯呢？我还能编出更有意思的故事！”

除了沉浸在想象世界里，他无时无刻不紧攥着母亲的和服下摆，寸步不离，跟着忙个不停的母亲跑来跑去。不一会儿，哥哥回到家，他又欢呼着“哥哥”，追在哥哥身后飞奔出门。

市立西田小学的入学仪式上，和夫还缠着母亲。

1938 年，入学典礼结束，各自进教室，老师讲话完毕，姬美正打算离开，和夫不出所料地哭出声来，起身去追姬美——整个教室所有人的视线一下子聚集在这母子两人身上。姬美急着赶回家干活，刚要迈步，和夫已经开哭。“这孩子真没用！”她一肚子怨气，却无计可施，面子上固然挂不住，也不便发作，只得一个人缩手缩脚地站在和夫看得见的地方。

甲突川的黑霜鱼，名叫“埃塞俄比亚”

此后近一个月，每天早晨，和夫都要脾气，赖着不去学校，只得由比他年长三岁的利则牵着手，领他出门。利则看来，弟弟是个大泪包，本就不愿上学，总免不了磨磨蹭蹭、哼哼唧唧。催促快点、快点，他也不听劝，由着性子瞎胡闹！末了，利则赌气先跑了。这一来，和夫顿时哇哇大哭，更加无理取闹……

无奈之下，比畩市小十岁的弟弟兼一把和夫放在自行车座上，去追利则。叔叔如果送不了，只能姬美带他去。不知畩市是否得知和夫的状况，他始终不曾斥责一句，不声不响地埋头在作坊里干活。

第一学年结束，和夫竟考出了全甲的成绩。畩市和姬美欢天喜地：“了不得！这在亲戚里还是头一个！”谁也不曾预料，从那之后，和夫并未成为一个好好学习的孩子，却一反其道，整个儿变了个样！

和夫个性叛逆，事事与父母对着干，而年长三岁的利则却耿直懂事，非常顺从。有时，两人各拿一分钱去点心屋摸彩，若只利则中了奖，和夫便当场噘起嘴来。于是，利则毫无怨言地将自己的奖券与弟弟交换。

这对感情笃深的兄弟俩在家中言行举止的差异，由一个关于兔子的往事可见一斑。

节日庆典之际，寺庙和神社一带会摆出夜市，6月也卖烟花，春秋两季还有“木市”。每当此时，姬美会一手牵着利则、一手牵着和夫，沿街逛一家一家的店铺，权当工作之余的散心。店铺里，电石灯照着亮，发出特有的气味。木市上，常有人支着帐篷卖兔子。和夫看到白毛赤目的兔子蜷卧着，没来由地想要，拖住径自走过的姬美，拉扯她的手，闹着要买。姬美自然不愿花这种无谓的钱，催他往前走，和夫却一屁股坐在地上，双手乱拍，双脚踢蹬，可称作变相的“三小时长哭”。姬美想抱起他，和夫放开嗓门大喊：“要买呀……”使劲挣脱姬美的手。卖兔人哭笑不得地望着姬美与和夫，而其他父母和孩子都带着一脸“这孩子太任性”的表情走过身边。姬美多少有些难为情，只得窝火地蹲下身子，对着和夫，说道：

“和夫，如果你能保证，刮风下雨也好，天气冷了也好，每天都去割草喂兔子，好好照料它，我才会给你买。”

多半也是为了给做事没有常性的和夫一个锻炼，她说着解开了钱包的绳扣。

这只胡搅蛮缠得来的兔子，起初和夫依照约定，从原良摘些马齿苋来喂，后来却正如姬美的担忧，不闻不问。到头来，还是姬美可怜动物，一边发牢骚一边从忙碌中抽出空来照看。

利则是长子，处处受兄长的待遇，连学习桌都是崭新的。而他毕竟年长三岁，家中的经济状况或多或少也有所感知，绝对不会死乞白赖。对于索要兔子的弟弟，他的想法是：“这家伙真敢说话！”

树木繁茂的原良田野、多为悬崖峭壁的城山[1]（自然没有现在的旅店）以及家门口的甲突川，是兄弟俩的嬉戏游玩之地。甲突川中有鱼

1　城山：鹿儿岛市北部的小山，是西南战争的战场、西乡隆盛的自刃之地，有岛津氏的鹤丸城遗址。

有虾，兄弟俩每次都战果丰盛。现如今，甲突川已经建成混凝土河坝，战前只有一部分由石块垒积，其余都是土堤，竹林青翠，苦楝树与樟树郁郁葱葱。

哥哥就读小学高年级时，即和夫上到小学三年级前，和夫都是拎着水桶去河边的跟屁虫。护岸用的木桩之间张着竹网，网中藏着虾和鲶鱼。利则两面夹击，徒手一捉一个准，是个高手。跟屁虫和夫拎着水桶跑来跑去，将捉来的鱼扔进水桶里，如果哥哥不替自己捉鱼便气鼓鼓地绷起脸来。

河中有一种大头鱼，身上曼陀罗似的黑白花纹，名为黑霜鱼，而和夫也得了“黑霜鱼”的外号。附近住着一位留着雪白长胡子的老人，仙风道骨，博学多识，他将头发微微自然卷、肤色黝黑的和夫戏称为“埃塞俄比亚”。

“窝里横”长成“山大王”

小学一年级期末考试得了全甲之后，和夫却不再认真学习。二年级时，心思全花在外面玩上，升入三年级后，更是变本加厉。

当时的孩子们无一例外地憧憬着海军学校学生的纯白制服和腰间别着的匕首，经常模仿五指并拢立正敬礼、发摩尔斯电码、打旗语。

> 我最喜欢军人，现在就长大，
> 别着勋章佩着剑，跨马上战场！嗨——驾——驾！

打仗游戏时，谁当侦察兵，谁当工程兵，各人角色全由和夫来分配，还为他们佩戴草做的勋章。总有孩子不服指挥，最后嚷嚷着要撤出。每当此时，我方大将必会第一时间飞速赶来（正可谓兵不拙速），把自己当零食的牛奶糖分给众孩子。到后来，直接指派亲信送零食去分发。这位所谓“大将”，没有军衔等级，不过是打架中占了上风的小团体头目罢了。

小头目打心眼里其实也生怕被孤立，但不得不调兵遣将、发号施令，否则怎能收服这些部下。因此，身为首领，平日哪怕一块糖也会咬成许多小块，分在每人的手心，作为对他们的犒赏。家附近五六人结成的小团体中，净是些学习成绩中等偏下的鼻涕虫。淌下来的鼻涕用舌头舔一舔，用衣袖抹一抹，袖口油光锃亮。

畩市与姬美一心操持家业，对孩子的学习毫不在意。于是，和夫从不写作业。虽然常在学校的走廊罚站，但一放学就成了一呼百应的首领，与那一刻的威风相比，这暂时的煎熬只算得上一个无伤大雅的耻辱、一次不足挂齿的苦行。

这种状态一直持续到小学毕业，和夫从中对人情世故有了懵懵懂懂的体验。那是每一天都闪闪发亮的黄金时代，也是明争暗斗连绵不绝的日子。分麦芽糖或者奶糖时一派和睦之象，但每一场争斗的输赢都会导致部下的聚散离合——世态炎凉，昭然若揭。被其他派系的头目捉弄，却怯于实力悬殊，临阵脱逃，当了缩头乌龟，第二天去学校，部下无不冷眼斜乜。薄情寡义，让孩子的内心避之不及。

若在学校操场上扎营布阵，必定会出现另一队人马迎面对峙。不知什么由头，磕一下、碰一下、摔了、撞了，甚至踩了脚丫，冲突在所难免。这种场合，必须维护首领的威信，而首领的一喜一忧都与伙伴们的聚散离合息息相关，一旦怯场便会失去朋友——部下也是朋友，是自己的财产。

兼一叔叔对畩市的孩子疼爱有加，作为兄长的帮手，会走很远的路去卖纸袋。他是稻盛家族中唯一的开明派人物，常领着他们去看电影。当时恰逢人称“活塞堀口”[1]的拳击手广受欢迎，其经历拍成了电影，由榎本健一[2]主演。堀口身小体瘦，在拳击场上来回躲闪，冷不丁一记上勾拳，正中对方身体，竟将体型数倍于自己的巨汉击倒在地。见到这一幕，和夫不由得大声喝彩。一回到家，和夫便开始跟着学，并察觉出了其中的门道。倒也并非出于特别的用意，只是一个小个子能击倒巨型大汉，令和夫由衷地钦佩。没承想，第二天，比自己年级高的一名孩子王因为不起眼的小事找茬儿，一言不合，两人便打了起来。

首领和夫宛如电影中的榎健或者说“活塞堀口”一样，一拳定胜负，将对方打倒在地，赢得了“强悍稻盛”的美名。

后来，在寒风刺骨的冬季校园里有一场足球混战。某个打架凶猛的家伙护球，久攻不下，和夫只顾忘我地追球，不经意间与其发生身体冲撞。

“干什么？”对方来势汹汹。原本只要说句“对不起”，挠挠头嘿嘿地赔上笑脸就能化解——事实上一般都这样息事宁人。谁知，这位首领却不服气。双方都不肯善罢甘休，于是你一言我一语，互不相让，球也扔在一边，扭打起来。这一回，和夫再次一出手便撂倒对方。从那以后，对方派系中的一些成员转而来投靠稻盛组。然而，一直到中学时代，和夫内心都苦恼不已：“原本坦坦荡荡地道个歉就能了结，为什么我一下子就跟对方起了冲突呢？”

还发生过这样一件事。

有个孩子想投靠稻盛组，说可以拿来 50 分钱当作入会礼。当时，1 分钱可以买好几颗糖球。一听这话，组里的伙伴们两眼放光，心驰

1　活塞堀口：（1914—1950）日本昭和时代的传奇拳击手，原名堀口恒男，绰号“活塞堀口”。

2　榎本健一：（1904—1970）日本歌手、喜剧演员，被日本人亲切地称之为“榎健（**エノケン**）”。

神往，仿佛已经乐颠颠地走进了一座糖果山。“快拿来吧！”“好，就去拿！”类似的对话重复了不知多少遍，每次都信誓旦旦。“要是真有就拿来，拿不来的话看怎么收拾你！”威吓之下，果真拿来了 50 分钱。

1941 年防空演习开始时（同年 10 月 2 日起，全国统一防空训练开始），因为训练所需，需从校舍二楼把避难用的毛竹搬下来。稻盛组虽说不至于因四处玩耍而旷课，但搬东西又另当别论了。他们跑出去玩了五个多小时，才回来把毛竹搬下去。和夫领着部下，大摇大摆地买点心、抽奖券、吃糖果。我事已成，奈我如何？一群小毛孩雄赳赳、气昂昂地踏上归途。

然而，第二天一早，新入会者的母亲来学校告诉老师，昨天孩子回来的时候嘴巴黏糊糊的，心下好生奇怪，便要问个究竟。

最后孩子不得不坦白说：“一个叫稻盛的孩子让我从钱包里偷 50 分钱。”首领彻底激怒了老师。

另一个孩子，刚从台湾撤回国内，有一分钱铜币大小的斑秃，外号“台湾斑秃”。他因为从河对岸来上学，说一口普通话，总被一帮孩子嘲笑、戏弄。而和夫却生来爱打抱不平，总为他出头，对他和颜悦色。

如此，相安无事。那孩子家在城山的登山道上种着柑橘树，他说爷爷允许大家去摘。然而每回说要去摘，却都找理由推脱。终于，有一日，稻盛组全体出动，将柑橘摘得一个不剩。第二天，首领又被老师好一顿训斥。那时候还穿木屐上学，将木屐放入鞋柜后，在校园里都是光着脚丫。

后来，和夫在“行侠仗义”的秉性与“孩子王”的调皮顽劣共同作用下，掀起了轩然大波。

升入六年级，班主任换成了一位脸色苍白阴郁的老师。因家访需要，按照学区进行划分后，老师领着十余个孩子往家走。和夫家在最后。只余下三四家时，轮到一名无论哪方面都与和夫迥然不同的孩子——肤色白，头脑好，用关西方言说就是一位“公子哥儿”。和夫整日率领着一群乳臭未干的鼻涕虫，宛如花果山的猴王。在他眼中，这“公子哥儿”一副书生模样，眉清目秀，循规蹈矩，一贯独来独往，拒人于千里之外。

时值盛夏，光头孩子们钻进修剪干净的竹篱笆的阴影下，坐着等老师出来。这一带称作“岛津宅地”，街巷交错，犹如棋盘格。篱笆上的竹子折下来，做成了竹枪和水枪。

和夫因为老师迟迟不出来，颇有些不耐烦，悄悄地推开玄关门，往里面探头探脑。这一瞧可不得了！摆着茶水，竟然还有勾起腹中馋虫咕咕乱响的馒头！真恨不得扑上去咬一大口！倘若仅此而已，尚且作罢，老师居然吃了馒头！还没完！这位优雅贤淑的母亲将包巾裹好的某样东西郑重地递给了老师，老师再三称谢后收了下来！

“岂有此理！”

之前的几个孩子，家中都是菜贩、理发铺之类，他们的母亲见老师来访，一时间慌里慌张，连忙用围裙擦着手，碎步小跑出门迎接。随后，站着简单地说上几句话，老师便匆匆离去。

和夫心中一震：“本应当一视同仁，凭什么区别相待？”好不容易来到自己家，却也不过在玄关的楼梯口稍坐片刻，聊了几句便告辞了。

“这种人，谈什么为人师表？”和夫愤愤不平。

第二天开始，上课时也不免带着愤愤不平的情绪。

“谁还不懂？”老师问道。若是那名英俊独行侠，老师会耐心地讲解，谁知鼻涕虫们纷纷举起了手。

老师顿时厉声怒喝：“这种问题都不懂，真是笨蛋！”和夫让稻盛组的伙伴们在没听懂的时候都把手举起来，这一试，赫然是厚彼薄此！

这位首领的正义之刃劈向了那名受老师偏袒的孩子。每天放学后，和夫他们截住他予以严惩，直到他哭哭啼啼才放其逃回家，日复一日。

“喂！我亲眼看见你妈对老师点头哈腰，不知道送了什么东西。这种事，对男人来说，难道不是羞辱？”

和夫领头，鼻涕虫们将那孩子团团围住，虽然大伙都热得打不起精神，却对自己首领的这番说辞无不点头称是。

和夫说到激动处，嘴巴渐渐噘上去，嘴角积着口水，说得快时，口水会溅在对方脸上。英俊男孩皱着眉头，一边躲闪着，一边说：

“我不知道这事！况且，老师并没有对我有什么特别优待。我走了！”

“等一下！你家跟我们家不一样，很有钱啊！你妈穿的和服也很漂亮呢！”

和夫脑中闪现出自己以及伙伴们的母亲形象，与从玄关外窥见的那位母亲，真是天壤之别。打心眼里，也埋怨家中的妈妈，疏于照顾自己，明明都是小商小贩家的孩子。

“我经常被罚站，这家伙倒好，每回都是头一个举手！”

虽不甘心，也明知再怎么努力学习成绩也追不上。

“你说你不知道，你妈妈拍老师马屁，老师专门偏向你。我们替天行道！你要是敢去打小报告，可饶不了你，别怪我不客气！严厉制裁！”

听到“制裁”一词，对方脸上闪过一丝惊恐，这没逃得过和夫的眼睛。他还注意到，对方的穿戴用品都比自己高级得多。如此一天天过去，某一日，稻盛组全体就今后的玩耍问题开会讨论的间隙，那孩子不知不觉地销声匿迹了……

和夫咂咂嘴巴："怪我们太大意了！"情急之下，首领当即召集部下围成一圈，亲自上阵，指挥作战。那孩子的回家路线和夫大抵有数，无论是抄近道还是绕圈子，他都逃不出去。和夫脑中飞快地绘制出一幅围追地图，谁奔往桥头，谁蹲在点心铺旁，谁去堵那边的巷口，分头布置好兵力，"冲啊……"一声号令，顿时四下散开。不一会儿，和夫灵机一动：

"说不定能在那附近捉住他！"撒腿往那边跑去，果真逮个正着！首领不禁为自己的灵敏直觉而得意。

又一日，一名部下戴着当时流行的指节套环[1]，在学校欺负那个孩子时，划伤了他的脸。虽然在老师面前打着马虎眼遮掩过去，回到家却瞒不过他妈妈，连连追问，怎么会在这里受伤。那孩子终于一五一十地将被稻盛组欺负的事交代了出来。

首领大将还蒙在鼓里，兴致勃勃地计划着今天怎么玩。来到学校，一进教室，立刻觉出气氛不寻常，往日一下子聚到自己身边的鼻涕虫们今天却耸着肩膀，老老实实地坐在各自的座位上。

"奇怪！"

老师一直没来上课，不一会儿，伙伴们一个接一个地被叫到办公室去，最后是和夫。他意识到应该与那孩子的事有关，心里有了底，却也还是直打鼓。老师毫不掩饰怒气，厉声呵斥：

"稻盛！你的同伙都已经交代了，是你带头，天天欺负同学！你到底想干什么？幸好脸上的伤并无大碍。他母亲很不理解为什么自己儿子会被欺负，还在气头上。这件事，不是轻飘飘的一句道歉就能了结！"

1　指节套环：一种套在手指上的攻击性武器。

“……”

“那孩子规规矩矩，学习成绩也出色，跟你们这帮鼻涕邋遢的小子大相径庭。有什么理由要去惹他？”

和夫盯着老师气得发抖的手，说道：

“他总是受到特别优待。”

“优待？什么意思？”

“老师家访的时候在他家待的时间特别长，来我们的家里就那么一小会儿。”

“混账！真是混账话！有些学生需要交谈的事情多。他母亲说孩子太老实，放心不下，所以我们多聊了几句，况且时间并不久。”

如此说来，也是实情。或许当时天气炎热，想早点儿去河里游泳，才会觉得时间长。和夫心里嘀咕：“可是，您不还吃了他家的馒头嘛……”

“在教室里也是，我们一说不懂，老师就发火，但是从来没对他发过火！”

“稻盛，别再强词夺理！你自己不好好写作业，忌妒他功课好，专门找茬儿。”

“不对，是老师偏心！”

和夫壮着胆子，脱口而出。话音未落，一拳正中和夫脸颊，嗡的一声，疼痛直窜脑瓜顶。天旋地转之际，脖领又被一把揪住，扯将过去，连挨三四个耳光，眼看要倒下的时候又被狠狠地踹了一脚。这就是反抗老师的代价。可能也因为时值二战，在萨摩，顶撞尊者、长辈是大不敬，会被斥为“强词夺理”，严加管教。和夫受些体罚自然也是天经地义，他的“侠肝义胆”遭到了残酷无情的痛击和践踏。

“我没错，是老师的错！”和夫内心一次次地重复着这句话。

“如果打报告上去，哪家中学都不会要你。”老师下了最后通牒，似乎打算今天将新账旧账一起算！

那时，电话在一般家庭中极其罕见。于是，校工去和夫家里叫来姬美。姬美将和夫领回了家。兄弟俩在家从来不曾拌嘴打架，所以，对于姬美来说，这不亚于一声晴天霹雳。

和夫心知，现在不是眼馋爷爷冰糕的时候，他也没有心思出去玩，乖乖地收敛声息，竖起耳朵听母亲的动静。母亲正在和父亲低声细语。“大事不好啦！”父亲素来不会动怒，今天少不了要发一顿脾气，而且肯定是大发雷霆！往常坐在饭桌前，和夫会手舞足蹈地讲一些当天的趣事，说得活灵活现，逗得大家忍俊不禁。今天却一反常态，耷拉着脑袋，埋头往还隐隐作痛的嘴巴里送菜。

“和夫！”

和夫想：“开始了……”

“今天学校里发生什么了？”父亲的语调平稳如常。于是，这一天，和夫彻底打开了话匣子，直言不讳——老师如何区别相待，自己如何义愤填膺，一股脑儿地倾诉了出来。

“为人师表，就不应该对学生有一丁点儿偏袒，是老师的错！”

平时说话俏皮的活宝和夫，将怎么也咽不下的怒气一吐为快。畩市在一旁听着，见儿子这副出人意料的模样，不由得暗暗吃惊。

畩市心想：那名得宠的孩子恐怕是士族之后。老师的确把平民的孩子与士族的孩子区别对待吧。我们这小印刷作坊、纸袋作坊家的孩子……

那时的鹿儿岛，点名册上学生姓名后明确标注着是平民还是士族。常言道：“国无士族，夜将不明。”

“那么，你觉得自己做了好事？”

“嗯，原本就没打算干坏事！”

“你觉得自己做得对？”

"是！"

"这样啊……"

说完，�市并没有怒骂和夫，只是一言不发，如往日那般默默地动着筷子。姬美脑中还回响着在学校时老师的严厉训话。原以为小时候的好哭鬼如今已经有胆量在外面玩耍，不料却听说，他竟会欺负别人家的孩子！不知道这孩子还将闯出什么祸来，心里如同针扎一般，饭也无心吃。

而和夫呢？已经做好心理准备，迎接一顿劈头盖脸的责骂，谁知却风平浪静。他感到，父亲认可了自己的"侠肝义胆"，忍不住高兴起来。"你的做法可能是对的，但也别给父母亲丢脸"、"如果上不了中学可怎么办"这类话一句也没说。平素父亲安分守己，在强势的母亲面前相形失色，然而，此时此刻，和夫却强烈地体会到父亲对自己无言的支持。

眼前沉默不语的父亲似乎在对他说："大男人，只要认定是正确的事，就必须坚持到底！"

这一幕，一直深深地印在和夫的心上。

那一年，即小学六年级，和夫的小学毕业成绩是全乙，可算是个黯然的落幕。

病与心之章

“勇敢是男子第一美德，懦弱是男子第一劣性”

在此，有必要就萨摩本地的男孩教育方式略作交代。

自古，日本人崇尚“醉枕美人膝”式的豪放磊落做派。而“萨摩隼人”一语，已成为“骁勇善战”的代名词，足见鹿儿岛县人性情何等豪放磊落！

1945年日本二战战败，对于鹿儿岛而言，可谓是迟来80年的明治维新，在此之前鹿儿岛被称为“国无士族，夜将不明”。

岛津家族统治萨摩长达700余年，为将下臣的子弟无一例外地培养成萨摩武士，推行了乡中教育制度[1]。萨摩藩出身的明治维新功臣都曾经历过乡中教育，鹿儿岛出生的作家海音寺潮五郎（已故）在其巨著《西乡隆盛》的第一卷的开篇，用好几页的篇幅来介绍造就出西乡、大久保[2]等精英的“乡中教育”。

1　乡中教育制度：萨摩藩特有的武士培育制度，将城下分为三十多个区域，各由年长者教年少者读书和武艺。

2　西乡、大久保：指西乡隆盛和大久保利通。西乡隆盛（1828—1877），是江户时代末期的萨摩藩武士、军人、政治家。大久保利通（1830—1878），幼名正助，号甲东，后改名利通，原为武士，明治维新时成为政治家，与西乡隆盛及木户孝允并称为“维新三杰”。

战前在鹿儿岛接受过一些教育的人们，在成长过程中，乡中教育如同空气般无所不在，而教育男孩的世风与之一脉相承——无论其后他们对此是抵触或认同。和夫也不例外。例如，小学时，曾发生过这样一件事。

某日，利则与和夫在家中庭院追逐玩耍，不知什么时候，姬美穿着围裙出现在檐廊上，她站着厉声怒喝："男人不准在这里跑！"两人顿时愣住了，却见母亲正颜厉色，语气更加强硬地补上一句："男人不能在晾晒的女人衣物下钻来钻去！"从那以后，屡屡遭此呵斥。在萨摩，男人不可从晾晒的女人衣物下钻过，这是铁律，甚至晾晒衣物的竹竿都不能男女混淆，而且所谓"女竿"只能搭在庭院最不显眼的角落里。随之而来，还有"女盆""女针"等说法。姬美即便忙得团团转，也一定会将洗衣盆、衣物等男女分开。此外，有些家庭立下规矩，洗脸用的盆，一家之主用最大最新的，妇女则用最小最旧的，他们的家中，会按照大小顺序将盆挨个挂在板壁上。

每逢庆祝喜事，会专为男人们摆出高脚的食案，女眷需回避到其他房间吃饭。"女流之辈，去上什么学？"男尊女卑的观念根深蒂固，令人侧目。男人在危急关头为主公、为国家抛头颅洒热血，而女人则另当别论。

战前，鹿儿岛市曾有"三大节庆"。

一是，每年临近旧历 5 月 28 日，鹿儿岛市内能看见孩子们挨家挨户地去街坊邻居家敲门，给邻居要来一两把旧伞。当时老百姓一般都用油纸伞，洋伞只有极少数富人家才使用。天气好的时候，孩子们经常把伞当作打仗游戏的道具，而油纸伞的伞骨用竹子制成，纸做封面，所以很容易破。姬美只好经常贴上一张扭伤膏药，权当补缀。百姓家里都会有那么一两把旧伞。"我来你家拿伞！"只消说上这么一句，各家都会高高兴兴地拿出来。伞放在屋外的大板车上。收集到多少伞事关胜负，如果太少，领头的七高[1]学生便不断催促加油。有时会一直走到闹市街上。在这一带，会收到高档的蛇眼伞[2]，看样子还能凑合着用。利则忍不住天真地想：“能不能和我自己的换一换呢……”

节庆当天，在甲突川的河中央堆积装满砂土的草袋，垒成相扑场似的平台。河两岸、树林中，观众比肩接踵，收集来的纸伞在平台正中铺开后点燃。孩子们统一身穿越中裤[3]，绕着火堆围成一圈，边走边唱：

富士耸入云，山脚雪难消；
隐忍十八年，一朝仇怨报。
话说曾我兄弟，若问幼时之名；
兄长是一万，弟弟称箱王。[4]

河中各处筑起类似的平台，互相竞赛火势的大小与持续的时间。唱歌也必须声音洪亮，气冲云霄。如果声音太小，就会遭到训斥；如果精神头不足，就会挨揍或把头浸到河里。在萨摩，极其注重长幼顺序，晚辈必须无条件地服从于长辈。挥起鞭子增强火势，偶尔往伞上浇些河水——这很有讲究，多了少了都不行。随后油纸伞燃起熊熊大火，连绵不绝。从小学二三年级的学生一直到初中生（旧制）均可参加。

1193年5月28日，富士山脚的原野上，曾我十郎祐成与五郎时致勇闯源赖朝的狩猎营，杀死工藤左卫门，报了杀父之仇。为了纪念

1　七高：全称为“第七高等学校造士馆”，1901年4月在鹿儿岛市成立的官立旧制高等学校。

2　蛇眼伞：伞面为红色或蓝色，中间有一个白环，撑开后呈蛇眼状，故名“蛇眼伞”。

3　越中裤：一种丁字形兜裆裤。

4　该歌曲讲述的是镰仓幕府时期的曾我兄弟复仇事件，曾我祐成和曾我时致兄弟的父亲因领地之争而被误杀，兄弟俩长大成人后，在源赖朝的富士狩猎中替父报仇成功。

这一天并颂扬他们的孝心，后人举行“曾我烧伞祭”——源于讨伐当夜，兄弟俩点燃雨伞当作火把，成功夜袭。这是其一。

二是，1600 年，瓜分天下的关原之战中，藩主岛津义弘率领岛津军联合石田三成[1]，在西军全线溃败之际，毅然决然地与亲信十余骑从正面突破，侥幸逃脱。为纪念这场败仗，后人在战役发生的前一日，即 9 月 14 日（旧历）夜，前往鹿儿岛市西 20 公里处的位于伊集院町的义弘菩提寺——妙圆寺，城下的青少年身披铠甲，集体彻夜参拜，称为“妙圆寺之诣”。

全市举行庆典，小学五年级至中学（旧制）五年级的学生均需参加，利则与和夫都在其中。傍晚四时许离开市内，一整晚都走在旧时为参觐交代[2]而建的古街上，黎明时分抵达妙圆寺（今德重神社）。此外，还有穿铠兜[3]、佩刀剑的队伍。对小学生而言，这个节日又困又累，相当难熬。

战后，纪念活动逐渐恢复。“妙圆寺之诣”当日，以德重神社为中心，在伊集院町各处会举行弓道、剑道、相扑等竞技活动。

笔者探访和夫母校西田小学时，恰逢纪念日第二天。校长室一角，放着用竹竿与白布制作的旗帜，上面浓墨粗笔地写着：“拼吧！西田健儿！”纪念起源于何时已无从考证，由大久保的日记可以证实，大久保和西乡他们年轻时都曾参加过。

三是，在旧历 12 月 14 日。白天，小学四年级以下的学生在讲堂集合，用纸偶戏剧的形式来表演赤穗义士[4]的忠义故事；五年级以上

1　石田三成：战国时代日本名臣。

2　参觐交代：也称为参勤交代，是江户时代一种制度，各藩的大名必须前往江户谒见幕府将军，然后返回自己领土。上京的必经之路则称为“参勤交代之道”。

3　铠兜：一种日式铠甲。

4　赤穗义士：1703 年 1 月 30 日，赤穗藩士大石良雄为首的 47 名武士，深夜为报旧主浅野长矩之仇，攻入高家吉良义央的宅邸，将吉良义央及其家人杀死（元禄赤穗事件）。

的学生傍晚时分在讲堂集合，到了义士开始讨伐的时刻，在铺着木板的讲堂里正襟危坐。老师读评书故事，学生们听得稀里糊涂。那是一年中最冷的季节，双脚冻得发疼，书的内容又是一头雾水。老师念诵的书是《义臣传轮读》，并未编入正式课程。此书以赤穗义士 17 周年忌辰时片岛深渊所著《赤城义臣传》全十五卷为蓝本，是德川时代的禁书之一。

活动结束已是夜里十点左右，利则回到家，姬美正守在门口。炉子上咕嘟咕嘟地烧着热水，兑一盆温水，迫不及待地把脚浸入其中——这才缓了过来。然后暖暖和和地在炭盆旁吃黄米年糕加红糖熬成的红豆羹，终于长长地舒了一口气。和夫的记忆中，冻得鼻子吸溜吸溜地回到家，大炭盆上热气腾腾地煮着红豆羹，姬美说着“冻坏了吧！冻坏了吧！”出来迎接他们。

除了三大节庆，还有试胆。和夫记得，曾经听学长讲完鬼怪故事后去试胆。二战前，东京第一书房于 1943 年出版的松本彦三郎所著《乡中教育研究》一书中，列举了“竖幡”与“砍冷物”两个例子。所谓“幡”，即祭神驱邪幡，指竹竿顶上插着的绘有邪魔图案的纸。半夜三更，来到山坳、溪谷、刑场、坟地、寺庙等指定地点，竖起竹竿或者取走驱邪幡，而出发前必须要听有关鬼的故事。

“砍冷物”则更让人感到不寒而栗。为了试新刀的快钝，藩中年轻人会结伴跑去刚刚处决的死刑犯尸体旁，扭打在一起，直到最末也没能脱身的那人开始，轮流在尸体上砍一刀，最终将尸体寸断。据说，桐野利秋（中村半次郎）[1]、黑田清隆、山本权兵卫都是此中的出色勇士。

1　桐野利秋：(1838—1877)，萨摩藩士，幕末四大人斩之一，同时也是明治初期的军人。讳利秋，通称半次郎。

明治维新前后，社会剧烈动荡。“示现流”剑法[1]（据松本的著作，另有“自现”“示显”等写法）令幕府的武士谈虎色变，唯恐避之不及，大呼“卸下萨摩第一刀”。中村半次郎是该剑法的高手，广为人知，有“杀手半次郎”之称。一直到二战前，鹿儿岛还在教小学生练习这一剑法。

从学校的后山砍来粗大的橡木，在操场一角立成一排，挑选趁手的橡树枝当作木刀。冬天，赤足站在结了霜柱的操场上，隔着几米远，挥起木刀冲向木桩，腰部猛地一沉，手腕翻转，噼里啪啦一顿左敲右击。木桩的同一部位在一次次的敲击后，逐渐地凹了进去。利则与和夫每天早晨也在家中庭院练习挥砍木桩，日积月累，击痕渐深，两人比赛谁先将木桩击倒。松本的著作中写道，直径 10 ~ 15 厘米、长达 3 米的圆木桩埋入地下 1 米深，从距离 8 ~ 9 米处开始起跑，左右开弓。勤加练习刀法，套路日渐纯熟，可谓是身心双修炼。

最后，也少不了游戏，但多数靠武力取胜。松本列出以下军事游戏：骑马追兵、官兵强盗、擒王捉寇、缴械投降、夺旗等。鹿儿岛儿童的战争游戏，可以说是日本当时盛行军国主义的产物，却也不乏岛津藩绵延传承下来的将藩中子弟锻炼成武士的民风。

岛津武士子弟的游戏目的是“从根本上践行武士美学——勇敢是男子第一美德，懦弱是男子第一劣性”（海音寺潮五郎《西乡隆盛》）。另外，松本也在书中提出，乡中教育的最大特色是“集体行动”。

在鹿儿岛如此教育男孩的大背景下，母亲姬美逞强好胜的性格又呈现出了不一般的意味。

和夫三四岁时，有一次与利则一起去附近开邮局的人家玩耍。因

---

1 “示现流”剑法：日本古剑术流派之一，因为在萨摩藩流传，常被称为萨摩示现流，其特色是强调由右上方斜砍，希望在第一击就将敌人砍杀。

为撒着欢儿疯闹，那家的七高生静不下心来学习，气急败坏地在和夫脸上狠狠掴了几下。姬美见和夫身上流着血回家，二话不说便拉起他的手，上那家门口质问：

“谁当家？赶紧出来！凭什么把这么小的孩子打成这样？”畩市照例劝道：“别去！别去！别管啦！”说完，钻进了作坊里。

那家既然开邮局，必定是当时有来头的士族之后。追忆40年前的这段往事，字里行间浮现出姬美不单是心疼年幼的孩子挨了打，还因为见不得士族阶层盛气凌人，对一个孩子下重手，因此据理力争。

而哥哥利则看来，曾是胆小鬼的和夫上了小学之后，却总爱打架闹事。如果自己抽抽搭搭地哭着回家，姬美反而气不打一处来，动辄塞给弟弟打扫庭院的大扫帚，说：“去揍他！”和夫若站那儿略一迟疑，就会挨姬美的揍。有时，利则哭着回来，和夫也会不由分说地操起扫帚，奔出门去，毫不犹豫地冲上前去和弄哭哥哥的人扭打起来，最终也还是哭哭啼啼地回家。

在岛津寓所一带，姬美护犊心切，不甘只因并非士族之家而遭人轻视。家中的贫寒让姬美更介意这点。姬美听说，西南之役随军作战、在城山奋勇抗敌、29岁亡故的逸见十郎太的后代就住在附近，昔日百姓见到逸见十郎太的后代走过，都必须跪拜。这让姬美内心多少觉得有些恐惧和不安。和夫幼年时一个人绝对不迈出家门，向门外东张西望，一旦看到人影立即飞奔回家。姬美见孩子这副模样，一阵惆怅，到底不是士族之后吧！

和夫终究是个孩子，发现附近人家家中都有刀，而自己家却没有，大惑不解。他对朋友信誓旦旦，说：“我是士族。”然而既举不出先祖的名号，更没有传承的家谱，无言以答。于是被嘲笑道，是不是走卒[1]家的孩子啊。这种落寞与母亲的惆怅不谋而合，这恐怕也造成了和夫不甘服输的性格。家里的房屋是老宅，他在门楣上发现了一把锈迹斑斑的刀，竟大喜过望，拼命地磨刀，视若珍宝，实则聊以安慰罢了。

稻盛家的作坊取名“稻盛调进堂”，商标的图案是左右各垂下一枚稻穗，中间坐着大黑天神[2]。畩市与姬美长年累月的努力终于有了回报，作坊迎来了多达十余名雇工的全盛时期。

畩市依旧保持着手艺人的性情，不善言辞，与世无争，有时却又独断专行，一般不会早起。姬美清晨起来，一面做饭一面做浆糊，这样女工们一到便可以立即干起活来。接着，照顾孩子们吃饭，叫丈夫起床。畩市只不过裁剪纸张、校正机器，其余的准备工作全部交给了姬美。姬美忙得不可开交，请来远房亲戚家的女儿帮忙照看孩子。利则放学一回家，父母便去作坊，利则负责洗碗，清理抹布，而和夫每日负责砍柴，在学区内送报。

中考失利与肺结核体检

1944年，学校开始组织竹枪训练以及学童集体疏散的训练，《预科练》《同期之樱》《拉包尔小调》等军歌流行，《加藤隼战斗队》《朝旗帜开火》《炸沉》等战争影片也轰动一时。

那一年，稻盛和夫参加了鹿儿岛第一中等学校的入学考试，那是最好的中学。录取名单发布的那一天，张榜公布录取者的考号，和夫一遍又一遍地在白纸上寻找自己的考号，前一位和后一位的考号都榜上有名，唯独自己的考号不翼而飞，他不知不觉簌簌地掉下了眼泪。

1 走卒：最下级的武士。

2 大黑天神：财神，七福神之一。

和夫把互相亲昵拍着肩膀、喜不自禁的同伴们丢在身后，垂头丧气地走开了。孩子王时代的快乐消失得无影无踪，他觉得，那似乎已经毫无意义。

外号“假分数”“黑霜鱼”“埃塞俄比亚”，无忧无虑、尽情游乐的自己仿佛是一名小丑。他独自登上城山，俯望市内，眼前的风景与平日并无二致，仿佛不愿理会自己空荡荡的心。懊恼的泪水再一次夺眶而出，打心眼儿里后悔自己不曾好好学习。然而，悔之晚矣。

“是不是老师打了报告，所以没被录取？”

根据考试成绩来看，这个理由实在站不住脚。

而且，还有另一个打击——参加考试前，报考登记表上“族籍”一栏，畩市毫不犹豫地填上了“平民”。

和夫心想 :“怎会这样……”

顿时血涌上头顶，似乎天旋地转。倘若如此，母亲去七高生家中大吵大闹讨说法时的那股气，似乎也有了解释。

“不过一介平民之子，所以没考上一中，如果有人这么说的话，也无言以驳吧！”

他犹如坠入无底深渊一般，郁郁寡欢，悄然回了家。父母一如往常地忙忙碌碌，和夫的伤心无人过问。

在人生的节点上，和夫屡经挫折，而这，是生平头一回。

无奈之下，只得进入高等小学就读。同年 12 月，兼一叔叔从满洲给和夫带来了命运的波折。

和夫上小学的那一年，即 1938 年，叔叔 22 岁，应征入伍去了中国东北，在那儿服役共三年零七个月。退役后回国，帮助兄长畩市在县内各处销售纸袋。半年后，他成为“伪满洲国”警察前去赴任，然而患了变形虫痢疾。手术后，1944 年 12 月，回到鹿儿岛疗养，直至翌年，即 1945 年 3 月。回中国东北前一日，他带利则、和夫兄弟俩去了市内最繁华的天文馆路上的中国餐馆。

和夫吃下油腻的食物，立即开始腹泻。腹泻不止，只得卧床休息。他和叔叔同睡一个床铺，自打叔叔从中国东北回来便开始发烧。姬美脱掉和夫那件满是补丁的毛衣，大惊失色——毛衣针眼里一只只虱子正探头探脑，这是叔叔从中国东北带回的特产。和夫浑身出了密密麻麻的红疹，低烧持续不退，医生诊断为浸润型肺结核。

骑自行车去看医生的路上，和夫发着低烧，东摇西晃，他确信自己患了肺结核。昏昏沉沉地骑着自行车，路上两块并排的小石子引起了他的注意，他对自己说："如果顺顺当当从中间穿过，那就不是肺结核！"终究没能顺利骑过去。

和夫对此深信不疑，并非无缘无故。爷爷七郎的次子，即畩市的大弟婚后与畩市一家同住，感染了肺结核，在家养病，时好时坏，于1941年病逝，其妻也患肺结核去世（据和夫的记忆，而姬美却说她死于产后失调）。在此期间，比兼一年幼的弟弟，即畩市最小的弟弟19岁时咯血，在别室中养病，他是家中的第三个病人。那间别室附近成了禁区。

和夫生性十分敏感，这类事情总逃不过他的心思。不知何时，也不知是在书里读到或是哪里得知，肺结核通过空气传染。然而，从那间别室前绕过，穿后门而出，就是甲突川。和夫捏起鼻子预备猛冲过去，谁知半路喘不上气来，不由自主地深吸一口，自己却毫无意识。畩市与利则对此满不在乎，而姬美与和夫却绷着神经。姬美因为要照看小孩子，从不近病人身边，都是由畩市来服侍。

二战结束若干年后，治疗肺结核的有效药物才研制出来——在此之前，肺结核是不治之症，闻之色变。倘若家族中一个接一个地发病，便会认为是血统上的遗传。和夫之前就认定，自己早晚也会得病，果不其然，感染了肺结核。

在靠近大马路的八张榻榻米大的房间进行空气疗法，这里日晒最为充足，还需打开檐廊一侧的拉门。当然，没有治疗药物，只得听天由命，不过是病急乱投医罢了。姬美特意烤了沙丁鱼头[1]，撒上芝麻后拌匀，做成了特别料理。幼年想母亲时哭个不停，现在，和夫用疾病将母亲拴在了自己身边。

和夫家前面，住着一位名叫长野的林田公交司机，他的漂亮太太是生长之家[2]的忠实信徒，将谷口雅春所著《生命的实相》全集带到了和夫枕边。得到他人善待时，和夫本就比一般人更易“受宠若惊”，而身边第一次有人劝他：“读一读这本书吧！”况且，这人还是一位美丽而温柔的太太。

“和夫呀，读一读这本书吧！里面的内容一定会对你有帮助。不管读得懂读不懂，一定要读到最后，会有收获的。”

听她说着，那份关爱与温情深深地沁入病中空虚不安的心。堆在枕边的书成了和夫的病榻读物。

和夫如梦初醒。原来自己是平民之子，再加上一中考试失利、与孩子王时代诀别，感染上导致叔叔婶婶病逝的肺结核，他的内心惴惴不安。第一次翻开宗教书籍，那一字一句，犹如纯白的画布上绘成的图案一般，鲜艳夺目，流入其如饥似渴的灵魂之中。

视痛苦为不幸，是凡人心之谬误。痛苦是灵魂成长所必需，懂得此中道理，会因痛苦而喜悦。

欧洲大战时，曾发生不可思议的疾病。有些士兵不知是有心或是

1　沙丁鱼头：日本旧时风俗，立春前一天，会用柊树枝插着沙丁鱼头，挂在门上，据说柊树上的刺和沙丁鱼的臭味能驱邪。

2　生长之家：日本新兴宗教之一，为谷口雅春所创，其特质是以出版刊物传布教义，所发行的杂志《生长之家》（半月刊）创刊于 1929 年。

无意，极度厌倦战争，一旦奔赴前线，直面枪林弹雨，眼睛骤然失明，耳朵骤然失聪，手脚骤然不听使唤，呈现神经系统疾病的症状。这是潜藏于内心深处、躲避自身意识的心理在作祟——令本人得这种病，便可以不用上战场，由潜意识的作用而导致。等战争终了，已无生病的必要，从而不治而愈。

人类的疾病源于思维——这么做是不是不卫生啊？这样的话该不会生病吧……预先认定“疾病”存在，继而一味地在脑中寻求避免生病的方法，人在思维的起伏波动之中惶惶不可终日，病由此生。

无论何人，一旦遭受灾祸，难免心生怨言，认为自己明明毫无罪责，却无故飞来横祸。然而，我们因灾祸而受伤，究其原因，是灾祸本身与自己的内心状态具有某种相似性，“同类相吸”而已。在此世间，自己内心不曾招引的事物，绝对不会近身。

内心无利刃，便不会为利刃所伤，亡于刀下；欲归罪于人者必为人所咎。中弹的人，心中必有某种如枪弹一般尖锐的杀伤力，心灵的磁力将子弹吸引而来；内心之中仿佛有磁铁，将身边的刀剑、枪械、灾祸、疾病、失业等牢牢吸住。明白了其中的道理，无论遇到何种灾祸或疾病，无须怨天尤人、唉声叹气；发生违背心愿的事情，一定是与这件违背心愿的事情类似的东西在内心苏醒，只需从心中去除不好的品性即可。

所谓“可预知的未来”，实则“意念世界”之中已经发生的现在。“意念世界”之中某件事情已经发生，那么，其相应的“物质世界”之中，必然会实现。

“确信”是“意念世界”之中命运的雏形，世间万事万物，无不以此为雏形而出现。

恐惧、不安等精神力量会蛰伏、收敛，不为人所察觉，从而得以保全。一旦产生了恐惧或不安，所有的生理器官也都会随之蛰伏、收敛，从而失去功用。

病人最为强大，比健康的人更加强大——自己卧床不起，却能耍着脾气，对健康的人颐指气使。

若要吸引心灵向往的事物，必须从不断念，不急不躁，天长日久地保持希望与热忱。

长时间地集中意念，会产生吸引相关事物的磁力。换言之，造就该事物的必要元素——灵智生命体——会聚合而来，自然而然地为促成该事物而发挥作用。总而言之，将意念持续集中在心灵向往的事物上，从不间断，仅此而已，事物会自发地形成。

心想事成，并不依赖于外界条件的成全——即便外界条件恶劣，全心全意地付出热情与努力，这才是决定性的。那么，患肺结核，正因为你的内心倾向于吸引肺结核病菌——《生命的实相》一书告诉和夫。此时此刻，和夫观望世界的目光焕然一新，冥冥之中，似乎抓住了某种端绪……

南无阿弥陀佛

肺结核与宗教体验同时造访。此外，报考一中再度失利、空袭、叔叔之死、战败等一系列事件接踵而至。经历这番历练，和夫已经塑造出个人内在世界的原形，这是后话。在此之前，还必须提及稻盛家族的宗教情结。

江户时代，盛行“隐蔽念佛”。以亲鸾[1]为鼻祖的净土真宗本愿寺派在江户的幕藩体制下，以真宗信仰为基础，倾注大量心血培养理想

1 亲鸾：（1173—1263）日本镰仓时代初期僧侣，谥号“见真大师”，净土真宗之祖。

的念佛者“妙好人[1]”，以教化门徒。与其相对，另有异端分子批判本愿寺教派与权力相勾结，他们作为地下信仰者，称为“隐蔽念佛”(小栗纯子著《妙好人与隐蔽念佛》)。

既然是异端，自然遭到强烈的排挤和压制。而在萨摩之地，反幕府的倾向由三大节日可见一斑，那么，“隐蔽念佛”如何盛行、明治维新之后又如何得以存续，颇为值得玩味。而利则、和夫兄弟俩幼年时曾与“隐蔽念佛”不期而遇，对此，两人的记忆毫无偏差。

上小学前，爷爷七郎领着他们去小山田村。夜晚，四周漆黑一片，大人们不知为何都默不作声地提着灯笼走下山。兄弟俩恍然不知所措。不一会儿，来到一个昏暗的地方，只亮着微弱的烛光，还来了几名年纪大致相当的孩子。双手合十敬拜佛像后，不知是僧侣还是什么人会予以回礼，并说上一句“嗯，真是好孩子！”“这孩子，不来拜可不行！”兄弟俩一起拜完。最后，那人抚摸着他们的头说道：

“从今天起，你们俩就是佛门弟子！”

“隐蔽念佛”举行皈依密仪时，僧房的正面挂着阿弥陀佛如来画像，由一名高僧主持见证，选定某月某日某一刻。时辰过后即入佛门，必须存有皈依意识。兄弟二人的经历与皈依密仪甚为相似。尚未上小学的幼儿对此记忆如此鲜明，这可以说明，对他们而言，“隐蔽念佛”应当是相当深切的体验。

和夫记忆犹新，那人曾对自己说：“从今往后，拜佛的时候，一边拜一边念‘南无阿弥陀佛’。”成年之后，时至今日，无论在哪里，和夫拜佛时都会念这句带着本地口音的“南无阿弥陀佛”。葬礼、寺庙、教会、自己家中，给佛龛供香火的时候，从无例外。

1　妙好人：褒扬念佛行者的五种美名之一。在日本，指称笃信净土真宗之在家众或专修念佛者。依据江户末期本愿寺派《妙好人传》载，“妙好人”多指以农民为中心之平民。

而姬美也常对孩子们提到“老天爷”。例如，往洗碗池里倒热水时，说“跟老天爷打声招呼，让他莫怪罪”。若说“老天爷”是水神的话，在庭前或者室外站着小便时，也得说句“老天爷，打扰了”。万物之中皆有神佛，恐怕是出于这种心理。姬美还说：“人在独个儿的时候，是最害怕的。”

“一个人的时候，什么事情都能想得出，什么事情都能做得出。但是，虽然没有旁人在身边，佛祖也会盯着你呢。你们虽然不是会做坏事的孩子，哪怕只有自己一个人，还是得注意。那种时候，要告诉自己‘举头三尺有神明’。”

举头三尺有神明。

说来也怪，他们在独处的时候，的确没有做过坏事。等长大了，利则开始每月领工资，工资袋连封口都不拆直接交给母亲姬美，由她供在佛龛中一晚，然后撕开封条，从中取出些零花钱交给利则。明治时代出生的母亲们，都会将孩子们拿回家的薪水先供在神龛或者佛像前。

想来，明治时代出生的日本父母基本都只上过小学，畩市与姬美也不例外。那么，能够为人父母，并不凭学历或者知识，却是以心相待，这么说恐怕也不为过吧。

焦土之章

空袭、疏散到战败

1945年1月，本土决战的声浪甚嚣尘上；2月，近卫文麿[1]密奏天皇“战败必至”；两日后，1200架美军战斗机来袭；3月，硫黄岛的日军全部阵亡，东京与大阪惨遭美国大规模空袭。

日本节节败退，溃局不可收拾。

和夫正临近高等小学一年级第三学期末，班主任土井老师不顾空袭特意来家访。平日并不十分亲近，畩市和姬美全然不知其来意。土井老师请求道：

“请务必将和夫送入中学！”

土井老师连报名表都一并送来了。考试当日，他戴着防空帽前来：

“和夫借我一用！”

说罢，他拉起还发着低烧的和夫的手，领和夫来到了一中。然而，终究没怎么下功夫，考试依然未通过，再度落榜。第一次报考时

1　近卫文麿：（1891—1945）昭和前期的政治人物，第二次世界大战发动初期任内阁总理大臣，战争中的日本核心人物之一，二战结束后自杀。

好歹还没感染肺结核。第二次失利，又患上肺结核，可谓雪上加霜。

“辜负了老师这番苦心……”他更加郁郁寡欢。

半夜，和夫从噩梦中惊醒，睁开眼睛，已是一身虚汗。猛然将手搭在额头上，生怕病情恶化，惶惶不安。

“我的人生，永无出头之日……”

可是，土井老师却不舍不弃，又来家访。这一回，劝他报考私立鹿儿岛中学。最终如愿以偿。

人生的一个又一个节点上，和夫屡次遇到出手相助之人，而土井老师，在这些相助的人们之中，是第一人。

虽说考上了，上课却茫然不知所云，因为小学四五年级的理科、算数完全不懂。悔不该当初！时不我待，唯用功才能弥补。小学时，一心忙着当孩子王，根本无暇顾及学习。如今，幡然悔悟，反倒喜欢上了原本一塌糊涂的理科，大概也因为长大了一岁，其他学科也游刃有余起来。

学期成绩单寄到家的那一天，和夫坐立不安，在玄关眼巴巴地等着邮递员。左等右等，终于盼来。心里七上八下地拆开封口一看，激动得脸通红，欣喜不已。同时也非常意外，名次虽是班级第十几位，备注栏里修身课[1]斋藤老师竟这样写着：

“前途有望！望不懈努力，终成大器！”

小学毕业成绩全乙的和夫简直不敢相信。

“我也能行！”勇气汩汩地蔓延开来，这是从未体验过的感动，新鲜却刻骨铭心。而且，长久以来的愿望也能实现——通过全校选拔进入仅有 35 人的幼年学校队。

幼年学校——航空士兵学校——特攻队——特攻第一战斗队，战

1　修身课：战前日本中小学的道德教育课程。

死沙场……这是少年们的志向，也是时代赋予的宿命。

空袭来势汹汹。

美军战斗机首次飞入鹿儿岛市上空，是考入鹿儿岛中学的那一年，即 1945 年。元旦那一天，上午 9 时许，一架B29 战斗机来袭；3 月 18 日，格鲁曼[1]袭击郡元町的海军航空队；4 月 8 日，首次轰炸平民区，在市内各处投掷 250 公斤的大型炸弹 60 枚，死亡 587 人，罹难家庭达 2600 户；同月 21 日，空投定时炸弹；5 月 12 日，第一次夜间空袭。

在此之前，4 月 1 日，美军在冲绳登陆；5 月 7 日，德国投降。

学校晨会进行约 30 分钟后，格鲁曼开始袭击。斋藤老师见学生们慌不择路，纷纷逃入校舍，他竭力高呼着："有轰炸！快出去！"躲避格鲁曼时，藏在石墙的对侧；若其他方向的袭击，则换方位躲避。另外，他们也曾遭受舰载机的机枪扫射。少年们虽说不是士兵，他们却也激发出"打倒英美鬼子"的心声。因为空袭，课也上不成，便用木枪开展军事训练，还组成防火队，负责拆除房屋等。

如今的城山观光宾馆一带曾有高射炮基地，轰炸在所难免，炸弹的碎片一直飞到家门口。那时，稻盛家中，爷爷七郎患中风，叔叔患肺结核，两人均卧床不起；利则、和夫，还有绫子（11 岁）、美智子（8 岁）、丰实（4 岁）、昭子（1 岁）以及和夫他们的堂弟博生（6 岁）。

某日，一枚炸弹落在城山登山入口处的新上桥，在爆炸的气浪冲击之下，家中的玻璃都震飞了。姬美与孩子们都钻进了防空壕中，而畩市是消防分团长，还在外边，无人能抬得动七郎爷爷。事后才知

1　格鲁曼：指美国格鲁曼航空航天公司生产的战斗机。第二次世界大战期间，格鲁曼是美国海军主要的舰载机来源。

道，丝毫动弹不得的爷爷竟然凭自己的力量挪动身体，爬到了门口。正在这当儿，畩市念着家里可能遭了殃，风风火火地赶了回来——他背起硬撑出来的爷爷，上气不接下气地跑进了防空壕。仿佛就在等着这一刻，转瞬间，猛烈的气浪风暴滚滚而来。

全家平安无事。然而，如果继续留在药师町的房子里，可能会丧命于此，于是，除了畩市、利则、和夫以及患肺结核的叔叔之外，其他人都往小山田村疏散。他们借住在爷爷七郎的哥哥——一郎家中堆肥小屋的二楼，在大约八张榻榻米大的地方起居生活。

此前，叔叔曾对兄长畩市说："反正也活不久，别管我了，不能把病传染给侄儿、侄女！我不去防空壕，你替我挖个避弹坑，来了空袭我自己钻进去。"话说得在理，于是畩市挖出病人用的避弹坑。这期间，即便有空袭叔叔也不起身出去——恐怕心里早已坦然无惧！空袭越发猛烈，炮火连天的 6 月 15 日，叔叔咽了气，终年 27 岁。

那一天，持续了数日的梅雨骤止，天空放晴。不可思议，没有发生一次空袭。疏散到小山田村的爷爷七郎和姬美领着长女绫子回来。整夜守灵后，畩市、利则与和夫三人将棺材抬到火葬场，凑了仅有的一点食材，算是做了一餐素食。葬礼结束在 1945 年 6 月 17 日，那一夜，是鹿儿岛市民的噩梦之夜。

过了晚 11 时，晴空陡然一变，下起了雨，雨声沙沙。那一刻，葬礼已经结束，众人心想今天下雨，大概不会有空袭，都松了一口气。然而，雨声却越来越剧烈。纳闷地出门看个究竟，四周竟已成一片火海，烈焰腾空。

烟熏火燎，呛得几乎窒息。众人将衣物、毛巾统统用水浸湿后用于防火，蒙住了脑袋。姬美背着 4 岁的丰实，绫子背着 1 岁的昭子，畩市扛着爷爷，从防空壕里出来，往家门前的甲突川跑去。大家手牵着手，以防走散。B29 掠过夜空，燃烧弹噗嗤噗嗤地冒着烟扎进对岸。

新照院方向燃起了熊熊大火，国道上燃烧弹喷着烟，无法通过。有人拉着大板车在河中走着，哀嚎遍地——那真是阿修罗的地狱。

全家人往原良的庄稼地里逃去。无数的人蹲坐在那里，似乎并不安全，于是继续沿着河岸往山里奔逃。火渐渐远去，大家总算能喘口气。去小山田村的路上，好不容易走到叫作“小野”的山坡顶时，噩梦之夜到了尽头，东方泛白，天亮了。钻进一个山洞稍事休息。全家人都还活着，灰头土脸，饥肠辘辘——难以置信，大家都没事！

畩市缓过劲来，担心起家里的房子。昨夜的素餐应该还剩一些，于是带着利则返回药师町一瞧，自己家竟然奇迹般地逃过一劫，大约是中途变了风向。

畩市将残羹剩菜装进木盒，捏了饭团，装在一起，系在自行车的车把上。回到“小野”时，只有小和夫独自安安稳稳地盘腿坐在爷爷跟前。姬美与绫子可能感到惊恐不安，又带着个婴儿，不知如何是好，于是丢下和夫和爷爷二人，先往小山田村出发了。一家人在山洞里填饱了肚子，将爷爷牢牢地绑在自行车后座上，沿着国道对面的岔路上山。虽说爷爷又瘦又小，但终究是一名成人，山坡陡峭，自行车推不上去。畩市打算背着爷爷下山走国道，转念又想，走到哪儿算哪儿吧。于是，让利则与和夫从车后推着，在遍地石块的陡坡上，在淅淅沥沥滴落的雨中，往上爬去。翻过山到达小山田村的时候，已是傍晚。后来畩市向姬美吐露：“虽说是自己的亲生父亲，却也累得想把他丢下不管……”

噩梦之夜过去，18 日，据西部军管区[1]司令部发表的声明，马里亚纳基地[2]约 100 架B29 战斗机于 17 日 23 时至 18 日 4 时 20 分对关

1　西部军管区：指中国、四国和九州地方的军事管辖区域，1945 年 2 月 1 日后改编为第 16 方面军。

2　马里亚纳基地：北太平洋上的美军战略要地。

门地区、鹿儿岛市、大牟田市进行了轰炸，其中，鹿儿岛与大牟田两市以燃烧弹为主。鹿儿岛市投下长约 50cm、直径 10cm 的八角形燃烧弹，据估算有 13 万颗，内部填充油脂，随着爆炸会向四面八方飞散，到处黏附，少量的水浇不灭。是夜，死者 2300 人，伤者 3500 人，受灾者 66000 人，受灾家庭 11000 户。

从城山顶俯望，整座城市如同铺满灼烧的炭火，密密麻麻地被点燃。有的家庭一瞬间就夺去了母亲与姐妹三人、两名 5 岁侄女的生命；有人眼睁睁看着炸弹直接击中骨肉至亲，体无完肤。

和夫心想，患了肺结核的叔叔仿佛是自愿在大空袭的数日前离开人世一般，否则父亲就必须照料爷爷七郎和叔叔两人。为了不成为亲人的累赘，叔叔恐怕早已做好“死”的心理准备，那一刻，大约心已成佛。去世那天，梅雨季节的阴云难以置信地散去，天空晴朗，一架敌机也不曾飞来，是不是老天在吊唁逝者呢?

其后，7 月 27 日第七次空袭，第八次在 8 月 6 日午后 12 点半，下荒田、原良以及药师町等方向遭到轰炸，约 1700 户受灾，畩市家也被烧毁。(相关数据均援引自南日本新闻 1972 年连载的《鹿儿岛空袭录》)。

前文曾提及，此次大空袭前，姬美他们疏散到了七郎亲兄弟家堆肥小屋的二楼。8 月 6 日，自家房屋烧毁，加上畩市、利则与和夫，一家十口人共同挤在这里生活。

8 月 15 日，在小山田村听到了玉音放送[1]。村里仅有的一台收音机拿到了广场上，众人低垂着头仔细倾听，分辨不清那声音究竟在说什么。那一刻，不知有没有蝉鸣——晴空万里，一片湛蓝。

1　玉音放送：1945 年 8 月 14 日由昭和天皇宣读《终战诏书》，8 月 15 日通过日本放送协会正式对外广播录音。天皇录音敬称为“玉音”，日语中“放送”是“广播”的意思，故称“玉音放送”。

“神国日本战败了吗？”

虽说已经艰苦到喝地瓜粥的地步，但和夫也丝毫没有料到日本竟会战败，一直憧憬着成为特攻队员飞入云霄的那一天，梦想彻底破灭。仅仅三日后，即 18 日，和夫等人参加幼年学校选拔的原定日子。

制盐与物物交换的日子

梦想破灭，却也无暇修补。

以 8 月 15 日为分界线，和平来临，从此，再无性命之忧。然而，吃穿住用的物资无不匮乏，又开始了一段为生存而战的日子。

战前，畩市自打经营小本生意，起早贪黑，日夜操劳，连抱孩子的空闲都没有。他总对姬美说：

“等我过了 50 岁，就不干活了，吃银行利息。”

基于这种考虑，他从微薄的收入中抠出一些来，日积月累，大约存了 4 万日元。

“孩儿他爸！钱留下一半，另一半买地或者买房子，万一发生什么，好歹能用得上。”

“不行，东西靠不住，有钱足够。”

当年，畩市跟着父亲搬到市区，小学一毕业便当了学徒工，挣钱补贴家用。没钱时，人情淡漠，忐忑不安，吃尽了苦头，畩市深知个中滋味。作为一名省吃俭用、自食其力的手艺人，单凭自己的技艺不足以养活一大家子。而他却并没有变成守财奴，也从不曾赚过一分不义之财。畩市坚信，到头来，唯有自己赚来的钱指望得上。

“之前问要不要买房子买地的人又来了。现在这时候，开的价就跟白捡一样。”

“不，不用。钱能有利息，房子和地又不会增多。”

各处有人上门来提房子或地的事，姬美每每有些动心，而�市却顽固不化，一口回绝。两人常因此发生争执。

然而，眼看着钱越来越少。

工作才能挣钱，畩市却找不到活干，于是便随大流地去贩盐。阿久根[1]一带有人制盐，前去向他们买来盐，再换成大米、地瓜、酱油、茶叶等物资，留下家中需要的部分，其余卖掉。疏散的人群之中，孩子们常因为营养失调和伤寒而死亡。时不时地，会听到哪儿又有“疏散者死亡”的传闻。

姬美忧心忡忡，这样下去恐怕大家都会饿死，不得不想办法，寻找生活的出路。说起来，乡下的人们最需要的，那应该是衣物。她想将自己最上等的锦缎和服送给堂妹，以此作为抵押向其借 1500 日元，对方却说不用和服，爽快地借了钱。姬美去黑市买来旧衣物，拿到乡下交换粮食，再将粮食运到黑市上交换旧衣物——如此循环往复。姬美身单力薄，豁着命地干。这项生意持续了两年，一直到 1947 年年末。

在此期间，姬美让利则与和夫带着便当去上学。无论多么寒冷的早晨，姬美都会穿过田埂将他们送到宽阔的大道上。村里的人们问道，家里好几个孩子，有什么必要非得送去上学呢？姬美却认为，既然已经进了学校，理当风雨无阻！姬美不顾自己瘦弱的身体，脑子里只有一个念头，那就是不能让孩子们饿死。

利则与和夫从小山田村步行去学校。1945 年 10 月前后，焦土之上，简易校舍重新开课。地板松松垮垮，风从横板的缝隙之间吹进来。虽说是简易板房，终归是校舍，有时将烧毁的废墟清理干净后露天上课。没有课桌，随手将现有的箱子扣过来使用，椅子也是自制

1　阿久根：位于日本鹿儿岛县西北部的城市。

的，很像是洗澡时用的座，能收能放，携带方便，上学放学路上夹在腋下带来带去。

那么，和夫的肺结核如何了呢？不可思议，不知几时，已然痊愈。

因为空袭，不得不四处奔逃。起初还会叮嘱自己，肺结核患者不能剧烈运动。空袭日渐密集，兵荒马乱，只得打着绑腿东奔西跑，根本顾不上劝说自己尽量少活动身体——倘若如此，便会掉队。况且，家中还有病人需要照顾，顾及不了和夫。如此境况之下，不知不觉，肺结核竟然痊愈。和夫不由得思索：说到底，疾病还是归结为“心”的问题。

畩市依然谋不到生计，无奈只得在姬美父亲家借了一间屋子。在姬美倒腾旧衣物的那个 9 月，自己也开始了制盐的生意。

姬美的父亲溜藏之助一副侠肝义胆，是个豪爽的酒徒，附近青年团的领军人物。曾与年轻门生龃龉而遭夜袭，因此腿脚略有不便。战前总与爷爷七郎相伴小酌，常蒙他好意相助。他家在当时的天保山、如今的锦江町一带，其中一间借给畩市与利则、和夫，供他们自己开伙。

天保山有废弃的海军燃料补给所，遍地扔着铁皮桶。没有熔接机，便用钢凿将铁皮桶纵向切割，一分为二，数个连在一起，做成窑炉。燃料是火灾的残骸，但因为窑炉每天都在烧，所以好景不长，残骸就使用完了，于是从木材加工厂找了些锯屑，用大板车运来，干燥之后当作燃料。此外，还需要炉箅子（roaster）[1]——现如今还有澡堂在使用，放在桶的炉口与火挡之间，用于支撑燃料，点燃的锯屑会一点一点地漏下来。当然，这也没有现成的。于是，看中了荒弃在原野

1 炉箅子：炉膛和炉底之间承煤漏灰的铁屉子。

上的坦克，将厚铁板上的枪眼切割下后组装起来。从海边用水罐运来海水，倒入最上层的铁皮桶中。利则认为，时至今日，这种做法依然可以制盐。最开始出来的没有盐卤，是最好的盐，如同冰糖一样，刺啦刺啦地往上冒。成品按照品质依次分为三个等级。

他们去黑市直接卖盐，或者用盐交换物品后在黑市上出售。黑市在易居町一带，海岸旁一条狭窄的小路一侧，从鹿儿岛车站附近、即现今县厅及市政府所在的那条街拐过去。附近还有妓院，各色人等出没，熙来攘往。

蒸熟的地瓜或芋头撒上小麦粉，再加入糖精增加甜味，制作出丸子，利则常在那里买来吃。而薯芋也都是统一管制品，警察一来，摊贩立马溜之大吉。警察身影刚一闪过，便以迅雷不及掩耳之势，眨眼消失，其身手之快令人叹服。

而和夫从大人的股间往外窥看，有日式轮盘之类单纯的街头赌博，有诘棋[1]，还有三盒和平香烟[2]转来转去。艺人在绳子两端打个结，穿入绳子，让人猜能不能套得住，结果，谁也猜不准。和夫目不转睛地看了半天，识破了伎俩，不自觉地喊出声来："不对啦！"却被艺人吼了回去。江湖艺人的说唱词很有趣，和夫不费事就记住了，常到学校去学着样表演，配上滑稽可笑的动作，下课时常被大家团团围住。

话说那条道顿堀[3]（啪地拍一下手），铁匠铺里火星直冒……说来话长，听我慢慢道来……

1　诘棋：刻意安排的围棋棋局，运用巧思，计算得胜手法，以此来测验棋力。

2　和平香烟：是日本烟草产业株式会社于 1946 年开始制造并销售的名牌卷烟。

3　道顿堀：日本大阪府大阪市的一条运河，以邻近的戏院、商业及娱乐场所而闻名。

老家虽说粮食产量丰富，却并没有一块像样的地能给老幺七郎，全家十口人不知道要住到何时，难免有些闲言碎语。畩市他们正尴尬之际，有一个人对他们的窘况看不过眼，出手相助。

此人是爷爷七郎的堂兄，侠义之士，前来与七郎的兄弟们交涉。他提议说，应该为畩市他们盖房子，让有林地的兄长们拿出原木。此人似乎是伐木的工匠，独自进山，砍下原木，用牛车拉了回来。稻盛家的孩子们瞧着稀奇，眼睛一眨不眨地盯着，看他一根、一根接一根地做成梁柱，却连刨子都不怎么用。他又将距一郎家约一公里处的自家田地给七郎盖房。

从市内烧成废墟的家中搬来白铁皮和木条做屋顶。没有瓦，权且用毛竹代替。毛竹也是从七郎的兄长家拉来的，切割成适当长度后编在一起，下大雨的时候会漏水。房子四面像模像样地贴着木板，内侧却非常粗陋。地板是用绳捆在一起的细竹，上面铺着席子。即便如此，终归是自己家，有两间屋子，可以遮风避雨，从 1946 年 10 月一直住到 1948 年 2 月。

爷爷七郎的中风也康复了大半，能帮着照看孩子，不料在 1947 年 6 月去世，享年 70 岁。他这一生，虽说并不如意，却也子孙绕膝，老有所终，算是了无遗憾吧。

1946 年 4 月，畩市的弟弟兼一从内蒙古撤回，也住在小山田村的家中。等到营养失调的身体多少得以恢复，他也加入了盐的物物交换队伍之中。

去进行物物交换必须先买火车票。他们前一晚就从小山田村出发，在鹿儿岛车站前为收容归国者而匆匆赶造的木板房里住上一夜，第二天一早去窗口排队。终于轮到自己时，利则伸手掏口袋准备买票，钱却不翼而飞。谁也没有流露出同情之色，人人自顾不暇。

顺带提一句，战前的旧币只能通行到 1946 年 3 月 2 日，3 日启用新币，每人最多只能兑换 100 日元新币留在手头，除此之外全都存入银行并予以冻结，冻结款中每月户主只能提取 300 日元，家中每人 100 日元。因此，利则被小偷偷去的钱十分珍贵。

然而，被抢去的不仅是金钱。

盐依然属于统一管制品，被警察发现后会被没收，于是将一斗盐分给三人带着，从熊本前往阿苏[1]。早饭时分，亲切的农家大妈为他们的白米饭浇上了纳豆。利则与和夫只知纳豆甜，不曾想竟能做成菜肴当配菜。叔叔兼一不愧是开明派，向他们解释道，这是大豆沤烂后制作而成的，营养价值很高。他们俩却完全不信沤烂的东西还能食用。大妈见二人不吃，便做成了饭团，用木纸[2]包好。

两人饿着肚子捧着大米，来到熊本换车。那里到处是身着军服的归国者和穿破烂大人西服的流浪儿。两人饥肠辘辘，打算边等边吃饭团。和夫见老旧得如同鬼屋一般的车站一角有空隙，便弯下腰向哥哥那边喊着“哥哥！哥哥！”同时打开了包裹，几双饥饿的眼睛一下子亮了起来，站在和夫身边的一个流浪儿夺过饭团，溜得无影无踪。

没来得及大喝一声，那一身褴褛的流浪儿已经抱着饭团消失在人海之中，留下腹中空空的二人。姬美总教导孩子，无论什么，都必须大家一起分享。所以，这一路他都郑重其事地端着，一口都没吃，打算全部带回家去。

“我怎么总是搞砸呢！”肚子咕噜一声，似乎在回应他。和夫快要哭出来了……

1　阿苏：日本熊本县东北部的火山群。

2　木纸：包装食品用的纸状的薄木片。

从棒球少年到卖纸袋的“萤雪派”

1948年2月，全家搬离小山田村，回到了药师町。将竹瓦搭建的田园风格的屋宅拆除，只把房骨架运了回来。人都会知恩图报。为报答之前的相助之恩，有人为畩市在旧址上盖了房子。

这人二战前是个牲口贩子，却耽于吃喝玩乐，为亲戚所不齿，唯有远房堂兄畩市心软，另眼相待。到了战后复兴期，简易棚大规模被搭建。那人的儿子作为大学建筑系毕业的建筑师，伏案于当时稀有的制图板前，设计好图纸后，再交由他人按照图纸干活。其父不忘畩市过往的恩情，让其子为畩市在小山田村搬来重建的屋宅后面又接出一间房子。

1946年前后，黑市的全盛时期已经过去。1947年，六・三・三制[1]启动，除“外食券[2]食堂”之外，餐饮店全部停业，粮食凭票供应，且恢复了服装票制度。物资匮乏外加通货膨胀，饿死者不计其数。1948年，状况毫无缓解，公共事业费上涨了四五倍。

1948年3月，和夫将从私立鹿儿岛中学毕业。是否升入新制高中，家里产生了分歧。姬美的和服已经变卖一空，换回了食物。畩市找不到工作，只得倒卖盐或其他东西，稻盛一家的生活举步维艰。畩市和姬美打心眼里希望和夫能出来做事。

“爸爸，我想去念高中。”

“和夫，到你这个年纪，应该了解家里的状况。看看妈妈，忙着照顾弟弟妹妹，还得去买卖东西。她原本就身体瘦弱，勉强撑着，一天比一天憔悴。现在这世道，我也赚不了多少。你还是去找份活干，别去念高中了！”

1　六・三・三制：指小学六年、初中三年、高中三年的教育制度。

2　外食券：1941年4月1日发行、1969年废止的餐饮券，在外就餐时使用。

“家里的状况我清楚。不过，旧制中学已经上了五年，就算家里穷也要坚持念到高中，这理应是父母的义务吧。”

“又口出狂言，你想去我们也办不到。”

“战前爸爸雇人印刷、制作纸袋，为何现在不干了呢？”

“赌上这一大家子，要是亏了可怎么办！”

“那么，不如把小山田村里的三亩地卖了，多少也能换点钱。”

和夫眼中，父亲战前雇用工人，生意做得兴旺，战后却畏首畏尾，束手束脚，他心里多少有些意见。况且，哥哥还上了鹿儿岛实业学校。

“反正就是要去！”

“混蛋！别太过分！”

不料，畩市右手“啪”的一下挥向了和夫的脸颊，把和夫赶出了家门。小学时代的那件“制裁”事件中，畩市丝毫没有动怒，对和夫的情绪与行为予以认可；而如今，沦落至此，迫于生计，畩市也身不由己，自然不会认同和夫的说辞。和夫见平日默不作声的父亲怒气冲天，吓了一跳。他却不想放弃升学，心里依然赌气“本来就是父母的义务”，在小屋前一动不动地坐了一夜。

最终和夫赢了。畩市将三亩地卖掉换来些钱，送和夫进入鹿儿岛市高中第三部上学。1948 年 4 月学制改革后，鹿儿岛市立女高中、私立鹿儿岛商业学校与和夫所在的私立鹿儿岛中学合并，和夫初中时代的母校停办。

此外，战后中小学生的玩耍也不再局限于战争游戏，成了和平的棒球。孩子们崇拜的明星是红色球棒的川上[1]和蓝色球棒的大下[2]等

1 川上：指棒球运动员川上哲治（1920—2013），为日本职棒史的第一人，被称为“打击之神”。

2 大下：指棒球运动员、教练大下弘（1922—1979）。

人。没有球具，便拿随处可见的木头块或者校舍的窗框当球棒；拆下肋木（体育器械，竖立木柱之间装上相同间隔的横杠，宛如肋骨般排列，人可攀登或吊挂），削出把手，就是上好的球棒；将破布或棉布揉成一团，用绳子一圈圈地缠紧，再裹上布，便成了球；布制的棒球手套都是出自母亲或者姐姐之手，视若珍宝。

从鹿中起，直到高中、大学，和夫与朋友川上满洲夫都同校。他们是中学时代开始的棒球伙伴，最受欢迎的投手位置由川上与和夫轮流担当。和夫身边常围拢着很多人，人缘很好，大家的位置都由和夫来指定。

和夫不顾父亲的强烈反对升入了高中，初中开始的棒球热情并未消退。放学后，与川上他们一起打棒球，直到暮色四合才回家。

如此一天天过去，高中一年级的某日，投球投得过足了瘾。回到家后，姬美语重心长地说道：

“和夫呀，前阵子因为去不去念高中，跟爸爸争执，谁知你进了高中之后，每天就在打棒球。和川上他们家相比，我们可没资格打得起棒球。爸爸一天到晚拼命干活……”

“嗯，明白了。”和夫认认真真反省思过，打定了主意，开始卖纸袋。

说起卖纸袋一事，姬美远比畩市更有生意头脑。她见战前畩市手下的工人如今也办起了印刷所，经营顺利，心里总憋着一口气，想让他重整旗鼓。

“你技术很强，不如自己重新干一回。”姬美对丈夫旁敲侧击，而瞻前顾后的畩市却总担心万一不成无法收场，始终不肯点头。他依然不愿去借债，在战后满目疮痍的光景里，越发地束手束脚，以避风浪。

“孩子他爸，钱不够用啊。孩子们正是长身体的时候，吃得多，得干点什么才行啊！”

“不用，这么下去就行，没事！”

类似的对话三番五次。一名手艺人，操控机器的技艺精湛，为人规规矩矩、本本分分，在战后纷纷靠黑市暴发敛财的混乱时代，毫无用武之地。战前畈市恪守美德的性格与生活方式，在战后的社会里已然显得不合时宜。而姬美呢，还残存着战前“美好时代”的记忆。那时，将挣来的钱放入盒子里，随意地拿在手里去买东西。

1948年3月，小儿子实出生。4月起，姬美背着婴儿开始了往来倒腾大米的买卖。畈市到底没能独当一面，得空的时候，重操旧业，又做起了纸袋生意。打着战前“稻盛调进堂”的名号，买进黑市的纸，由畈市来裁剪。明知在黑市贩卖纸袋的话，油水会多得多，而畈市却不敢越雷池一步。

裁剪纸张，畈市在战前便已得心应手。他握起一把大切刀——与切割榻榻米用的刀大小相仿，将整张纸裁剪成多种不同尺寸，各个种类巧妙搭配，分毫不差，从不浪费。手法精湛，堪称畈市的绝活。利则与和夫由衷地钦佩父亲的高超技艺！畈市常说，不浪费才能赚钱。如果使用机器，势必导致纸张的损耗；虽说困于缺少机器，却因手工制作避免了浪费，从而化解了劣势。

用一把大木尺来裁剪，制作粘贴口时，用在铁匠铺定做的刃口特殊的铁锤，边敲边裁。稍有不慎，刃口便会滑开。而经畈市之手，却像机器切出来的一样，完美无缺。随后，由姬美来粘贴，做出来的成品每一百枚用绳子捆成一扎。

而和夫呢，如今，一放学就立即回家，往自行车后座上堆成捆的纸袋，垒得颤颤巍巍。起初有些抹不开脸，和夫对从未经历过的事情总会畏怯，很不愿途中遇到熟人，嘴巴都张不开。一般他会上前询问：“对不起，问一声，需不需要纸袋？”倘若是差不多年纪的女学生迎面走来，他二话不说撒腿就跑。去战前开到现在的点心店或者干货店，听到一句“这不是稻盛家的少爷吗？”便心花怒放。

和夫凡事都愿意考虑周全，不会想起一出是一出。所以他开动脑筋寻找更有效的卖法。他安排一周七天的行动计划，将市内“销售圈”由南往北划分成七个区域——这还得益于孩子王时代谙熟于胸的地图，与各区域内的顾客约定，每周送货一次。害羞的情绪一扫而空。到了黑市上，常有壮实的大娘们吆喝道：“喂，小子，等一下！”大受欢迎。分区作战策略奏效，生意一天天兴旺，还雇了一名初中毕业生，特意替这孩子买了一辆自行车，让他协助送货。

如此这般，印着“稻盛调进堂”商标的纸袋逐渐风靡全市。一日，某家店中，有人叫住他：“你是不是那个到处卖纸袋的孩子？我家店从地方上收购点心拿来批发，也有人会顺便买纸袋。放在我们店里的话，肯定不愁卖。”

和夫心想：“对啊，可以批发啊。没想到啊……”此前，一家一家地跑小卖铺。打这以后他才意识到，还可以进行大批量的“批发买卖”。于是，只需瞄一眼货架，纸袋一卖完立即补货。骑着自行车东奔西跑一整天的销售量，一家批发商全包了。

和夫发觉这是一条好销路，又去打探其他批发商。结果，与三家点心批发店成交，每周三次“加班”去兜一圈。收到的货款放入布袋中拎回家，父亲笑眯眯地将钞票的皱褶展平，清点算账。这项生意一直持续到高三开学，自行车也骑得更好了，运动会上的“慢骑赛”总是拔得头筹。

这一时期，哥哥利则在国铁[1]就职，是出水[2]机务段的司机助手。

1　国铁：日本国有铁道，是日本原经营国有铁路的机构，简称国铁，成立于1949年6月1日，于1987年4月1日解散。

2　出水：鹿儿岛县西北部的城市。

当时，国铁的劳资纠纷风起云涌。

利则出乘出水到熊本或者鹿儿岛路段，回程时，他常在刚战败时买盐的阿九根逗留，去采购尚在统一管制下的沙丁鱼，或在熊本买些长葱、地瓜之类的物品，放在火车头的煤炭上——只有那里美国宪兵不会涉足。

家附近有人在鹿儿岛通信区[1]工作，与利则通电话，得知几点的班车回来，再由他转告家里。于是，掐着点儿，新上桥的国铁线旁，和夫出现了。一看到他的身影，利则心想："哎呀，已经来啦！"随即"呜——呜——"地鸣响汽笛示意。那个严严实实的包裹早已搬到自己脚下，这时"砰"的一声踢落下来——里面的物品将会装点今晚的餐桌。

然而，利则却患上了皮肤病，长出了脓包，只得辞去国铁的工作去温泉治疗。趁此机会，利则也开始帮着卖纸袋。原本只不过临时帮忙，而一家纸袋的批售店——批发点心的中塚商店问他是否有意来工作，于是利则便决定去干活，不久，他被任命管理店面——真是无心插柳柳成荫！

若说卖纸袋是姬美对孩子们的要求，也是实情；然而，纵观稻盛和夫后来的人生之路，这却是一段极其典型的经历——并非指人生早期的商业经营体验。

前文提及，幼年时，和夫他们哭丧着脸回家，姬美会交给他们一把扫帚去还击。萨摩的武士之妻，孩子打不赢哭哭啼啼地回家，会令其拿刀"去报仇"，不让进家门。在这一层面上，姬美是持一颗武士之心对待孩子；而另一方面，萨摩的武士对"言必谈利益"者嗤之以鼻，尤其不齿于唯利是图、锱铢必较之徒。然而，为生活所迫，姬美

1　鹿儿岛通信区：国铁下属机构。

要求孩子们经商——此时，姬美不愧为商人之妻！换言之，姬美教育孩子，虽然谈不上特别的用意，却会自然而然地将武士之心与商人之才融为一体。

话说回来，卖纸袋给和夫的高中生活带来了一个变化。

他一放学便飞奔回家，不能与棒球伙伴同路，却结识了另一群人，他们个个都不是运动型的人物。

棒球伙伴之间的话题以青田[1]、大下、川上等人为中心。而这群人的言谈净是考试的分数啦，下次考试会出什么题啦，哪本参考书好啦之类。到头来，连“囊萤映雪”之类生僻的成语都冒了出来。

“什么叫‘囊萤映雪’？”

“稻盛，你学习不错，怎么连这也不知道吗？”

总是说不到一块儿去。

和夫心想：“唉，人不同，连讨论的内容也不一样！”

如同发现了新大陆一般，也不免深受触动。

问到这群“萤雪派”的日常作息时间，他们从学校回家后立即复习或者预习，有时候到附近的小学去打网球，活动活动身体，吃完晚饭一直用功到十二点。

“哈，人与人之间差距这么大！真是难以置信！”

和夫借来《萤雪时代》[2]的旧刊，从中第一次见到东大[3]的照片，自此，萌生出“我也想去读大学”的念头。

然而，现实是，和夫却生在一个孩子众多的贫困家庭。和夫蹬着自行车送纸袋，直到傍晚七点左右。回程路一周七日各不相同，有时会路过“萤雪派”谁家的附近。这时，他会意识到，对啊，那些家伙

1　青田：指棒球运动员、教练、棒球评论员青田升。

2　《萤雪时代》：旺文社从 1932 年起出版发行的以大学备考考生为对象的月刊。

3　东大：指东京大学，简称东大。

现在正在打网球吧！那么，早点赶回家，趁他们打网球，抓紧时间学习吧！逞强好胜的情绪悄然涌起。然而，无论如何奋起直追，学习的绝对时间太少，实在无可奈何。

该怎么办？只能拼效率，抓紧吃完饭到睡觉前的这段时间，别无他法。

费了一番努力，终于赶上了“萤雪派”。

和夫的数学与物理出类拔萃。考完试，朋友川边惠久等问考得怎么样，每次他都回答：“不太好。”等成绩揭晓，却总是接近满分——没考到满分，就算不上“考得还行”。或许有人会认为他是个“装模作样的家伙”。然而，从卖纸袋一事可见，他将市内划分为七块区域，分派到一周七日，和夫应该有着“完美主义”的倾向。

用功之余，为了调节心情，曾半夜骑着自行车去川边家。他对川边坦言：“我头脑不好，和其他人付出一样的努力是行不通的。别人花两个小时，我得花上四个小时！”这话令川边钦佩不已。

做事时的完美主义倾向，再加上强度大、效率高、时间长，不顾一切地去拼搏——这是贯穿稻盛和夫其后生涯的鲜明特征。

积萤雪之功，和夫在大学入学测验中，考出了全校第一名的好成绩。

尽管如此，和夫除了头大之外，没有其他十分打眼的地方。熟悉他小学时代的人评价说：“学习不行，中不溜秋，不太突出。”了解他初中和高中时代的人也认为他是个“不突出的老实孩子”，并非“万绿丛中一点红”般的角色。

1950 年 4 月，鹿儿岛市高等学校第一部与和夫所在的该校第三部普通科合并，成立了鹿儿岛玉龙高等学校。1951 年 3 月合校后的第一届毕业生就是川上、川边与稻盛他们。这届同期毕业生结成了

“二六会”[1]。

笔者最初打算与其中的两三位会面，谁知他们一个接一个地联络之后，当天到达约定地点，竟然来了11位！他们相见，叙起旧来——战后的粮荒，满目疮痍之景，黑市兴盛时期的高中生活等，往事历历在目，令人唏嘘。笔者第一次听到鹿儿岛方言，宛如外语。30年前鹿儿岛高中生的青春与鹿儿岛方言一起，在笔者眼前翻飞。

虽说如此——确切而言，正因如此——给我们一种印象：在那人心惶惶的年代，昭和前九年[2]里度过的青春，展现出一种无拘无束的明朗与无忌无畏的无政府主义，比如轰炸过后的废墟之中，蓦然望见了樱岛；又比如蓝色的苍穹之下、瓦砾之上、风吹日晒之中上课……

话匣子一打开，我们就聊起了食物。

那时常吃麦麸。所谓的“西乡开垦地”位于市区的寺冈，从市内运来堆肥，种植地瓜（红薯）；在学校烤新鲜的沙丁鱼吃……特攻队解散后的高年级学生从外地撤回来，脚蹬中筒靴，耀武扬威；深恐自己被打耳光，于是低三下四，毕恭毕敬地将自己的便当递给对方；还从点心屋里偷过地瓜糖。

香烟点燃后放入牛奶瓶，互相传着轮流吸。老师恰巧路过正在抽烟的地方，慌里慌忙地将还没完全熄灭的烟头塞进胸前的口袋，烧了一个焦洞，还因此遭到拳打脚踢。有位老师绰号叫“藠头”，常体罚学生。

一直到1949年，美国占领军军政官特推进鹿儿岛教育改革。有一次，博特来校访问，发言称，为实现校园民主化，必须消除暴力，有没有人曾受到老师的体罚？这位“藠头”老师便成了众学生的矛头

1　二六会：指昭和二十六年（1951）毕业的同学会。

2　昭和前九年：指昭和元年至昭和九年，即1926年至1934年。

之所向。从此以后，学生中的不安分子一看要挨老师教训，便会吐出“占领军”三个字，公然对着干。

体操时间学生们还被拉去挖墓。合并之后的新高中将建于市内池之上町玉龙山福昌寺的遗址上，“玉龙高校”也正由此而得名。该寺院是岛津家族的菩提寺，曾因德川幕府镇压残余的天主教徒而收留过长崎浦上[1]的信徒，其中一些人葬于此地，也有普通的墓地。四周荒草丛生，罕有人迹，1950—1951年（即二六会的成员二三年级时），学校动员在校生去平整土地。他们常会挖出石棺和骸骨。

和夫干活向来一丝不苟，小学时代也不例外，公派的任务都是一副热心肠。西田小学时，常让学生去捡马粪，同学们都不乐意，和夫却乐呵呵地跑来跑去，高高兴兴地东捡西拾（这段捡马粪的故事是从小学同学那里听来的，如此微乎其微的事情都让人印象深刻，可见当时和夫行事必异于常人）。重整昔日墓地的时候，和夫一如既往地勤勤恳恳，却见有的同学找借口溜之大吉，老师也没有点名，不由得想，恐怕不值得拼命干活。于是，有一回便没有来。谁知，偏巧当日点名。

和夫不禁长吁短叹：“为何我总没好运气，真是个倒霉的家伙！”

然而，就在高中三年级那一年，和夫却真正地倒了一次大霉，这次事件实实在在地将和夫独自送到了聚光灯下。

“这副模样，哪有前途可言”

1950年10月，为了征战国民体育大会，学校以投手川上满洲夫

1　浦上：位于长崎市区北侧，17世纪到19世纪因禁止基督教，被镇压的信徒们隐居于浦上，于是浦上成为他们的隐居地，1941年建成浦上天主堂，1945年被原子弹摧毁，新教堂建于1959年，现今是长崎市的著名景点。

为中心，组建了一支临时棒球队。他们竟然一路披荆斩棘，最后将与当时的强队鹿儿岛商业队一决雌雄。川上与同级的川边惠久、稻盛等数人前去助威。

当时，球场在市区南部的鸭池。从球场回学校时有人出主意，用月票来逃中间几站的票。和夫畏怯，执意主张步行，却拗不过众人，只得不情不愿地乘上了电车。他们盘算着，从鸭池出发，第七站高见马场上车的人多，所以下车时可以用月票蒙混过关。谁知，这趟电车的终点是朝日通，到高见马场后只有三站，于是高见马场上车的人寥寥无几。

伙伴们一个接一个出示月票，顺顺当当地下了车。而和夫呢，打一开始心里就疙疙瘩瘩，提不起劲来，落在最后一个，跟随陆续下车的伙伴们身后。售票员起了疑心："等一会儿，喂！"一听这话，下意识地要开溜，于是，殿后的和夫便被揪了出来。

"你是学生，本来就买特别便宜的月票，竟还逃票！哪里的学生？"

"玉龙高校。"

"玉龙？哦，就是那个校名像艺名的学校啊。这种学校，能培养出什么学生！听说现在越好的高中，学生坏点子越多，还真是这么回事。你叫什么名字？"

"稻盛和夫。"

"高中生就该有高中生样，要懂规矩。交通局通知学校，取消你们全体学生的学生票，这样你该怎么办？"

售票员怒不可遏，句句话里带刺，阴阳怪气地吓唬和夫——少数几个人逃票，会牵连全校。

当时残暑未消，售票员身体肥胖，额头上的汗直往下淌，而和夫也早已汗流浃背。

他心想："要真这样那可不得了。太糟了，早知道刚才就不该这么做！"

和夫哑口无言。理亏的时候，无论对方说什么，都无言以驳。他脑海里闪过一个念头：这呆货，吃什么长得这么胖？

懊悔之情紧随其后："好，胖呆货，你就瞧着吧！等我以后有了出息，把你这家伙狠狠教训一顿！"然而，更浓烈的情绪是：

"我怎么这么蠢，真是个傻帽儿，根本靠不住！要是真不想干，一开始断然拒绝不就行了。这副模样，哪有前途可言。"

可想而知，月票没收——刚买来还不到10天。虽说家中贫寒，却依然被勒令缴罚款。交通局通告学校，和夫的名字也张贴出来。除此之外，3个月内禁止使用月票。逃票的时候曾想过，不知会有什么结果——这就是答案。

翌日第一节课，班主任数学老师辛岛政雄劈头盖脸地一顿训：

"今天，有一件非常不愉快的事！一位同学乘市内电车时逃票被逮住，严重损害了我校的名誉。就凭着这一点小聪明，这种人，根本不配成为本校学生！真是无可救药！"

这位辛岛老师曾在原鹿儿岛中学任校长。鹿中停校，他作为一名数学老师，与一帮吊儿郎当的鹿中学生一起，并入市高第三部。后又成为玉龙的老师，是严谨耿直之士。

和夫最擅长数学，而任课的辛岛老师也是深得他的敬重与爱戴。他时不时地往和夫那边瞥一眼，冷言冷语。座位按照拼音顺序排列，和夫是他一眼望去最前排的座位，与一起逃票的其中一位同学川边并排。

川边瞄一眼和夫，见他如同霜打的青菜，萎靡不振地耷拉着肩膀，蜷缩着身子，垂头丧气，一动也不动。课间休息时，往常开朗的和夫哪儿都没去，两肘撑在桌子上抱紧脑袋，不住地唉声叹气。

其实，当时最后下车的并不是和夫，而是川边。售票员不由分说将和夫臭骂一顿后，川边才下车，侥幸躲过。而那些成功逃票的伙伴们却对沮丧的和夫冷嘲热讽，说他是“大傻瓜”。川边愤愤不平——稻盛原本一直在阻拦大家，最后却让他一个人背黑锅，实在太卑劣，友情何在？

那一天，川边拿定主意，对和夫说：“稻盛，你一个人走路，我实在不忍心。明天开始，我也不用月票，陪你一起走。”

川边也住在药师町，于是两人一起抄近道，穿着木屐翻过城山，往返学校。和夫见川边心肠侠义，是一位值得交往的朋友，两人迅速亲近起来（多年过去，川边结婚后，稻盛在京都招待川边夫妇，还亲自开车带他们游览）。

和夫尝到了逃票乘坐市内电车的代价。而整个事件当中，和夫的性格从他的反应可窥一二。抓住逃票者后，售票员气焰嚣张，一般人都会认为“欺人太甚”，仅此而已，不至于下决心“等有了出息再以牙还牙”。和夫之所以会产生这种想法，原因在于，遭受愚弄或者蔑视时，抵触情绪更甚于常人。

此外，自己名字被张贴出来，又被老师一顿挖苦，一般人只不过苦笑两声，当成“逃票被逮的代价”便不了了之。然而，和夫心里却迈不过这个槛，纠结于此。在小学、初中和高中时，与明显强于自己的对手相逢，常常稍有摩擦便忍不住动起手来，从不低三下四以求大事化小、小事化了。决不逃避，非得一争高下——这种态度与之如出一辙。遇到问题时，和夫从不会冷眼旁观或者溜之大吉。究其原因，绝对不是胆大，而恰恰因为胆小，同时又逞强好胜，这正是他的独特之处。

话说回来，当年挥汗如雨挖墓平地，终于在毕业前夕，即 1951 年 1 月，新校舍一期完工。和夫所在的最高年级的同学都是爱恶作剧的家伙，甚至女教师都不从教室门前经过。不知他们出了校门会闹什么乱子，修学旅行也都取消。由于校方非常重视新校舍，最终也没让三年级学生进入。大家纷纷表示不满，提议说要砸楼，至少也得往上面涂些烂泥再毕业。

离乡之章

阪大[1]落榜，进入鹿大[2]

高中生活的最后一道关卡是考大学。这不仅决定着和夫自己的前途，也是关乎稻盛全家的一件大事。

和夫希望成为一名医生。家中两位叔叔因肺结核去世，无药可治，医生束手无策，唯有等死，和夫对此一直耿耿于怀。他意识到自己患上肺结核的那一刻，天旋地转，犹如坠入无底深渊，如今回想起来依然心有余悸。半夜，出了一身虚汗，睁开眼睛时会猛然一惊——该不会是旧病复发吧！因为他喜爱化学，便立志去研制有效的药物，成为妙手回春的医生。

长兄利则也想去上大学。他在旧制中学的五年间一直担任班长或副班长，初一时曾拿着成绩单向弟弟们显摆："只要你们用功学习，也能考这么好！"在国铁任职时一直住宿舍，工资几乎全部接济家里。他打定主意要在和夫初中毕业前考入大学，自己在宿舍复习应考。然而，空白期太长，功课已经生疏，强打起精神复习了一个月，

1 阪大：大阪大学的简称。
2 鹿大：鹿儿岛大学的简称。

终究心有余而力不足，这种状态上了考场不知能不能考取。与此同时，他也不忍心让弟弟重走这条辛苦的冤枉路。

“你去上大学，我寻门好亲事，让她父母帮我进大学。”

然而，畩市断然否决。

理由是，长子不去，更没道理让次子去。况且，家中人人操劳，怎能让和夫一个人去读大学？

和夫顾及家里的状况，不再像考高中时那般固执己见。思来想去，索性去最稳定的银行找份工作。然而，辛岛老师却认为他实在应当上大学，特意来家里说服畩市和姬美。

“稻盛君在学校成绩数一数二，可别耽误了他的才华。虽说你们要再辛苦几年，但与其现在上班，不如送他去读大学，选择一条合乎自己心意的道路。请两位三思！”

利则的态度，加上老师的劝说，畩市也不再执意反对。

“你要自己去上大学的话……”

“靠奖学金和打工来生活。”

“那就去帝大[1]吧！”

“现在已经没有帝大了！”

“不是在博多[2]还是哪儿吗？”

“那是九州大学，就考那儿吧。”

稻盛心花怒放，转告辛岛老师。老师问道：“北九州有没有亲戚？”“没有。”“那不如考阪大。”

于是，和夫参加了大阪大学医学部药学科的考试。他觉得住宿费

1　帝大：指1886年颁布《帝国大学令》后，在日本国内及其殖民地陆续设立的九所帝国大学，简称“帝大”，按时间先后分别位于东京、京都、东北（仙台）、九州（福冈）、北海道（札幌）、京城（现韩国首尔市）、台北（现中国台湾台北市）、大阪及名古屋。1947年，帝国大学改为国立综合大学。

2　博多：指现福冈市。

太贵，盘算来盘算去，决定在大阪的天王寺借宿。

畩市认识一个在药师町开自行车铺的熊本人。此人是个败家子，在左邻右舍的名声很差。再者，鹿儿岛人非常排外，自行车铺也开得不温不火。畩市常对他给予关照。那人好酒，一见小和夫去玩，便说着“来啦，来啦”揽到身边来给些零花钱。老板娘的妹妹家在天王寺，姬美做了一些年糕带着当特产相赠。

去了阪大的考场，和夫却名落孙山。

“乡下的高中生成绩再优秀，到了大城市也拼不过。可能我还是不行吧。不过，如果问题出在这儿，那我就再读一年，明年重考！”

而姬美听和夫的朋友说，医学部要读六年，吓得不轻，心里想着“还好没考上！”反倒高兴起来，郑重嘱咐和夫，决不准考医学部。

复读来年再考阪大的想法利则也反对，更不用说畩市。他不情不愿地去考二期校[1]的鹿儿岛大学工学部，这一回，如愿以偿——与当年一中落榜后考取鹿中如出一辙。

“想去的学校每回都考不上。这样下去，还有什么盼头？”

国立鹿儿岛大学始建于1949年，只有文理、教育、农林与水产四个系。同年创办的县立鹿大只设医学部与工学部。和夫于1951年入学，当时属于县立，算得上是典型的“三间大学”。和夫报考了工学部的应用化学专业。两系并入国立是和夫刚毕业的时候，即1955年7月。在玉龙高校时也一样，平白出力气整地却没有机会搬入新校舍，和夫似乎总也赶不上好时候。

“我这人，从不会有好手气。”

不知何时起，和夫认定了这个理，倒也不足为奇。然而，即便时

1　二期校：根据1949—1978年实行的日本国立大学入学考试制度划分的大学类型，旧帝国大学一般都属于一期校，二期校主要是学制改革后的新制大学。通常情况下，一期校于三月上旬、二期校于三月下旬举行考试。

运不济，打击不断，令他灰心丧气，甚至万念俱灰，南国特有的率真开朗的天性会将其从失意的深渊之中拯救出来。小学升初中，初中升高中，高中升大学，这一路迂回曲折，但总算跌跌撞撞地读到了大学。常去稻盛家玩的川上认为，兄长利则和大妹绫子对和夫寄予了殷殷期盼。

和夫套着短夹克、趿着木屐开始上大学。姬美去妹妹家作客时，碰巧遇到一名算命先生。那人替姬美看了手相，说道:“夫人好福气！有个孩子会大有出息。上年纪之后便不再愁钱啦，有个好儿子！”姬美本就笃信不疑，听罢，更是喜出望外。说起来，算命时听到吉言并不是头一回。

战前，作坊的全盛时期，畩市曾去东京参加行业聚会。其时，从鹿儿岛去东京是一件了不得的大事，带回了大包小包的各式特产，很是炫耀一番。这其中有一本和纸的小册子，用毛笔将高岛算命先生卜测的运势写在了上面。据称，利则会成为实业家，而和夫将立军功，堪称家中的一大新闻。

和夫的军人志向随战败而破灭，父母亲只不过小学文化，自己又胆小爱哭，却以优异的成绩从高中毕业，成为家中的第一位大学生；长子为中塚商店的主人所器重，忙得马不停蹄。畩市和姬美打心眼里觉得欣慰，不枉费多年来的辛劳养育。那一年，利则进入了警察预备队。他出生于1929年，曾在战时接受过军事操练。在畩市与姬美看来，这“跟当兵一个样”，于是摆宴欢送，果真是过去征兵入伍的待遇。

利则一如既往地将大部分工资补贴家用，而和夫除了拿奖学金之外还打零工，在县立图书馆学习以节省书本费，每月交给姬美1000日元。

姬美的肺结核与斋藤老师的教导

前一年，即1950年，限电令取消，解除了对鱼和衣物的统一管制，同时废除烟草配给制。从上述情形可以得知，战后的物资匮乏已在某种程度上得到缓解，第一届“日本小姐”比赛举行（日本小姐山本富士子），国内经济因6月朝鲜战争的美军军需而复苏，战后色彩在日本日渐稀薄。

和夫进入大学的1951年，国民死亡原因的第一位是脑溢血，第二位是肺结核，这是有史以来头一回。然而，翌年，即1952年，姬美患上了肺结核。

持续37.2℃的低烧，据医生诊断，锁骨下方有阴影，于是开始采用“气胸疗法”（人工向胸膜腔内注入空气，从而使病灶萎缩）。这一时期，治疗药物已经问世，但姬美常年肠胃虚弱，无法吃药。食欲不振，她一天比一天瘦弱，甚至怀疑会不会是肠结核。丈夫的两个弟弟死于肺结核，姬美听到诊断结果的那一刻，心知自己命不久矣，也想开了：

“不用调养，也别吃什么药。看医生要借不少钱，等我死后，活着的人还得遭罪，不去看医生了。”对此，利则说：“妈妈，就算把这个房子卖掉也会送你去看医生，我会尽全力。”

而和夫呢，依然像以往那样，非常忌讳此病。姬美说：“和夫，帮我拿毛巾来！”和夫用两只手指尖拈着毛巾一角递过来，仿佛是什么脏东西似的。看到这幅情形，姬美一阵心酸：“唉，连自己的孩子都这样……”

“这孩子可真让人寒心，其他孩子倒不像他。”

没钱不能住院，痰液培养进行了好几次也未发现细菌，如今也没有病灶残留，是否真是肺结核不得而知。畩市和姬美现在想来，恐怕还是战时与战后积劳成疾导致的低热。初次看病的时候，医生叹服："这种身体状况，你竟能撑到今日！"这也反映出姬美是何等操劳，身体何等衰弱。

回想战前糊纸袋、卖纸袋，丈夫的两位弟弟因肺结核而去世，和夫患上肺结核、空袭……姬美身单力薄，原来几乎没干过重活，却在战后挑着20公斤的芋头去卖；小山田村艰难度日；物物交换、当走街串巷的行商；如常地养育子女（1948年末，最小的孩子实出生，是个性命垂危的弱小婴儿）。当时，出生于明治时期的大多数日本母亲所吃过的苦，姬美也都一一吃过。

这一次，附近的医生之妻向姬美推荐了《生命的实相》全卷，说："已故的丈夫非常喜欢读这套书，你也看一看吧！"书搁在枕边，和夫说："妈妈没有力气看，我来读给你听吧。"于是，为母亲读书。

和夫心想，父亲曾照料过患重度肺结核的两位弟弟，一直看护到离世。而我每回从病室前跑过都会屏住呼吸，却得了肺结核；母亲要照顾婴儿，应该也是怕传染，从不靠近病人身边，如今竟也患上肺结核。父亲离病菌最近，物理环境最恶劣，却不曾感染，而物理环境比他好得多的我与母亲却染病。这不正好说明是心灵的状况招惹了疾病。心中阴云郁积，整日胡思乱想，反映到现实世界中，成为疾病表现出来。自身的种种际遇，例如，因生病而自怨自艾，那心灵会进一步将此人逼入疾病的深渊。所以，即便患上肺结核，也必须要心怀感激。

自己患肺结核时读过《生命的实相》，书中的思想已铭记于心，再次翻阅揣摩，又回忆起中学时在成绩册写下"望不懈努力，终成大器"来鼓励自己的斋藤老师，他曾在教室里说过这样一席话，而老师的教导不外乎四个字——光明正大。

"我深恶痛绝那些卑劣的知识分子，与之相比，目不识丁却重情重义的黑道分子要正派得多。本打算入室行窃，被人发现后却拔出尖刀挥舞起来，索性成了强盗，这种行径最为恶劣。如果为偷盗而不惜伤人性命，那不如一开始就打这个主意。既然身为小毛贼，被发现后就该逃跑。不能一以贯之的豹变之徒，最令人不齿。”

这位老师是一中出身、在七高任教，退休后聘为鹿中老师。鹿中聚集了一批报考一中失利的学生，他们总觉得自己低人一等。斋藤老师一有机会便给他们打气，鼓励他们树立自信心，拿出勇气：

“通常情况下，是一中还是鹿中的学生，哪怕不看帽子、制服，也能一眼辨别出来——言谈内容截然不同。你们尽说一些无聊的话题，这绝对不行！”一声当头棒喝！

“从前，县中学棒球大赛上，一中年年夺冠。

“令人无法忘记的是，有一年，一中与鹿儿岛商业队角逐冠军。比赛当中，一中的选手打出一个球，究竟算犯规还算安打，很难裁决，引发了争议，甚至被迫暂时中断比赛。双方各执一词，纠缠不休。最终，判定结果偏向于一中，比赛继续进行，一中获胜。表彰仪式正要举行，商业队却不服刚才的裁决，强硬要求重新比赛。‘男子汉就应该再比一次！堂堂正正地再比一次，决一雌雄！在此之前，优胜旗先放一边。’

“那么，一中队怎么样呢？除了监督、主将，其他人早在表彰仪式开始前就已经扛着优胜旗仓皇逃窜回校。后来呢，听好了，从那以后，曾经的强队一中再也没打入过决赛。

“你们对此事有何看法？我们来假设，当时一中堂堂正正地应对，‘行，再比一次！’只要是这种心态，那么，即便结果扭转，输了比赛，那一点也不丢人。况且，一中以这种心态来比赛的话，商业队绝对无胜算。虽说比赛结束后要求重赛并不光彩，但扛着优胜旗逃走岂不是更加丢人现眼？

“明白了吗？听好，下面这段话才是重点。一中居心不正，以至于后来都进不了决赛。若要追问原因，根源在逃走这一行为，逃走这一行为直接导致了不战而败。”

和夫不曾想到，多年以后，会将斋藤老师的原话向他人复述。

话说回来，姬美发病的时候，畩市曾劝和夫：“别念大学了！”在警察预备队的长子会寄钱，但和夫也去工作的话，家中收入无疑会增加。但和夫不为所动，坚持一边打工一边上大学，有时还会央求已经上班的妹妹，从她那一点零花钱里讨来书本费。这种时刻，和夫每每发誓：“哥哥用功学习，有了出息会还你十倍！”说者与听者都忍俊不禁。

除了做家教挣钱外，和夫还在山形屋百货店当夜间警卫。同在鹿大工学部应用化学专业、比他低两级的学弟樋渡真明与他换班的时候，心想：“这人该不会是那位稻盛吧？”两人偶尔在实验室能遇见，常听竹下寿雄教授赞扬他“在这两三届学长之中堪称出类拔萃”。谁也没想到，后来，二人会在同一屋檐下生活，常常针锋相对。与樋渡同窗四年的德永秀雄后来也是如此，不过这是数年之后的事情了。

在这家山形屋的舞台上，曾上演过昙花一现般的凄美悲情剧，该剧的主人公是稻盛和夫。他一周几回从傍晚到天明当夜间警卫。这一时期，和夫学习从不松懈，所以临近考试也无须特别复习，而其他同学却不得不临时抱佛脚，于是，考试前的夜间警卫成了个美差。然而，当着夜间警卫，也难免会动些心思。

“青春无二度，每天只知学习和打工，我的青春一天天消逝，那意义何在？然而，除此之外，又能干什么呢……好吧！那么，谈个恋爱吧！恋爱……”

一闪念间，便要付诸行动。然而，心意已决，恋爱对象的女主角却还没有着落。好，那就找一找吧。傍晚去山形屋时，临近盘点时分，恰好遇上女店员们准备回家，一片莺声燕语。和夫如入宝山，顿时手足无措。另一日，特意比平时提早，兴冲冲地来到了山形屋，在夜间巡视的商场里东瞧西望，边走边寻。嘿，找到了！就在玩偶柜台，那姑娘正合他的心意。“谈恋爱的话，就是她吧。”

然而，萨摩的“乡中教育”只注重锤炼男孩，根本不会教怎么追女孩。男人为主公、为天下社稷而生，与之相比，追女孩之类不过是上不了台面的私事罢了。

和夫本就对未知事物心存畏惧，容易缩手缩脚。更何况，作为一个男性，与素昧平生的女性搭腔，他根本办不到，于是去找川上出主意。川上二话不说走上前，一番死乞白赖之后，成功约出那女孩，为二人牵上了线。从初识直到相约去看电影，和夫七拼八凑了一些钱买了两张电影票。中间人川上也一同进电影院陪同。和夫心想，你怎么不知趣地消失呢？结果直到送女孩回家，他都如影相随。其后，通过川上又见了两三回。终于两人单独相处的那天晚上，女孩说：

“我要嫁给一个在东京世田谷邮局工作的人了，再见……”

就这样，故事悄无声息地落幕了，甚至眼泪都没流过一滴。

姬美对此毫不知情。和夫的朋友来家中做客时，她问：“我家孩子怎么样？”回答道：“他呀，打架一流，学习也一流，是个大首领。”“啊？这孩子……”完全出乎姬美的意料。事实上，应用化学的同学们常向和夫求教，戏称他为“首领”，喜欢找他聊天。

考试时曾发生过这样一件事。老师见试卷上其他问题都回答完毕，唯有与“胶质”相关的问题罕见地一片空白，觉得这不像稻盛的行事风格。后来，问其原因，他答道：

“感冒了有点发烧，胶质的内容只学了一部分，不想似懂非懂地写个答案，所以交了白卷。”

这也是完美主义的体现。

除此之外，还发生了“照国神社群殴事件”与“空手道伤害事件”。

高中毕业、大学入学时的聚餐定在照国神社附近的餐馆里。�市不喝酒，和夫在此之前也只能小酌几杯，这次聚会头一次喝得酩酊大醉。与伙伴们一路吵吵嚷嚷，踉踉跄跄。快到大鸟居[1]时，碰上一群流氓，两伙人大打出手。众人作鸟兽散，和夫被打飞到水果店的店头，将店里的水果弄得一团糟。

此后，和夫痛下决心进入大学空手道部，开始学习少林拳法以便防身。家里立着的木桩也捆上稻草来练习。在学校与部里的成员一起练习“交臂”[2]时发生了这样一件事。

用手弹开对方踢来的一记飞腿，紧接着手掌推撞过去，对方又将推撞弹开再次踢来。练习这种连续技巧时，对方没能挡住和夫的推撞，拳头直接捣入口中，结果对方与拳头大小相当的四枚门牙断裂掉落。

打那以后，和夫与空手道彻底绝缘——他一向果断干脆，事情发生的时候，当场解决问题，从不唯唯诺诺、拖拖拉拉。

这位稻盛首领也有一大烦心事，他是实验器具的破坏王。大到存蒸馏水的液体瓶，“啪”地掉在地上“哐当”一下摔碎了。有一回，他嫌过滤沉淀物的普通过滤器效果不好，借来岛田欣二教授（无机化学系）视若珍宝的过滤器。“这是以前德国寄来的贵重物品，请小心使用。”千叮咛万嘱咐，借来不到一小时便弄坏了。

“我为什么总是冒冒失失，毛手毛脚，真是蠢货！”

每每遇到挫折，和夫并不往心里去，会用鹿儿岛人的乐观天性来

1　大鸟居：神社入口处的牌坊。

2　交臂：空手道的一种套路。

开解。这一点在操作实验器具时，却导致了粗心大意，缺乏必需的缜密、细心与专注。伴随乐观天性而来的缺点迫切需要改正，产生这种想法，已经是大学毕业走上工作岗位之后的事情了。

和夫在大学就读时期，刚过40岁的姬美也有了烦恼。

“自己只是小学毕业，尽对孩子们说些没有常识的话。孩子也大了，我是跟不上了，真没办法！”

姬美常与和夫起冲突。然而，和夫进了大学学习专业课程之后，争吵少了许多。和夫常教她：“那是怎么、怎么一回事……”姬美也能虚心倾听，却仍有一件憾事。

“真是担心，这孩子会变成什么样的人呢？走正道就行，要是之后不务正业，可怎么办？”

和夫进入大学那一年，即1951年2月，日本共产党制定了武装斗争方针；1952年5月，《血色劳动节》与《红旗》复刊。

和夫自己并无意加入日本共产党，但出身贫寒之家，自小一副侠肝义胆，世间之事好打抱不平，再因非士族之后而经历各种歧视，因此，和夫曾想过成为一个“黑道知识分子”。

入职考试失败，进入松风工业

学生生活最后的难关迫在眉睫，那就是就业问题，而畩市和姬美也在翘首以待。

然而，这时似乎依然运气不佳。和夫于1955年毕业的时候，正值“就业困难期”，用人需求少，连一个入职考试的名额都求不到。川上满洲夫此时向他伸出了援手。川上的叔叔在通产省[1]任职，想托

1　通产省：原日本中央政府的通商产业部，2001年更名为经济产业省。

他将和夫推荐给石油公司。于是，两人乘坐夜班火车进京，清晨去拜访，谁知竟以事先没有预约为由，拒绝会面。他夫人从中说情之后，同意只见川上一个人，谈了 10 ~ 15 分钟；而和夫连家门也没能进得去，带着乘夜车的疲惫在外等候。如此光景，最终不了了之。

这是和夫初尝就业苦涩之味。

而和夫自己提交的申请书竟然获得了帝国石油的入试资格。为了省火车票钱，他乘坐普通列车，连续坐了三天才赶到东京日暮里的考场。听考生们说，没有门路绝对进不去，不禁为之愕然，终究无果。大学老师也在为他们的就业而奔忙，却也徒劳无功。这就是新成立的三间大学之痛。

“为何天不从我愿呢？中学不行，大学不行，就业不行，即便想走捷径也找不着门路。家里穷，孩子又多，走一步算一步吧！斋藤老师赞赏有情有义的黑道分子，那就当个既会空手道、头脑又灵活、臂力又强的黑道知识分子吧！”

和夫一边在天文馆路小樱组[1]门前徘徊，一边苦苦思索。

与此同时，应用化学专业的竹下教授因学生无处就业而在东京、大阪等地奔走呼吁。他于 1945 年从朝鲜京城大学毕业，当时的一位朋友在京都高压线绝缘子生产商——松风工业当技术部长。托那人的情面，和夫在四年级的夏天被松风录用。但公司答复道，作为绝缘子生产商，有机化学的毕业生并不对口，他们需要陶瓷方面的人才。于是，和夫急急忙忙转投无机化学的岛田欣二教授门下，花了半年时间研究黏土矿物，最终写成毕业论文，从无机专业毕业。换言之，和夫后来专攻的陶瓷（瓷器），在大学里仅仅学习了半年。半年的研究

1　小樱组：鹿儿岛本地的黑社会组织。

成果总结成一篇《入来[1]的黏土》，作为毕业论文发表。以该论文为契机，和夫遇到了另一位老师。

这位老师名叫内野正夫，他在和夫论文发表前不久刚到工学部就职。他出生于熊本，东大电气化学系毕业。

论文发表时，这位老师也来听大家的论文。后来，毕业典礼的谢恩会上，他来到和夫身边，笑容满面地轻拍着和夫的肩膀说："稻盛先生，你将会成为一名了不起的工程师！"和夫不仅收到意想不到的赞扬，更让他震撼的是，赫赫有名的老师竟会对自己用敬称。鹿大的老师都亲如朋友，熟悉的老师会称"稻盛君"。

"前几日，你的论文和阐述，我觉得比东大学生更加出色。"谢恩会后，内野老师邀和夫去喝咖啡。老师带着他去了天文馆路上的森永咖啡馆，称和夫为"首领"的应用化学专业的四五位同学也同往。和夫大学期间穿着夹克衫，趿着木屐，与咖啡之类八竿子打不着，顶多会去吃碗拉面。内野目光炯炯，相貌精悍，言谈却格外有礼，他鼓励道："加把劲吧！"

启程去京都前一日，全家欢聚一堂，为"稻盛家族第一个去大都市工作的人"祝贺并送行。利则从仅有的钱里省出一点来，为他买了一套西服。

然而，这可不是一趟鹏程万里的远行，京都那些落魄失意的日子正等待着他。

1　入来：鹿儿岛的地名。

松风之章

“你有philosophy[1]。”

“你就是稻盛吧。鹿儿岛来的，这么黑！哈哈哈！”进入松风会社第一天，总经理望着新入职的五名大学毕业生，对稻盛说了这么一句。自己那张破旧的木制办公桌与新入职员工的情绪格格不入。

那天和夫就搬进了宿舍，这个宿舍是一栋摇摇欲坠的房子，破烂不堪，简直像鬼屋一般。榻榻米表面已经磨掉了一层，犹豫着不敢往地上坐。老员工教他们买来凉席铺上，这才将就着坐下来。他们一起买了炭炉和袋装炭，煮起味噌汁，自己开伙。

说起来，应用化学系的毕业生当时人人都憧憬着进入石油化工等有机合成化学相关的工作单位，稻盛也不例外。然而，未能如愿，不得已进入了本系学生不屑一顾的陶瓷世界。那里，是成绩差的人万般无奈的出路。

松风会社原本与弱电方面的陶瓷制品并无瓜葛，却因为厂址靠近国铁东海道线神足站，受位于同一条铁路沿线高槻站的松下电子工业

1 Philosophy：英语，意为哲学。

委托，着手相关研究，那正是稻盛他们入职的时期。此项研究以京大出身的平林正也为研究科长，稻盛是他手下的研究员，其他的大学毕业生则被分配到了绝缘子部门。

稻盛入职前一年，即 1954 年，日本电视机拥有量突破 1 万台，自动洗衣机开始普及；1955 年，索尼发售半导体收音机；下半年，神武景气[1]初现端倪，电视机突破 10 万台（那一年，与稻盛同样出生于 1932 年的石原慎太郎[2]凭借《太阳的季节》荣获芥川奖[3]，电影导演大岛渚[4]、作家五木宽之[5]也是同一年出生）。

松下委托的是电视机显像管所使用的U形绝缘子，此产品原本从荷兰飞利浦公司进口，但因为松下为提高电视机产量，考虑将绝缘子国产化，所以希望松风制造出相同的产品。

稻盛虽说加入了该课题的研究工作，起初付出的努力却并不在此，而是尽量避免冒出鹿儿岛方言。在鹿儿岛时从没用过电话，打进研究室的电话也不知该如何应答。在五名大学毕业生中，他宛如不问世事的土包子，自惭形秽。

不过，即便来自乡下大学，却是朋友和老师公认的优等生，他终究心高气傲，况且内野老师的盛赞还记忆犹新。然而，研究工作正式开始后，却日益痛感荒度了大学时代，实质上什么也没有学会。而且，公司重建不久，仍处于赤字状态，工资总是拖欠，同期入职的同

1　神武景气：1954 年 12 月至 1957 年 6 月，日本出现了第二次世界大战后的首次经济发展高潮，是高度经济成长时期的开始。日本人把这个神话般的繁荣称为“神武景气”，“神武”取自日本神话传说中的第一位人间天皇的名号。

2　石原慎太郎：日本作家，政治人物。

3　芥川奖：正式名称为“芥川龙之介奖”，为纪念日本文豪芥川龙之介（1892—1927）所设立的纯文学奖项，是日本文学的最高荣誉之一。

4　大岛渚：日本电影导演，作品以艺术另类、前卫新锐而著称。与黑泽明、小津安二郎齐名，屡获国际影展大奖。

5　五木宽之：日本当代大众文学的代表作家。

事凑在一起时总说："不干了，走人。"而这位逐渐适应了环境的土包子也随声附和道："这种破公司，不如辞职！"脸上蜻蜓点水般地闪现过一丝开朗之色。

不到一年，已有两人辞职，一人调到了松下电器，另一人进入自卫队，只剩下了稻盛。他也考虑过进入自卫队，可由于户籍誊本来不及寄到，只得作罢；跳槽无望，境况凄惨自不待言，却也无可奈何，唯有重新审视自己的工作方法。

例如，将A投入B与C中，反应完成后过滤、干燥并冷却，称出重量，这种在学校里"不言而喻"的简单操作，实际生产过程中稍不留神便会造成惊人的误差。

再比如，混合各类粉末或粉末与液体相混合时，如何判断是否"混合均匀"？有时用研钵搅拌两三分钟即可"混合均匀"，有时一个小时也无法完成。这种情况下，出于"不会打电话的乡巴佬"的自觉性，外加胆量小，他会诚心诚意地向老员工求教。为了减小误差，连清洗研钵、烧杯这类单调的工作都不交给助理，亲自动手。其实，这也源于他决心纠正大学时代那个"实验器具破坏者"注意力涣散的毛病。

烧制陶瓷时，如果将原料以同等密度充填，烧制过程中应该会以相同的比率收缩。但事实上，密度不可能均等，所以无法控制尺寸的精度，这是烧窑的常识。

他日复一日地钻研产品如何才能达到质量统一。充填原料时没有压力表，自己又是新人，不好意思开口说要买，于是以一定的步幅乘以体重，权且替代压力计使用，并将结果作为数据收录。这种愚笨的操作在大学里上不了台面，毫无学术价值，然而日积月累的数据却为下一步飞跃奠定了基础。对此，他不厌其烦——这需要鹿儿岛人大大咧咧的开朗个性中所没有的细心与定力。

每当这时，和夫脑海中便浮现出沉默寡言的父亲�市工作时的模样——事无巨细，必认认真真。他全神贯注地将制袋机的凸轮与辊子逐一调整妥当；没有裁纸机，于是一手握着大厨刀、一手握着特别订制的凿子，将纸分毫不差地裁剪开来……虽然父亲不曾直接教过他什么，而那一刻，在和夫心目中，父亲正是老师。

对工作产生兴趣之后，稻盛体会到了单身的轻松悠闲。他将炭炉和锅搬去了研究室，在那里做饭。工资 9000 日元，其中 1000 日元缴税。1956 年，当时民营企业给新入职员工的平均工资是 11800 日元，公务员的基本待遇为 15000 多日元，荞麦面 30 日元，啤酒 125 日元，咖啡 50 ~ 100 日元，新生烟（香烟的品牌）与和平烟（香烟的品牌）均为 40 日元。他的饭菜基本就是味噌汁和三两条鱼干，每月他还寄 2000 ~ 3000 日元回家。因为经济拮据，各项开支分门别类放入信封中取用。每周还做两三次家教。

这番功夫终于见到了回报，松下委托的绝缘子试制也步入轨道，能够开始接受订单。此时，稻盛一边作为研究科的成员进行开发研究，一边从事特殊陶瓷的制造，后又单独成立了特瓷科。

稻盛燃起斗志——“用新型陶瓷重振公司”，全身心地投入工作。特瓷科工作日趋增多，逐渐忙碌起来。于是，有人提议从绝缘子部门调一些人手过来，而稻盛却屡次拒绝，结果引发了责难。

绝缘子部门订货量锐减，出现了闲置人员，因工会的缘故不能立即裁员，而特瓷科订单增多，常常人手不足，公司自然会考虑往特瓷科调人。然而，公司上下士气低落，员工萎靡不振，工资又低，上班时间吊儿郎当，却热衷于挣加班费，这已成为常态，公司方面也睁一只眼闭一只眼。而稻盛领导本部门的方针是：需要的时候熬一整夜，不需要的时候决不加班。他以“散兵游勇，不成气候”为由，拒绝了公司的安排。随后，从闲置人员中甄选出有用之才，另外稻盛因得到爱板着脸的社长的全权许可，去京都车站前七条的职业介绍所招来一些人。

招来的人中有一位名叫滨本昭市，1936 年出生，1954 年从鸟取工业高中毕业，被国铁录用，约半年时间在家待命。他住在京都向日町的伯母家里，无聊时就到处闲逛。他不愿再这样等下去，便来到职业介绍所，正碰上稻盛招人。

松风工业是滨本第一次走上工作岗位。老家在鸟取，半农半渔，他习惯了田间地头的体力劳动，再忙再累都不会叫苦。稻盛有句口头禅“天上不会掉馅饼”，工作的事情也好，个人的事情也好，只要与稻盛商量，一定会帮忙妥善解决。而且，在滨本看来，稻盛工作起来无懈可击，年纪不大却很有人格魅力，非常钦佩。

滨本的老家通铁路，有一条隧道。学校的伙伴们常沿着铁路线走，遇到隧道的时候，只有滨本胆子小，生怕火车不知什么时候就开过来了，必会翻山绕道。听到这个故事，稻盛心想，嗯，这家伙一定干得好，完成工作就需要这种胆小，不错！

继滨本之后，公司董事又介绍仓敷工业高中（电气专业）毕业的伊藤谦介（1937 年生）入职担任重要职位，成为稻盛的镁橄榄石陶瓷研究助手。有老员工对他说：“进这种破公司有什么意思？”但是他见稻盛一副领袖气质，又对他情同手足，在工作上也这样提醒着：

“技术高超还远远不够。例如，调配原料的时候，必须将卵石擦净，否则，即便通晓粉碎原理，如果卵石的坑洞里塞着脏物，就无法正常完成实验。这种小细节似乎无足轻重，却万万不可忽视。”

同一年，制造部长青山政次介绍了他夫人的朋友须永之女朝子入职，成为特瓷科的办事员。朝子来了一看，发现车间遍地是泥，脏兮兮的，着实吃了一惊，继而看到了两位年轻人——一位是伊藤谦介（19 岁），另一位是滨本（20 岁），两人的衣服上也沾满了泥，邋里邋遢。然而，经二人之手，却能做出完全符合客人订单要求的产品，再次吃了一惊。而稻盛呢，正用奶锅煮着米饭，电炉则是在车间随地捡的一只烧坏的陶器，往里面缠上镍铬电热丝，在车间的一角做饭。须永见他在众多员工面前这么做，于心不忍，不久，便给稻盛做起了便当。

特瓷科奋战在一线，然而，松风自身的业绩却每况愈下。出口绝缘子的第一物产（三井物产前身）以松风的主银行[1]第一银行为中介，予以资金层面的支援。物产派出调查团做前期调查，被称为“物产头号海外通”的吉田源三作为团长来到了公司。

那一日，公司的干事来找稻盛，说吉田想见他。和夫心里嘀咕着，找我这种不入流的小角色有什么事呢？于是，沾满泥的工作服也没换。去了办公室之后，吉田说想今晚谈谈。于是当晚，稻盛穿上唯一一套西服前往约定的大阪中之岛的新大阪酒店大堂，这是稻盛生平第一次踏足酒店。

身着制服制帽、佩戴镶金绶带的门童毕恭毕敬地弯腰行礼，打开门说：“欢迎光临！”稻盛诚惶诚恐，慌乱之间第一次踏上了地毯，随即为大厅的宽敞所震惊。高悬的天花板垂下豪华吊灯。他边走边望，大厅僻静处的沙发上坐着吉田源三，看上去洋气十足。

“哎呀，欢迎，请坐！抱歉这么忙还把你请出来。其实，我和内野正夫君是东大时代的同窗，总听他提及稻盛先生的事情，所以想单独和你见一面。”

“稻盛先生近况如何？你所见的松风怎么样？是否有未来发展前

1　主银行：主银行制度是公司以一家银行作为自己的主要贷款行并接受其金融信托及财务监控的一种银企结合制度。在主银行制度下，一家企业的全部或大多数金融服务固定由一家银行提供；与此同时，主银行对企业拥有介入治理的权力，甚至可以持有企业的股份，包括有投票权的股份。这是日本战后在银行和企业之间形成的一种长期稳定的交易关系。

途？技术方面你有什么想法？”

稻盛听来，莫名觉得有种外国人说日语的腔调，句尾的“如何”“什么想法”语气高扬——而且，很有绅士风度。

“嗯，非常期待特瓷科未来的工作，也有信心进一步往前推进，但是为此需要引入必需的设备，领导态度消极，难得的订单，却怎么也满足不了客户的要求，有时真是想大哭一场。”于是，从公司的惨淡状况到自己的解决策略，侃侃而谈。吉田一边将咖啡送到嘴边，一边凝神细听。忽地，他目光如炬地盯着稻盛，大声地说：

“你很有philosophy，了不起！”

稻盛心想：“philosophy……他是这么说的吧。philosophy，是什么意思呢？”

虽说也能猜到是赞誉之语，却是头一回听到这个词。

“京瓷哲学”一词即源于这次新大阪酒店大堂里的对话。

内野正夫一边在鹿大任教，一边为屋久岛水电站的项目而奔波，经常往返于东京和鹿儿岛之间。屋久岛位于种子岛西南面，山峰——高耸林立，其中有九州最高峰——宫之岳，原始屋久杉森林葱郁繁茂，水量蕴藏丰富。

内野与通产省及相关大型企业交涉，提议利用该地域的水资源来发电，建设大规模的化学工厂（时隔不久，屋久岛电工建成）。

往返于东京时，他常给公司发来电报，告知乘坐的火车于某日几时几分通过京都站，想在京都站碰面。稻盛获得公司允许，穿着工作服，从神足站坐到京都站，趁着停车的间隙与老师相见。

见面必问道：“稻盛先生，干劲如何？”稻盛将产品的开发进展简略地作一汇报。老师目光炯炯却带着关爱之意倾听，直到开车的汽笛声响起。听罢，说：“嗯，不错，继续努力！”仅仅如此，稻盛却感到似乎注入了无穷的勇气。

就在这种情况下，吉田来到公司，物产向松风工业注资一事由他一锤定音。

“我很欣赏你！”

1957年，春斗[1]的提薪谈判陷入僵局，松风员工工会开始罢工，裁员的问题也列入其中。此时，稻盛考虑到，应当优先保证向松下交货，公司方面虽然没有提出要求，他却表态说特瓷科不参加罢工，并以此说服部下。

稻盛领导的特瓷科持这种态度，工会甚为不悦，但作为公司的赚钱部门，是唯一的“希望之星”，谁也无法否认。况且，特瓷科团结一心，工会也不能公然指责他们破坏工人运动，只得默许特瓷科继续工作，只要求他们出货时别过于声张。于是，特瓷科全员带着锅碗瓢盆搬到了与绝缘子车间相邻的特瓷科车间里生活起居。

此次罢工潮的四个多月前，公司认可稻盛的优秀，打算再次从他的大学母校招聘。于是，又有一人从鹿儿岛大学来到了特瓷科，他是稻盛大学时代在山形屋打工当夜警时那位樋渡的朋友德永秀雄。

几乎同时，大阪一家制造特殊橡胶的公司也录用了德永。但在松风与稻盛会面后，稻盛勤勤恳恳、脚踏实地的作风给德永留下了深刻印象，并为之折服，德永决定进入松风工业。德永的工资是8500日元，1957年大学毕业生最初的月薪（民营）是12800日元，去其他公司工作的朋友的月薪是10000日元。

然而，德永全然不知松风这家公司的经营状况，却为稻盛斗志昂扬的一席话和他的理想所打动，见稻盛一心扑在工作上，专心研发用

1　春斗：指日本每年春天由工会组织进行的以提薪为要求的斗争。

于弱电方面的新型陶瓷。德永好酒，工资喝得一干二净，胡子拉碴，乍一看颇有萨摩剑客（蕴含豪杰、桀骜不驯之意）的风范，而言行举止却得体有礼。他很贪杯，稻盛曾斥责道："每天要掂量着喝，定时定量，哪怕说要喝两个小时，到两个小时就要止住。"

当时，稻盛是主任。科室工作繁忙，他们常常整夜加班，早晨回来，中午时分又出门。有人劝告德永，这样下去会把身体搞垮；滨本将各类增稠剂加入原料中，从土炼机里拉出类似乌冬面的东西；伊藤在进行U形绝缘子的耐热性测试……德永见他们做事耐心，细致入微，由衷地对他们表示钦佩。

下班后，稻盛在黑板写下自己研发的镁橄榄石陶瓷的合成过程，并兴致勃勃地进行讲解。这在当时，既没有整理成文献资料，也不曾进行学术研究，所以，德永认为，通过讲解稻盛是在把自己头脑中的构想尽可能地理论化。

那时，有人对德永说稻盛不轻易接受绝缘子部门的闲置人员，这么说："你们都是鹿儿岛来的。但稻盛可算不上通情达理。虽说他靠自己的独特方法制造出了产品，并因此而成名了。但这种做法不可取，工作需要大家一起干啊！"

罢工平息后的那个夏天，贸易部长上西阿沙带来一个采购电炉的巴基斯坦人。制造部长青山认为稻盛研制的电隧道炉合乎此人的要求，于是介绍给稻盛，约定来年，即1958年春出货。

那位巴基斯坦人对稻盛肃然起敬，特意前来，请求稻盛去现场指导。公司以特瓷科离开稻盛无法运转为由，予以拒绝，并委派兼任特瓷部长的青山出马，担任指导。然而，巴基斯坦方坚持聘稻盛为长期指导，最终提出每月付稻盛与青山二人月薪20万日元。

那一时期，稻盛自己已经对特瓷在松风的发展前途不抱希望，他乐于了解国外的情况，尤其希望远赴美国深造，这也是少年时代的一大梦想。他心想："去了巴基斯坦，再以此为跳板去欧美也行吧。"

况且，巴基斯坦方开出的工资，即便住一流宾馆再雇一位女佣，还能余下大半。难得回鹿儿岛时，与辞去警察预备队工作回到中塚商店的哥哥利则商量此事。

"哥哥，我想去巴基斯坦。这三年，哥哥替我担待，我也在巴基斯坦打拼，尽量多给家里寄钱，熬过三年，攒起钱等回来后一起做生意！"

"你的心意我心领了，但最好跟老师商量一下。"

于是，稻盛去和内野老师商量。

"啊？万万不可。凭仅有的那一点技术去巴基斯坦赚钱，不可！受金钱的诱惑去了巴基斯坦，再回日本已经无法胜任工程师的工作。在日本多学习，稻盛先生，你会有出息的。"于是，稻盛放弃了去巴基斯坦的念头。

这近似悬崖勒马的事件前后，1958年8月末，又有一位大学毕业生来到了特瓷科，他是在四国德岛山村长大、高知大学文理学部（地球物理专业）毕业的冈川健一（1934年生）。此人身强体壮，竟是一名多愁善感的文学青年。

当年4月从大学毕业，因前一年开始经济低迷，生活没有着落，城市里又无亲无故，只得在高知无所事事，甚至曾在桂滨的岬角上静坐终日，犹豫是否一死了之。有次去朋友的大学化学实验室去玩，恰巧遇到坂本老师。坂本老师将自己京大时代的好友——松风工业的平林科长介绍给冈川认识。

8月26日的面试让冈川记忆犹新。总务部长、平林科长以及稻盛全都参加面试。他对稻盛的印象是"年纪很轻，却问了很多"。"会做什么工作"之类一句也没提及，却询问些人生哲理的问题。冈川心想："与之前认识的人都不一样。"

约一个星期后，录用通知单来了，冈川高兴得如同飞上了云霄。

入职当日，稻盛带着同宿舍的滨本、伊藤、德永等在面馆为冈川开了一个欢迎会。稻盛见冈川眨眼将天妇罗乌冬面一扫而光，说:“这点儿哪够吃！”于是将自己的那份拨出一半来，递给了冈川。那一刻的情景冈川至今历历在目。

冈川入职的前一年，即 1957 年 6 月，新社长上任。随之一个原古董商就任技术部长，制造部长青山遭降职，调到了社长室，新任的技术部长成为稻盛的顶头上司。稻盛入职以来，青山鼎力相助，“不可有人对稻盛指手画脚”，此时却也无能为力。

那一阶段，稻盛的业绩已经备受认可，搬到了条件稍好些的宿舍；而滨本、伊藤、德永和冈川他们还住在没有天花板、地板脱落、玻璃破裂的“鬼屋”，只有吃饭的时候，他们才和营业部长、技术部长与稻盛在一起。

这伙家伙聚在一起时，尽聊去了京都木屋町的哪里哪里、有个怎么怎么样的女人之类的话题。技术部长吃完饭，还会弹起三味线，唱起了美女词。而稻盛吃饭喝茶的时候，还不忘谈着工作与人生，讲述学生时代卖纸袋、打工的故事。“昨天的实验这样可好？”话匣子一开，说起来话就没个完。

总算找到一份工作，冈川已经感激不尽，忙得脚不着地，脱掉工作服睡觉的次数都屈指可数。往返宿舍要斜穿操场，不论半夜或清晨，不知什么时候就得起身去工作（烧制工作夜间也在进行），门卫忍不住问道：“你半夜进进出出，是跟什么人私通吗？”这种状况多多少少也发生在滨本、伊藤和德永身上。

特瓷科的办公室里，德永、滨本、伊藤和冈川的办公桌排成一列，而稻盛则在离大家稍远的地方放了一张特殊的桌子——来自对稻盛赞赏有加的董事相赠。桌板一般收到桌子背后，稻盛会哗啦一下抽出来放在桌上，忽地转向众人，滔滔不绝地开始讨论工作或者评论人生。心里一有话，稻盛便要立即说出口，出现问题当场解决，稻盛的这一点性格恰如青山的评价——“忍不得”。

工作结束后，大伙结伴去玩弹子机，京都站一条街上的小酒馆也没少去。常去的那家店有一位好脾气的老板娘，她微微发福，做生意实实在在。稻盛坐下后迅速地扫一眼桌上摆着的碗筷，看数目与人数是否相符，确认“人人都有份”，这是首领的习惯。在这里，首领也是口若悬河，侃侃而谈。

然而，新上任的技术部长对生产制造提出了各式想法，却无一成功。青山气不打一处来，对社长苦口相劝，他却置若罔闻，说：“责任是我的！”

某日，稻盛去绝缘子车间。巨大的绝缘子前，一名员工怀抱三味线坐着，砰地弹一下，再跑到绝缘子的另一侧，侧耳倾听。

“你在干什么？”“哎呀，稻盛，这就不懂了吧，那位部长说了，想要发现绝缘子内部有没有裂缝，这是最好的法子。”

稻盛顿时哑然。绝缘子内部若有空洞将会破坏绝缘性，必须进行检查。理论上，可以用外界的音波来测试，从而得以发现。然而，这种做法完全忽略了该物体所需要的音量与波长，而三味线的声音是完全无法测量的。

稻盛心想：“因为谁都不信任这位部长，他下达的命令，听完后只是机械地执行，却从不动脑筋加以改善。如果认同其中的原理，那应该会想办法去改进。想必一开始就无意多做思考，到头来还是糊里糊涂。领导若不受部下信任，下达命令后的结果真是惨不忍睹。”

没过多久，稻盛自己也与这位部长起了冲突。

那段时期，日立制造厂前来委托，说美国出现了陶瓷真空管的概念，不知能否进行生产。稻盛是日本镁橄榄石陶瓷的首位研发者，打算使用该材料来攻克这一课题，却始终无法制作出满足日立要求的产品。于是，技术部长发话了：

“凭你的经验和技术，到此为止吧。下面由我们来接手，你别管了。”

俨然不把稻盛放在眼里，稻盛哪受得了这番奚落——自打原良的庄稼地里“别哭，跳吧！”以来，稻盛丝毫未曾改变。于是，日积月累的不满爆发了。

“今天就辞职！”

社长了解稻盛的工作成绩和声望，于是从中协调。稻盛答应在公司一直待到12月底。公司的董事、常务董事虽说早已考虑将特瓷部门单独成立公司，却困于资金，一直未能实现；而已经作好离职打算的青山正在寻找投资人，打算以稻盛为中心组建新公司。借此契机，稻盛再次遇到一位提携他的人物。

事情要追溯到昭和初年。青山政次（生于1902年）于1928年从京都帝国大学工学部电气工学专业毕业，随即进入了松风工业。一年后西枝一江入职。他的妻子是一名记者，年长他10岁。两人毕业于同一所大学、同一专业，学生时代便结了婚。西枝生性老成持重，是新潟的和尚之子，富有领袖气质，见解独到，一贯以理服人。除总经理外，公司上下只有西枝和青山两名大学毕业生，西枝屡屡与经理起冲突，在1930年经济大萧条的裁员中被辞退。

当时，只要大学毕业，便可成为专利代理人，于是西枝开办了专利事务所。已成为松风电气部门责任人的青山将电气方面的专利申请全部交给了西枝。而与青山、西枝同样从京大电气工学专业毕业的交川当时在专利厅任职，西枝作为专利代理人也常与其打交道。

西枝作为专利代理人恐有征兵之忧，于是1944年9月作为董事，加入了曾进行过专利方面合作的宫木电机（工业用低压特殊开关和配电盘的生产商）。而交川因自己是技术员当不成部长从而辞去特许厅的职务，成立了钟渊通信，从事与军事相关的业务。1945 年 6 月他作为监察员进入西枝所在的宫木电机。这样，这二人在宫木，而青山在松风都吃了败仗。

钟渊通信解散后，交川赋闲，后来他又成为宫木电机的董事兼东京营业所所长，不久拥有该社的一半股份，成为常务董事，而西枝成为专务董事。

战后，青山与西枝、交川依然有往来。青山前去和西枝商议成立新公司一事，这促成了稻盛与西枝、交川这次决定命运的会面。那是 1958 年秋的事。

稻盛由青山领着，前往西枝位于鹿谷的宅邸，在会客厅见到了西枝与交川。青山、稻盛谈起新型陶瓷与新公司的话题，交川冷不丁地说：

“放弃吧！放弃吧！指望一个 27 岁的小子，谁也说不准能不能成功。”

稻盛不禁想：“这大叔说话可真不中听。”而交川除了宫木电机之外，还投资了两三家企业，全部亏损。所以，对交川而言，说出这话也不足为奇。

“寄希望于一个刚从学校毕业的年轻小子，以为他能独当一面，脑子一热就要办公司，让我们给你资金支持，太荒唐了，青山。”交川断然拒绝，而西枝却一言不发。青山本以为来和西枝商量一下，总会有些办法。然而，那一日，却就此告辞。

之后，西枝与交川去和宫木电机的社长宫木男也商议此事。宫木于 1891 年生于广岛县，1912 年进入京都的奥村商会，1918 年创办公司。如今，他们三位已经西去，当时三人如何研究定夺已不得而知。但过后，交川告知青山：“支持你办厂。”

朋友间的深情厚谊令青山动容。后来，稻盛与西枝会面。

“稻盛先生，我听说了你的故事，很有感触，所以决定帮你完成工作。”这句话，就像两年前吉田源三所说“你有philosophy”一样，在稻盛心中回响。

他心想：“从今往后，我可以像内野老师说的那样，作为一名工程师，让自己的技术问世。”

“不过，决不可受金钱所驱使。我欣赏你，所以为你办公司，但公司是大家的，必须以你为中心，全员团结奋进，所有人共同持股。我曾告诉内人，‘我没有钱，想以房产作抵押去借钱。如果公司失败的话，这所房子也会被收走。’内人听完说，‘好，英雄惺惺相惜，无论如何都甘之如饴。’”

决不可受金钱所驱使——这句话在稻盛听来犹如天启，是对资本主义的侧面否定。

西枝并不是随口说说而已。委托多位董事出资时，包括宫木电机的宫木男也在内，他都嘱咐道，目的并不是为了拥有股权。“我甘为那名青年赌一把，不知是否会成功，拿出来的钱也可能打水漂，请做好心理准备。”西枝、交川强烈反对将新公司纳入宫木电机成为其子公司，宫木等人也予以认同。

资本金300万日元，其中宫木男也60万、西枝40万、交川30万、另五名董事出资70万，共计200万日元，余下的100万日元由青山、稻盛等十名同好作为技术资金入股（青山35万、稻盛30万、其余7人每人5万）。他们本就一贫如洗，谁也没有那么多钱。于是，不以现金而是实物出资的方式贡献技术，这些钱分二至三年返还。手续非常繁琐，于是所有事宜都交给西枝和交川处理，稻盛他们并没有掏钱，也成了新公司的股东。这二位的关照，青山一直心存感激。当时，只求公司办起来，哪怕变为宫木电机的子公司也绝对不说一句怨言——况且，根本不会有怨言。倘若如此，那日后京瓷的发展便无从谈起了。

在此之前，下定决心创办公司的稻盛已经向特瓷科的部下们开口相邀。滨本自入职以来，有心向稻盛学习为人处世之道。到了约定日子工资却发不出来时，稻盛会招呼大家一起去打棒球。滨本为稻盛的品格所吸引，为稻盛讲述的梦想所鼓舞，回答道："我会辞职。"而同样也愿意向稻盛学习为人处世之道的伊藤却有一丝不安，但宽慰自己，只要跟着稻盛便不会有事。德永也回答说："辞职吧，辞职吧！"

稻盛还试探着询问营业科长北大路季正。他常请稻盛吃乌冬面，时刻不忘鼓励他。北大路钦佩稻盛的人品，虽比他年长，却也受益匪浅。他斩钉截铁地追随稻盛，完全不为自己考虑后路，哪怕赴汤蹈火也在所不辞。

冈川认识稻盛尚不足四个月，下班后在电炉旁，稻盛低声问道："抱歉啊，我要离职了，你一起去吗？"他不假思索："请带我一起走！"找不到工作生不如死的时候，冈川终于进入了这家公司。当他看到车间正前方有一尊前任社长眺望远方的大铜像和喷泉，绝缘子的烧制炉足足高 300 米时，就认为这是一个前途无量的大企业（实际不足一百米，冈川的记忆略有夸大）。他仿佛中了大奖一般，一心一意地工作。这样的状态下竟会脱口而出："请带我一起走！"真是匪夷所思，唯有感叹命运。他常惹怒稻盛，遭到痛骂："笨蛋！"况且，交往短暂，稻盛居然会来问他的意向，也的确不可思议。

如此这般，某日，松风宿舍六张榻榻米的房间里，青山、稻盛、滨本、伊藤、德永、冈川，外加堂园、畔川八人齐聚一堂（除青山之外都同住宿舍，后两位于京瓷时代辞职）。为团结一致、同舟共济，稻盛提议歃血为盟。众人血气方刚，无不赞同。除 56 岁的青山，即将满 27 岁的稻盛，其余伙伴都是 21 ～ 26 岁的年轻人。

冈川撰文："吾等定此血盟不为私利私欲，但求团结一致，为社会、为世人成就事业。特此聚合诸位同志，血印为誓。"首领提醒道："伤口太深不容易恢复，影响工作，掂量着划个口子，我先来！"他首先将小指划破，摁下手印，众人紧随其后。

12月13日，稻盛离职，一日后，即14日，位于蹴上的京都市厅公务员宿舍一个房间里，稻盛与须永朝子由北大路做媒举行了婚礼，婚宴上只有咖啡和蛋糕，也没有交换彩礼，稻盛和须永将耳环、折叠钱包互赠。稻盛说："以后，只有你挥起鞭子赶着我往前走了！"

两人捉襟见肘，向宫木电机借了6万日元，安排结婚仪式、蜜月旅行、鹿儿岛的婚宴以及置备新居。

蜜月旅行出发那天，身为鹿大学弟的德永以及他的同学樋渡都来送行。樋渡于1957年3月从鹿大毕业后，进入大阪市内一家名为"平安展铜"的金属建筑材料公司。他常去德永宿舍玩，和稻盛讨论技术问题。德永问他："要创办新公司了，一起来吧？"回答道："很想加入！"在站台上，稻盛问樋渡说："你也来吗？支援我们的新工作？"樋渡答道："好！"

稻盛夫妇在洛北高野的鸭东庄安下新居。一间六张榻榻米的房间，厕所与厨房公用。

第二年正月过后，稻盛打算向宫木电机借一间办公室，开始为4月1日成立新公司着手各项准备。当时还在松风的同事每逢休息便齐集于此，以相协助。

新公司创办之际，稻盛才27岁，连朝子包括她身边的人都认为公司必会倒闭。母亲姬美时刻悬着一颗心，而谨小慎微的畩市得知后，依然默默无言地支持着看似独断专行的儿子。

II

男子汉

策马扬鞭

宿命之章

在空旷的厂房里

这是一次悄无声息的启程。

在那遥望樱岛的原野，曾经一位少年从沟渠上一跃而过。20年时光如白驹过隙，1959年4月1日，此刻，他正站在京都中京区西京原町这座租来的厂房里。

他心里藏着一个微不足道的愿望——作为一名技术人员，发挥一技之长制造产品并进行销售，由此成立公司，而在这里工作的人也得以温饱，仅此而已。

公司由宫木电机的社长宫木男也出任社长，青山担任专务董事，稻盛担任董事兼技术部长，西枝为董事，部门领导分别为北大路、德永、冈川、樋渡、滨本和伊藤等9人，新招聘女高中毕业生1人、男初中毕业生11人、女初中毕业生5人，全员不足30人。

当日举行了成立典礼与电隧道炉的开炉仪式。典礼结束后，稻盛陪同来宾参观厂房。一楼是电炉、电隧道炉，二楼是压型车间与办公室，厂房里只配备了生产松下绝缘子的必需设施，楼上楼下稀稀落落，并无可看之处。无奈之下，只得领去参观宫木电机的厂房。其中一位来宾一边在空荡荡的厂房里踱步，一边对随同解说的德永开口道：“稻盛先生倘若能将这楼上楼下的设备全力发挥运转，那可真了不得！”

弦外之音是：倘若做不到，则事业发展无从谈起。

工厂投产时，发生了措手不及的变故。作为京瓷第一号货物的成品经炉火烧制后全部严重弯曲。冈川负责电窑炉，三名部下好几天日夜连轴转，一个接一个地倒下了，只剩冈川自己扛着。

十八般武艺使尽的那天早晨，稻盛来问：“哎，怎么样了？”期待与不安交织之下，烧制出来的成品摆在了两人面前——依然弯曲得厉害。

“你这蠢货！”稻盛怒骂。

冈川黯然无语，惶然无措地转过头，却见大发雷霆的稻盛流下了眼泪。

冈川已经三天三夜没合眼，困意汹涌来袭，昏昏欲睡。他搬来一把椅子坐在电窑炉的出口前，胸口倚着成品的外盒，勉强睁着眼睛，下意识地将成品并排摆放整齐。当时的冈川只有头脑还算清醒，胸口往下却早已疲倦得不听使唤，如此不眠不休地工作了五天。最后，从原料开始返工，第一号产品终于诞生。

松风时期继滨本之后成为稻盛部下的伊藤，曾在二楼使用过手动冲床。因为地上铺着木板，所以每回机器启动、特别是加大马力时，就会担忧地板会不会塌陷。一楼有窑炉，夏天二楼如同蒸笼一般酷热难当；二楼若有脚步声，在一楼都能分辨出是谁在走动……原料、压型、烧制、检验，所有的操作一刻不停，日夜无休。

松下电子的采购负责人也是典礼来宾之一，他时常来取货。一般他在车中等着产品出窑，热腾腾地送来。如果总也不见交货，会问道：“要不要帮忙？”稻盛他们回复：“不用不用，我们今晚会连夜赶制出来。”当时恰逢电视机热卖，工作量日益增加（创业的那个4月，10日是皇太子与正田美智子的结婚典礼，全日本席卷起一股“美智子风潮”）。

稻盛大学时代学弟——德永的朋友樋渡正在进行矾土陶瓷的研制开发工作。各种原料经过各种方式混合后，樋渡通过小型装置来测试以何种窑炉来烧制较为合适。尽管都是依照稻盛的指示来操作的，但还是惹稻盛生气。

用小型窑炉烧制矾土陶瓷总不理想，常常彻夜不眠。某日，樋渡向稻盛抱怨道：“根本不行！”稻盛当即暴跳如雷，毫不留情地一顿训斥。樋渡连续熬夜，身心俱疲，不知是懊恼还是生气，最后竟然哭了出来，一屁股坐在窑炉旁边，用脚踹窑炉泄愤。

不知过了多久，稻盛折了回来，将什么交给了还在抽噎的樋渡，说：“吃吧！”原来是不知从哪里买来的豆皮寿司。

“发那么大的火，把人骂得一文不值，丢尽了脸，哪还吃得下东西！”

虽说心里还在赌气，却挨不过肚子饿，忍不住伸手接过来。他一边吃一边想：

“这人，还算有点儿人情味！”

稻盛的雷厉风行相较于松风时代有过之而无不及。德永一开口便会惹得稻盛大怒，以至于听到稻盛的脚步声就直打哆嗦。起初不解何以如此不讲情面，但后来他逐渐懂得，产品的制造差之毫厘谬以千里，必须尽善尽美。

德永、冈川、伊藤、樋渡，再加上滨本、堂园六人在稻盛夫妇安家的鸭东庄租下了两间屋子，三人一间。他们约定轮流负责做饭，其实不过用现成的可乐饼、佃煮[1]、酱油豆腐等凑合当菜。夏天之前他们还常回宿舍住，但因工作操劳，饮食又不规律，这些单身汉个个面黄肌瘦。于是雇来一名阿姨在车间的小厨房里为大家做饭。受此诱惑，大家几乎都不再回宿舍，电窑炉下铺上胶合板，一骨碌躺下便酣然入梦。

川口孝是创业那年就进入公司的员工之一，他出生于1943年，京都二条中学一毕业即入职。正式上班时他看到令人赞叹的壮观建筑其实属于宫木电机，京瓷的厂房隔着一条马路，是简陋的木制房屋，不由得大失所望。8月末前，他按时下班，体验到生产的乐趣之后，便也不在乎时间了。

与同事之间常有如下对话——“喂，顺利吗？”“嗯，还不错！”不久，他动了回家取便当的念头。因为骑自行车回家不过十五分钟，索性一并带给同事。大家在工作中互帮互助，川口自然而然也融入其中。常天亮才回家，附近的人们都以为他是在外夜游的浪荡子，家人也总说：“工作太辛苦了。”然而，出现问题的时候，公司的同伴们聚在一起，热心地出谋划策，加油鼓劲。虽说工资不高，但因公司新成立，大家也并不强求达到普遍水准。

稻盛的出差“礼物”

专务董事青山与稻盛每月带着产品样本去东京出一趟差。为何每回都是两人同去，理由倒也简单——对毫无经验的事，稻盛向来胆怯，生怕自己一个人不能胜任。不过，出差一周左右，每次回来稻盛都大有长进，各位部门领导纷纷表示“士别三日，当刮目相看”。而

1　佃煮：用酱油、糖、料酒等煮的小魚、蛤蜊、紫菜、海带等，可长期保存。

且，每趟必携“礼物”回公司。

“喂，大家集合！”

随着稻盛一声呼喊，部门领导们磨磨蹭蹭地聚拢而来。稻盛将从出差地带回的样品逐一摆好，来参观的各位下意识地伸出手来：“哟嗬，很容易碎吧！”稻盛大喝道：“等一下，等一下！别随便碰，混蛋，先问问能不能碰！”然后，挨个缓缓托起，开始讲解。这种情景，像极了黑市上巧舌如簧、手艺娴熟的江湖骗子身边围着目不转睛的好奇观众。

“这种陶瓷是这台机器的这一部分，能达到这种效果。目前还靠进口，但对方说如果一个一百日元的话就可以订货。原料采用这些和那些，使用这台压型机就能实现，你们试试看。”

诸位观众不置可否地“哦”了一声，当作回应，而稻盛却不依不饶，将该产品的用途、可能性、生产方法一一道来，直到对方领会得彻头彻尾，心服口服，跃跃欲试，否则决不罢休。从客户那里拿到样本的一瞬间，稻盛便开始琢磨如何操作才能获得订单。在回程的火车上，稻盛从原料到成品的整个工序流程全都设想完毕。

“可以交给那家伙。不过此人做事还不够细致，换那谁吧。原料用那个就行，如果不理想的话，用我们自己的原料，那么膨胀系数会略有增长，说不定效果会更好。机器设备通过那位老师的介绍可以借来试一试，没有问题的话就去买。只要与设想并无出入，应该还可以做其他用途。”

稻盛必须最大限度地动员为数不多的几名部下，将人员进行最有效的组合。常开会讨论至夜里两三点钟，直到明确各自的分工，人人进入状态，宛如鸟妈妈用嘴衔来食物喂到雏鸟口中一般。

如此迎来创业头一年的岁末，公司举办了全员出席的新年联欢会。

在联欢会上，稻盛不会干坐着等餐食送来，而是抓住谁都好一通谈话——当然，只谈工作。不一会儿，饭菜上桌，稻盛进行了这八个月的总结。祝酒完毕，稻盛随即举着酒杯走到人群中，你一言我一语地聊了起来。他本性不喜独自默默喝酒，会不自觉地来到众人身边，倾听大家对手头工作内容与疑点的讨论，表达自己的看法，畅谈对方所负责工作的日后打算。如果对方说了什么令稻盛介怀的话，他会耐着性子促膝长谈，直到对方心悦诚服。

不多时，宴会进入高潮，众人都有兴致高歌一曲，年长的车工想唱些歌词放浪不雅之作，稻盛断然拒绝。只允许唱童谣、流行歌，哪怕军歌也行。而且，在酒席上喝得酩酊大醉、发酒疯、说酒话也是他的性格所不能容忍的。

于是，酒席间员工开展讨论、员工与上司进行谈话甚至稻盛严肃训话，这成为了京瓷公司的传统。这样说起来，他在松风当主任时已经开始这一习惯，并非成为经营管理者之后有意而为之。可以说，这也是扎根于鹿儿岛时代的“只谈正事”的偏好在该场合下的自然流露。对稻盛而言，这种做法天经地义，然而，却需要员工克己自律，付出不一般的努力。酒桌上聊些荤段子本是人之常情，稻盛却不予认同。

拣选的“宿命”

公司草创，头等大事是养活员工。每个月赚取利润，并给大家发工资，为此，必须尽早出货、尽快销售。

不知最初的产品能否合乎要求，他们打算，假如生产陷入困难，那么部门领导就去充当劳力，晚间沿街叫卖乌冬面或者摆摊卖拉面，挣来的钱大家平摊，再留下一人配合稻盛重新研究，改善品质。

松风时代血盟起誓那天，大伙儿开怀畅谈。在父母的支持下大家完成了学业，从此以后，作为一名企业人，要为社会贡献一份力量，全力拼搏，成就一番事业。樋渡听德永转述了这番誓言后，深受感动。他明知收入会很少，却依然义无反顾地加入了京瓷的创业队伍，哪怕变成乞丐也不惧。然而，志同道合、惺惺相惜的情感却无法强加给新录用的员工。

公司本身尚未形成独树一帜的魅力。建筑是借来的，破旧寒碜，缺少运动场等基础设施；新成立不久，前途未卜……白手起家，能给年轻的公司员工带来什么？

唯有团结一致，齐心协力，为全体员工不愁生计而拼搏，除此以外别无其他。虽说难以承诺未来，然而，“团结一致，齐心协力”的氛围必会在长年累月的工作中亲耳可闻、亲眼可见、亲身可感。在这里，没有雇主和雇员之分。西枝一江所言“决不可受金钱支使”的思想就是在那时形成的。

稻盛常在晨会上说过这样一番话：

“我们虽天资愚钝，但常言道，三个臭皮匠顶个诸葛亮。愚钝的我们为工作付出超常的努力，那么，也能获得不寻常的成就。首先，要强于借给我们厂房的宫木电机；然后，成为西京原町第一、中京区第一、京都第一。”

经费拮据，但依然定做了制服。

一旦有什么想法，稻盛会不分时间、地点召集主要人物开会，一吐为快。有时夜里，会一边吸溜吸溜地吃着拉面，一边滔滔不绝。这个时候的稻盛，无论是谈话次数、怒气程度还是工作量，都甚于松风时代。

同时，严格节减开支。刚开始工作时，稻盛制订了以下制度：

（一）私人电话各自付费；

（二）工作时间内，严禁拨打私人电话；

（三）工作时间内，外面打入的私人电话除紧急情况外一律不予转接；

（四）各人的营业用品如算盘、算尺、制图用具等自备，公司不予发放；

（五）非工作必要参考书籍也需自备；

（六）不得接受业内人士的邀请。若需获取业内人士支援，由公司出面。

稻盛一马当先，为工作挥汗如雨。成立典礼上，环顾四座，初中毕业生那一张张童稚未消的面孔如磐石一般压上了他的心头。

决定创办公司那一刻，正如鹿儿岛大学的内野老师所说，作为一名工程师终于可以尽情施展自己的技术并展现于世间，可谓喜出望外。然而，公司一旦开始运营，就必须对眼前这些年轻员工的人生负责，绝对不能视同儿戏。

稻盛想到："此事可了不得，没有退路！"

迄今为止27年的人生，从今往后，将全力以赴，为素昧平生的"他人"的人生承担责任。

不安无助时向隅而泣，也不会有母亲伸手抚慰，更不能像执意上学时那样冲着父亲发脾气。公司创办之际，只为"对他人负责"，毫无私心杂念，这一点恐怕是稻盛有别于大部分经营管理者的最大特点。决不将公司员工视为劳动者、一个劳动单位、一种物理存在。然而，任重而道远，令稻盛心惊胆战。

此时此刻，茫然无绪之中，犹如天启一般：

"人必须对万事万物心怀感激。哪怕身患肺结核，也不例外。责任降之于我，哪怕不堪重负，恨不能一走了之，也应当视若珍宝。"

倘若稻盛生来一副鹿儿岛式豪放不羁的侠客性格，那么，即便感受到责任之所在，恐怕也不过一笑置之，以为船到桥头自然直。

稻盛在鹿儿岛时曾遇见一位侠客式人物，每天晚上从自家附近的木材加工厂里扛回圆木，第二日在家门前大大方方地劈成木柴。据说战后物资匮乏的时期，该木材加工厂为防止盗窃，雇来一名黑道分子，所以有人甚至在偷木材时命丧其手；还有人从美军占领下的大岛走私红糖。当时，鹿儿岛海关全力追查红糖走私，但由于他们晚上把红糖藏到天保山等地，海关也束手无策。有胆大包天之徒，还伺机将驳船开到海关附近卸货。

稻盛不愿剑走偏锋，不善用奇招险棋打开局面。这一点与父亲相仿，尝试新事物时慎之又慎，不知是福是祸。

此外，“用人”之法，不似复习迎考——不懂之处只要钻研学习便能得满分。“用人”，委婉来说，就是对公司员工所采取的态度，这像家长、父母对待孩子那样。面对员工，必然会追问自己以及他人，何为正道，何为正确的为人准则。

松风时代，作为一名管理人员，对部下已经初显这种态度。在当时，生性胆怯的稻盛被不由分说地推上了经营管理者之位。事实上，自始至终，稻盛和夫都愿意成为棒球队中的投手、当鼻涕虫们的山大王。

这是一次悄无声息的启程。

然而，与各式各样的人相逢，稻盛才能走到今天，否则，无法踏上征途。

鹿儿岛大学时代与内野正夫相识，松风时代与第一物产的吉田源三相识、与青山政次相识；追溯到多年以前、甚至战前，西枝一江、交川有、青山三人交结为友，通过青山将稻盛引见给西枝和交川；还有为稻盛所折服的诸位……京瓷公司从而诞生。京瓷哲学的基石正建立在这一系列际遇以及稻盛过往的人生经历之上。

从这一意义出发，注定京瓷虽然采取企业的形态，本质上却是与企业截然不同的存在。

这种宿命，也蕴含于京瓷的理念之中："以技术为本，将其转换为商品问世，通过经营赚取利润，以此为生。"听来朴素平常，不足挂齿。然而，无论环境条件如何变化，都能将朴素平常的初心一以贯之，却着实不易。况且，这不是孤立的个人，而是一个集团，更是难上加难。

理念中提到的"技术"一词，可以理解为"创造性"。决不制造、销售已经充斥市场的商品，也并不将"确保销路好、利润高"的物品投入生产。市面上无处可寻但确有需求的商品，才是客户所需，而现有的生产厂商却又力所不能及——这才是京瓷的目标。

京瓷并无雄厚资本作背景，稻盛也非名门世家出身，工作上得不到提携照顾。若毕业于名牌大学，或许会有校友相助，不幸只是资历尚浅的三间大学。无人牵线，只能上门走访，寻找合作机会。打电话时自报家门"京都ceramic[1]"，对方闻所未闻。开拓市场时，简直"像在讨饭"。

订单来之不易，稻盛全力以赴地投入了生产流程。此时，京瓷的"第二宿命"开始了。

所谓商品并不单是一种设想，必须建立在技术合理性的基础之上。为追求其合理性，需要专家学者、研究人员日积月累地钻研，踏踏实实地努力。

作为一个员工少、资本小的后起企业，若希望通过日常不懈的努力，先人一步，低成本地取得其他任何公司都难以企及的成果，那

1　京都ceramic：英语，意为陶瓷。京瓷公司的全称"京都陶瓷"中"陶瓷"一词使用了外来语，以与传统的陶瓷器相区别。

么，必须投入更多精力进行研究。抓紧每一日的 24 个小时，长时间、高效率，一刻不停，兢兢业业，不遗余力。

没有前路可循，唯有下定决心，直起身、踮着脚，向前展望。有时，还必须一跃而起。

日复一日，无论工作效率还是时间总量都远超同行，脚踏实地、勤勤恳恳地工作，有时却又毫无畏惧地大胆飞跃。一边留意着脚下，一边眺望着前方——这就是赋予京瓷、至少是稻盛的宿命。

身处不断进行技术革新的电子工业界，致力于“以技术为本”，稻盛自觉不自觉地选择了这样的宿命。

承担起“对他人的责任”，基于“创造性”的理念，快马加鞭，策马向前，这正是稻盛的天性。

无债经营的起点

1960 年 4 月 1 日，公司创办一周年，举行了周年庆典。公司员工除董事外约 60 余名，人数倍增。新录用员工之中，除东京经济大学毕业的安城钦寿和大阪大学工学部毕业的青山令道（青山政次之子）外，还有 11 名高中毕业生。

安城 1934 年出生于新潟，家中兄弟六人，他是最小的孩子。按他自己的话说是“最没出息的败家子”，让母亲操碎了心。当时，文科专业就业困难，他固然不愿成为大企业里一颗不起眼的螺丝钉，却也并没有得到任何公司的赏识。有一位熟人是宫木电机的董事，听他提起：“一家叫作‘京都ceramic’的公司，保不准会倒闭。你觉得行吗？”答复道：“关键是自己有多大能力、在那里能干什么，倒闭与否倒无所谓。”他原本随心所欲，此刻却下定决心以后用心工作。

青山令道与稻盛一样出生于 1932 年，高中毕业后走了弯路，从大阪大学工学部应用化学系毕业已是 1960 年，比同龄人晚了五年。当时，应用化学专业的毕业生很抢手，但一般公司都论资排辈，很难有所作为，于是进入父亲所在的京瓷。最初的月薪是 13000 日元，而待遇最好的公司月薪达到 19000 日元。他小学开始便成绩出众，在班里数一数二，但也由于尖子生脾气，生性循规蹈矩，不敢挣脱条条框框。因此，入职头一两年屡次遭稻盛训斥，也屡次意欲辞职。然而，待冷静之后反思，发觉惹怒稻盛、萌生退意都是工作进展不利的时候。

"在最恶劣的状况下逃走就等于认输。把手头的工作做完，一切顺利的时候再考虑辞职吧。"就此作罢，直至今日。

那一年 5 月，公司首次召开董事会议。一年的销售额 2627.6 万日元，含税利润 316.9 万日元，纯利润 186.9 万日元。股东分红二成，资本金增加一倍，达 600 万日元。成立纪念日那天，表彰了这一年的功臣，还因资本增加而向他们分配功劳股份，同时确立了公司全员持股的基本方针。

用自家房产作担保借债的西枝得知第一年便有了利润，对稻盛说：

"已经做好亏上三四年的心理准备了，本来还想替你擦屁股呢！"内心的喜悦自不待言。

而稻盛得知第一年的含税利润超过 300 万日元时，想到："这样一来，西枝先生借给我的 1000 万日元三年便可以还清了。"三年后，凭自己的力量去借债投资设备，好歹能紧跟着电子工业界的动向，不至于落伍。

不成想，税金竟扣去 130 万日元，余 186 万日元，再扣除股东的分红，仅剩 100 万日元。若要还清 1000 万日元，就需要 10 年。这不亚于当头一棒，顿时天旋地转。

原本，他与双亲一样，不喜举债。虽说为了创办公司迫不得已，但稻盛想到那是西枝用房产作抵押借来，便一心想尽早归还。这一年间，他对众人疾言厉色，谁知竟要 10 年才能还清。倘若 10 年都不能进行设备投资，单凭空空荡荡的厂房，必定会被业界淘汰，大家都会流落街头。

说来难以置信，稻盛到此时为止认定借债尚未还清时决不进行设备投资。他从未意识到，通过借债扩大公司规模是经营常规，却始终保持着本分自律的生活态度，执着于早日还钱。西枝曾说："你是一名优秀的技术人员，却终究当不成经营管理者。"的确，稻盛并不是那种意义上的经营管理者。

稻盛也对中小企业老板所谓"傻瓜才缴税"的说法有了切身体会。国家收取税金，但公司经营困难的时候，从不出手相助。

于是，第二年年度决算时，稻盛试图隐瞒大约 50 万日元的利润——并非出于私利，而是为了公司自力更生。当时正在进行陶瓷结晶化的研发，其中一种方法的核心是使用"黄金"，因此，他打算假借"黄金"蒙混过关。

原料调配表是公司的绝密事项，原料负责人德永在前来调查的税务员面前发挥出超凡的表演天赋。税务员要求查看调配表，德永断然回绝：

"部长，这种东西怎么能拿出来给人看？这可是我们的命根子，税务局来也不成啊。"

听了这话，稻盛一脸无奈："看看而已，有什么不妥？"当然，这份调配表中使用的"黄金"是伪造的。然而，两位鹿儿岛人士的一唱一和却瞒不过税务员。不久事情败露，稻盛羞愧难当（不过，事实上在税务局挨训的是负责财务的专务董事青山）。

这次令人汗颜的经历却成为了决定性转折点，促使稻盛去思考

“公司利润”。仔细说来，税前营业所得不可当成利润，税金也应归入经费，只有扣完税的利润才能视为真正的盈利。或许有人认为这道理不言而喻，可现实中却并非“不言而喻”。

世上诸多经营管理者的观念中，税前营业所得多表明公司盈利，利润微薄，何必像傻瓜似的坐等收税，于是想方设法逃税——发奖金、加薪、以犒劳员工为名大手大脚地吃喝、报销公关费等，由此滋生了一批假公济私、挥霍公款的败类。另一方面，他们又将企业难以富足的责任归咎于税制。

事实上，有些企业因税前营业所得增多而不甘心缴纳税金，社长和员工肆意挥霍，毫无顾忌，连同税后利润都蚕食一空。作为公司运行血脉的内部储备资金日益稀少，逐渐衰败无力。换言之，不将企业视作具有生命的法人，而只当成一件物品、一种手段，社长、员工无一例外地对公司进行搜刮压榨。倘若公司能开口说话，一定在苦苦哀求着：“饥肠辘辘，请给我补给！”资产负债表也声泪俱下。

考虑至此，稻盛形成了“经营管理者必须向公司注入生命活力”的思想。这并非技术性的经营手法，而是一种思想。手法可以根据实际环境状况更改，但思想在任何环境状况下都必须贯彻始终，毫不动摇。

不畏惧缴税，而将其视为经费开支，增加内部储备资金，为公司活血。一旦自己抛弃经营管理者的身份，抽身而退的瞬间，公司便成死水一潭，或者只余空壳残存。因此，经营管理者必须将自己与公司融为一体，尽经营管理之责。

今日京瓷的立足点“无外债、高自有资本比率”的基石，在创业第二年已经整顿完毕。而这一切的实现，并不依赖于经营者的非凡才能或卓越手法。

其后，稻盛常遇见有人问道，作为高收益企业广受赞誉，利润如此丰厚，为何工作劲头丝毫不减？他们只囿于数字层面，却不理解蕴藏其中的思想，甚至对此根本无从察觉。究其原因，可以说，此人的经营管理并无思想可言。

而创立之初令人感慨“稻盛先生倘若能将这楼上楼下的设备全力发挥运转，那可真了不得”的厂房，不到一年时间，已经狭促不堪，却又不具备在外部独立建厂的能力。宫木电机计划将食堂改建为两层，其中一楼供京瓷使用。创业第二年的 7 月完工，原厂房二楼也隔成质检、办公室和接待室三间，几乎插不进脚的厂房井井有条起来。

营业攻坚战

1960 年，京瓷开设了东京办事处。话说回来，其实仍然属于宫木电机东京营业所（银座东五丁目、三原桥大厦）。大厦屋顶上增建了一间房屋，在与其相连的楼梯平台上摆了一张桌子，权且作为京瓷最初的东京办事处。

究竟派谁去合适，稻盛左思右想，将共同创业的诸位观望一番，个个不善言谈，都不是营业的料。矮子里拔将军，挑中了起草血盟誓词的冈川。而冈川认定自己是“四国的乡巴佬”，连在京都上班都不情不愿，更何况去东京跑供销，想都没想过。活到 26 岁，冈川不曾踏入到东京一步。“不去，不去！”反对无效，冈川最终被调往东京。至今冈川都认为，因为自己的专业是地球物理，技术方面最为逊色，所以才会如此安排。

他随专务董事青山政次坐着卧铺车去了东京。

头一个星期，青山带他拜会客户，然后丢下一句“我回去了，你努力吧！”在东京站乘上了夜车。冈川在站台上送行，望着卧铺车红色的尾灯远去，直至消失不见，不安涌上了心头，不禁泪如雨下。他不会料想到，后来他回到总公司，人人称他为“凶神恶煞的采购部长”。当夜，他打算坐电车回寄宿的豪德寺一带，谁知乘错了车，半夜才辗转回到住处——寝食难安的东京生活开始了。

事务所没有专用电话，他瞅准宫木电话的使用空隙冲到电话机旁，诚惶诚恐地借用。创业一年，总共五家客户，他的目的地都是新拓展的业务对象。查阅行业类别电话簿，将与“电子”有关的公司全部记录列表，提着样品盒四处拜访。走了一家又一家，吃了无数闭门羹。对方讲着大段大段的东京话，他听不懂多半，内心很怕与陌生人会面。

“就算浑身沾满油、沾满灰也好，回到车间蹲在角落里也好，还是不出声地干活适合我的性格，每天被骂得狗血淋头也还是愿意回厂里！”

逃似地回到住处，在被褥上一动不动地坐到深夜。这种姿势颇似大学毕业后工作没有着落时在高知桂滨岬角上从早坐到晚，只觉得生不如死。早晨睁开眼只有一个念头“逃回家怎么说得过去”，艰难地支起沉重的身体，又乘上了电车。

另一件难熬的事是推迟交货期的道歉。上门接受订货时信誓旦旦：“其他地方做不了的、做不好的东西，想尝试的新品，都可以交给我们。交货时间会比其他厂家提前。”结果无法按时交货时，屡屡遭到斥责。

冈川弯腰 180 度打招呼：“早上好！”对方却不拿正眼瞧他，凶巴巴地问道：“喂，还没到货？”“其实……是这样的……”刚要开口解释，却听大喝一声：“又晚了？”冈川语塞，唯有点头哈腰，只恨无处藏身。

东芝的晶体管工厂位于多摩川大桥畔。冈川在门前左右徘徊，迟迟迈不开脚步走进去。“进不进去呢？”冈川正踌躇不定，门卫上前询问，正好借机入内，战战兢兢地推开了采购部的门。

“你好！”打了声招呼，却无人搭理，只见得一副“有事快说”的表情。创业那年，稻盛和青山曾通过大研化学公司取得一宗订单，当时与采购负责人见过一面，两人视线终于相碰时，忙不迭地点头示意，然后才谈起了正事。因为他每天必到这家公司，某日终于引见给零部件技术科长，并取得了订单。后来那人说：

“一个月时间，就想看看你到底能坚持多久。如果坚持不了，就算下了订单也不会有好结果。谁知，不知是执着还是耐心好，天天都来，让人佩服。虽说乡下来的，说不定真有两下子，这才介绍给了技术部长。”

日立制造厂去了好几次，冈川都被堵在了门外，于是和交川商量（交川作为宫木电机东京营业所的负责人在东京）。幸好，特许厅任职时的部下如今在通产省当科长，通过他牵线搭桥。冈川生平头一回进入中央官厅，眼前走过的人物都气质非同一般。

上午九点，前去打听“某某先生在吗？”答复道：“还没来。”10点半左右，应该就是那人出现了，那人坐下立即打开报纸，看了一个小时。恐怕是在看什么重要新闻。冈川一直往那人的方向盯着看，想着两人要是一照面，一定要先行礼。11点半左右，那人突然站起身走了出去。冈川猜测是不是去了厕所，却左等右等也不见踪影。问周围的人，说大概去吃饭了。冈川心里一沉，不知他什么时候回来，只得一动不动地等着。终于回到座位上，又召集了两三人不知开什么会。最后，连话也没说上，无精打采地回去了。第二天又去，却照样如此。第三次，冈川瞅准时机，在他打开报纸的那一瞬间毫不客气地走到身边，递上名片：“打扰一下，交川介绍我来……”“怎么才来，等了你好几天！”当即联系上了日立。

翌日前往武藏工厂拜访，门卫一副“你小子想干嘛”的表情，目不转睛地瞪着他，有一位漂亮的女秘书前来迎接。铺满红地毯的走廊里有三个房间，领他走进最里面一间。冈川只觉得两腿发软，路都走不直……与厂长见了面，那是第一次接触日立。

京都的状况也大同小异。

冈川派往东京约三五年后进入公司的安城钦寿，在工作第二年，即 1961 年，成为营业负责人。起初因不善与人交往，分配其负责计算薪水等总务事宜。一年后，稻盛说："不妨试试看自己不愿意干的营业工作。"他转念一想，别人能干我应该也行。母亲却担心他能否胜任。

稻盛常对安城谈到梦想和愿景。"你现在做的事情，以后会怎么怎么样……"安城听他讲述着遥远的憧憬，钦佩之情油然而生，仿佛在这些言谈的鼓舞下，开始了市场拓展，但与客户负责人打交道可没那么容易。

"我想找技术科的渡边先生。"报出一个随口编的名字，如果有人出来回答，安城就立即抓住那人，开始滔滔不绝。从"什么是 ceramic？"一直聊到"传统的烧窑与我们完全不是一回事！"他曾被当成上门的推销员，甚至当面将名片撕毁扔掉。

安城懊丧地回来向稻盛汇报，却听到稻盛说："这样的话，那里得多去几回！"反之，汇报说："人挺不错，应该能拿到订单。"却被泼冷水："别大意，这种人可能对谁都打哈哈。"遭到谩骂时，稻盛会安慰他说："也不是针对你的。"

回来告知今天没有取得订单时，觉得无地自容，因为按订单来生产，车间停工，他也看在眼里，鞭策自己"不能这样下去"。然而向稻盛汇报说"没有成果"时，却不分青红皂白地被痛骂一顿。

第二天，安城交出写明去向与回社时间的外出单，直到黄昏回来，正巧下起了雨，稻盛撑伞站在每次开关都吱嘎不停的木门前，穿着蓝色工作服。一见他便问："怎么样？"

"骂的时候不留情面，但还是替我着想的！"

他心里涌起一阵暖流——对我如此关心，必须加倍努力！如此，日复一日。

订单一年比一年多，公司员工也急遽增加，总算有了奔头。安城不免产生这样的想法：如果公司长期像刚入职的时候那样不见起色，恐怕很难一直干下去。

另一方面，东京的冈川每月回公司露一次面，稻盛也每月去一趟东京。冈川每天递交长篇汇报，事无巨细地交代何日何时去何地见何人，此人态度如何……诸如此类。

即便如此，仍然每两天打一次电话（当时，市外电话必须经过审批）。"想干什么！忙成这样，还为没用的事打电话！"免不了遭稻盛一顿训斥，但若不如此心里还真空落落的；几天听不到训斥，便如同弃儿一般没了着落。时至今日，冈川想，这恐怕也是在向稻盛寻求关注吧！

若干年后，冈川遭遇了一次危机。在那之前，稻盛也深陷危机之中。

反稻盛之"乱"

那是创业第二年的事。1960年新入职的高中毕业生，一年后发起了一场"叛乱"。

1960年，京都ceramic这家闻所未闻的企业来到京都伏见工业高中招聘。创立第一年，员工30余人，工资开得最低，谁都不屑一顾。当时，初现经济高速增长势头，工业相关的就业状况不断好转，然而求职者众多，金属工艺专业的柴田五十二（1942年生）四处碰壁，为找工作而疲于奔命。

柴田是宇治一家农户之子，父亲常将“去不会倒闭的地方，去大公司”挂在嘴边。当时正是本田等公司迅猛发展时期，于是柴田想进入汽车制造业。

“不知道京都ceramic是个什么样的地方，说不定什么时候就倒闭了。”他心里直犯嘀咕，但据该公司来人的说明，他得知ceramic不是金属而是陶瓷，以后会在电子工业界大展宏图。

老师对他说：“像你这样半吊子的人，不正适合在这类小公司里加油干吗？”的确，他心知自己成绩并不算好，性格又怪僻。既然如此，不如去面试一下。有一位叫稻盛的“凶巴巴的部长”。笔试不过是走形式，全凭面试决定录用与否。柴田心想，这么正式的录用考试，肯定没戏。其实，作为招聘方的京瓷公司却也并不能提出多高的要求。

同为金属工艺专业的柴田的朋友波户元省三也在类似的情形下进入了公司。想去的地方全无录取意向，和父亲谈起大家都瞧不上的京瓷，父亲劝道：“你不过是高中毕业，与其去大公司，不如选择规模小但有前途、有奔头的地方，恐怕会更有意思一些。”于是前去面试。他对稻盛的印象是“人挺年轻，说话却老成，而且很不客气”。

柴田见朋友们在外玩乐，自己不禁也动了心，但一周七天，每天都得工作，根本抽不出玩乐的时间。老员工废寝忘食地工作，他也不由自主地全身心投入其中，还常钻到窑炉下睡觉。

他牢记稻盛的思想：“客户是上帝。”

“男子汉有约在先，必须按时交货。不过，有时却无论如何也无法兑现，那么，尽到礼数，诚心道歉，但前提是尽力而为。倘若已经全力以赴依然无法实现，客户也会予以谅解。”

稻盛还会经常发怒。因为人少，稻盛连细枝末节都能注意到。有一次，他发现为陶瓷吸尘的工业吸尘器坏了，责令柴田调查谁是罪魁祸首。柴田进入公司不久便已成为三四人小组的领班。

过了二三日，稻盛来问："知道是谁弄坏的吗？"柴田心里已经有数，却答道："不知道，可能是我自己吧。"只听一声大喝："混蛋！"

"这里不是黑社会组织，必须弄清楚是非曲直。你应该已经知道是谁干的，自己担下罪名还得意洋洋，跟流氓黑帮分子有什么区别！我也好，你也好，都必须专门去提醒这个人，否则就是在害他！"

流氓黑帮分子！听到这话，柴田心里很不是滋味。

从宇治的家到工厂要花一个半小时，工作到九、十点钟结束，回到家已经十一二点。早晨8点进厂，6点必须从家出发。家人也止不住地抱怨，劝他别干了。父亲说："说得太过分了，别干了！"而哥哥却开导他："先工作三年，到时候如果还想不通，辞职也无不可。总之，加油干到那时候再说吧！"

波户元的工作也同样辛苦。一周或隔一周值一回夜班，与上司二人每人4个小时轮班看守窑炉。压型完成后送入窑炉中烧制，然后将成品并排摆好。如果更换产品，需要中途改变炉火的温度，所以，值夜班只能睡4个小时。有时也叫苦不迭，而且，常常工作内容还没彻底摸透便接连不断地有任务压上肩头。

同期进入公司的11个人分别安置于制造的各项流程、劳务、财会等职位。一年过去，众人能力大有提升，不由觉得"少了我们，公司就停摆了"。而且，波户元固执地认为，社会上的成年人都是世俗之徒，而经营管理者只会见风使舵，将人使唤得团团转。然而，稻盛却是个例外，跳脱出这一"常识"，尽说些让人下不了台的话。有时候本可以打个圆场，不必那么直白。波户元却又忍不住将信将疑起来："这人当真吗？"对前途也不免有些担忧。

原本并不打算进行劳资谈判，不过，与柴田等一起进入公司的同事议论起来，都赞成去谈一谈。谁也不准临阵脱逃，为表明决心、显示团结，众人在请愿书上按了血印，约定如果要求一个也没得到满足，那就集体辞职。

提出的要求包括承诺定期加薪，并考虑到 5 年后、10 年后物价的浮动等，着眼点首先是确保将来。公司员工少，他们所占的比重不低，所以势在必得。

然而，稻盛却给出如下答复：

“我不能向你们承诺。公司新成立，录用你们旨在共同努力，将公司变得更加强大。毕竟刚起步，以后会怎么样很难说，无法保证实现你们的要求。也许作为一名经营管理者，说出这种话不太恰当，但如果满口答应下来，那无疑是在撒谎，我不想给你们违心的回答。你们提出让我保证以后的加薪，但事实上以后也很有可能会比现在还要低。如果经营状况好，到时候一定返还你们。我们每天的努力，不正是为了防止经营恶化吗？”

这一席出乎意料的话震慑了“叛军们”。但他们仍然告之，如果要求不予接受，会按约定辞职。

“可以，一年前你们还没来，那就回到一年前好了！如果还不理解我的意思，那就赶紧辞职，就算你们辞职，公司也不至于倒闭。”

虽说稻盛也感到，如果他们一起辞职，恐怕会不好处理，却依然斩钉截铁。

当日在公司没有谈妥，于是他们前往从鸭东庄搬到嵯峨野市营住宅的稻盛家中，对谈至深夜。第二天回到公司接待室，围坐一圈，继续交涉。

稻盛竭力劝说，不时地问：“还不明白吗？能理解吗？”众人纷纷犹豫起来，唯波户元一脸“不为所动”的表情紧紧盯着稻盛。他们足足协商了三天三夜。

“虽然不能给你们允诺，但一切都会为你们着想，你们愿不愿意相信这一点？如果有勇气现在就辞职，难道没有勇气相信我吗？说我不足为信，那有没有勇气来验证一下？一起在这里工作，看看我到底是不是在骗你们。到那时，如果还认定我是骗子，就任你们千刀万剐。”

几天几夜未合眼，众人精神亢奋，情绪激动，最后竟有人哭了出来，答应“考虑考虑”。血印盟誓土崩瓦解，只有波户元一人在稻盛面前抖着脚说：“够了够了，别说了！”

接下来，稻盛与波户元二人相对而谈。

那时稻盛说了什么已经记得不太分明，他只对这句话印象深刻：“你看看我是不是在骗你们，一旦食言，我会在腹部裹好白布，并准备好一把刀，你也可以准备好刀，尽可以刺过来！”

当时他对稻盛并不十分了解，心理防线却在刹那间崩溃：“这个人的话发自肺腑！”顿时疑云全消。

“值得和他一起干！”

柴田将这一年间积攒的话一吐为快，暗暗下定决心：“好，明白了！先把我的要求摆一边，以后随你使唤。”后来，他在家中没有抱怨过一句。

波户元也收敛起想要玩乐的情绪，忘我地投入工作。有时身体吃不消，甚至会自掏腰包坐出租车上下班，但从不觉得辛苦，他渐渐懂得，工作并不是为了金钱。

处理这次事件，稻盛并没有坐上谈判桌进行劳资协调，各执一词，最终达成妥协。或许这是常规的解决方式，但稻盛却没有这种意识。倘若如此，双方便陷入冷冰冰的雇佣关系，而这正为稻盛深恶痛绝，他追寻的是“血浓于水”之情。

是否对我给予信任，倘若无法信任，但走无妨（因此也有观点认为，稻盛是最反动的管理者）。

稻盛认为，如果当时试图以妥协的方式解决事件，京瓷的工会历史便会不清不白地染上污点。

话说回来，稻盛的处理也并非建立在预见未来的基础之上，他只不过是能在事件的紧要关头当机立断，全力解决，并确立自己的信条，最终才会呈现出完满的局面。因此，发生问题时，他唯有义无反顾，背水一战。

心悦诚服

发生集体谈判事件的1961年，稻盛考虑将一个人请入京瓷公司。此人在松风工业工作时，就能在短时间内低成本地制作高精度的金属模具，并顺利完成交货，他叫高桥基。

其实，京瓷公司成立之时，厂房内的机械设备稻盛全部托付给高桥的工厂来生产。

“老爹，来我们这儿吧！”高桥听到邀请，谢绝道：“算了吧，现在每天翻翻报纸，当个厂长挺自在的。要去一个不知道以后会怎么样的地方，太吃苦了。”后来稻盛又不失时机地来招呼道：“我们年轻人会替您处理善后的！”那时高桥年近50岁。禁不住三番五次地诚心相邀，高桥只好与社长谈及此事：“不答应有点说不过去？”社长绷着脸一言不发。这家工厂从七八人的规模发展到现在已是第十个年头，高桥功不可没。倘若高桥不在身边，多病的社长一定会焦头烂额。临近岁末，稻盛又来催促，于是高桥去跟社长商量，社长终于松口：“让我考虑考虑。”年前最后一个工作日，即29日，答复道：“行，去吧！”社长将许多纪念品、特别定制的手表以及意料之外的退休金送给了他。

于是，来年正月初四，高桥来到京瓷公司上班。这是他的第三处工作地，担任机械部长的助理，负责设备的检查与改造。与此同时，他以 50 岁高龄开始学习陶瓷相关知识——与其说主动去学，不如说是不得已而为之。不仅如此，促膝长谈式的稻盛“教育”也随之而来。

连日的工作结束后，总要谈上一两个小时。“老爹，之前很清闲吧！京瓷可不太一样。既然来了，就得像个京瓷的人，否则可不行啊。”“得按这种方式考虑问题。老爹久经沙场，我的做法并无不妥之处吧？”如此提点一二。

最令高桥震惊的一点是，京瓷的人都不回家，困了就在车间里睡觉，眼睛一睁就开始工作，全都如此。他不禁想，年轻人有这种干劲，公司一定大有希望。稻盛常说：“想取得常人的成就，那么做寻常的事情就行；倘若要更上一层楼，必须付出非同一般的努力——常规的努力无济于事。”

有时，口口声声说“忙啊忙啊”的稻盛在一张一张地查看支付票据，高桥不由得说上一句：“既然这么忙，为什么非得要去查看票据、盖章呢？交给其他人做不就行了？”“可不是这么回事，这类东西决不能疏忽大意，我并没有随便浪费时间。这些细节不注意的话，大处就更稀里糊涂了。”

高桥心悦诚服。他说道：“无论哪方面都挑不出毛病，无话可说，心服口服。与年纪无关，重要的是考虑问题的方式。”

西枝一江的“帝王”教育

稻盛工作的同时不忘对员工进行“教育”，两者互为表里，密不可分——而“教育”这位稻盛的人，就是警诫众人“决不可受金钱所驱使”并出资办厂的西枝一江（1901 年生）。

稻盛遇到难题时会去和西枝商量，而西枝生性慷慨，与人为善，常领着稻盛四处喝酒。偶尔稻盛想要还之以礼，说：“我也有常去的酒店！”于是，将西枝带到京都站前商店街的餐馆里，即松风时代便已熟识的那家店，还是那位微微发福的老板娘。

“好久不见啊！”老板娘温柔的笑脸一如既往，端出了砂锅豆腐。稻盛斟上酒，推荐了几个下酒菜，西枝却提不起胃口，当即说道：“回去吧！”难得请他来一回，稻盛不情不愿地走出店来。西枝对稻盛说道：

“稻盛先生，这地方老板娘人不错，酒也便宜，能喝得高兴。可是，喝酒要讲场所，不能贪图便宜，酒好才能去喝。酒这东西可不简单，有的酒让人堕落，有的酒却能让人提升。那地方的酒会让人堕落。以后请不要再去了！”

“这是为什么？”稻盛赌气问道。

“喝酒喝得东倒西歪的人与我们不在一个层次。物以类聚，人以群分，由此导致有些人会提升，有些人会堕落。在那种地方喝酒无异于荒废人生。喝的话，就要喝贵的酒。贵的酒喝不了几回，而便宜的酒因为容易喝得到，所以越喝越上瘾。要去狠下心来才舍得自掏腰包的地方去喝酒。”

此乃西枝自成一套的“帝王学”。

西枝常说：“即便酒很少，一拿起酒瓶心里就得清楚里面还有没有，否则还谈什么‘饮酒’。绝对不能晃酒瓶！”如果做不到这一点，就不是合格的售酒员，更没有饮酒的资格。而且，将酒瓶里残留的少许酒倒入其他酒瓶，对客人极其失礼；倘若老板娘送上有异味的湿毛巾，也会遭到西枝的斥责。

一起喝酒时，若不为他斟酒会不乐意，而倒个不停的话却又说不用如此；见你埋头吃下酒菜，会问道："斟一杯如何？"喝酒必一醉方休，不醉不归，嘴里这么说着却不时地提醒"别喝过量"。

大千世界，既不可兴味索然，也不可沉溺不醒，必须在两端之间游刃有余，这是西枝哲学的真谛。向部下指示工作时，既热情澎湃，又冷静淡然，稻盛这一作风正来自于西枝的亲传。稻盛说："公司因为我说的一些话造成了麻烦，很是头疼。"西枝当即答道："笨蛋，固然不可撒谎，但也不必说出实情！"三言两语中也能折射出他的哲学理念。

西枝喝得酒酣耳热便会絮叨不止，老板娘想送他，稻盛谢绝道："不必了，我来送就行！"西枝打断他的话："真不知趣！"送到家门后，夫人总是出来迎接，深深地鞠一躬："麻烦您了！"这时护送者也已经酒醒了。

有一回，西枝边喝酒边对他说：

"有种说法叫'既不竖老二也不放屁'，这种人成不了将才！"

稻盛生平头一回听到这话，打心眼里佩服。

他心想："哈哈，一脸的道貌岸然，竟然还说这种话！就算在人前放个响屁，又何必当一回事。"

稻盛觉得甚是有趣，一回家便向妻子朝子转述。

"今天西枝他说，既不竖老二也不放屁……"

"你傻啊，这句话应该是既不焚香也不放屁[1]……"

"谁说的，明明就是不竖老二！"

"难怪你总落榜！"

而稻盛如此理解西枝的这一说法：

"工作的时候不怕像乞丐一样破破烂烂，奢侈起来也舍得点价

1 既不焚香也不放屁：俗语，意为"虽无可圈可点之处，却也并无劣迹可言"。

值百万两的沉香。关键时刻舍不得焚香，不敢拿出钱来，算什么武将！”

乃木希典[1]在日俄战争中痛失爱子。遗体送回的那一天，希典之妻静子来到日本桥的三越百货，说想看一下香水。店员见客人穿着破旧的大岛绸，便拿出了廉价品。静子闻后立即摇了摇头，随后店员拿出一种接一种的香水她全都摇头拒绝。最后递给她三越唯一一个最高级的商品，她还问：“就只有这种了吗？”在店员回答没有其他之后，她才买下这种香水。静子是鹿儿岛市稻盛出生的药师町东南面、甲突川对岸加治屋町一名下级武士的女儿。为了消除安放儿子遗体棺材的臭味，买下了最高级的香水。稻盛认为，静子虽然穿着破旧的和服，她的举动却正体现了“焚香之心”。

初次赴美

创业第四年，即1962年5月，稻盛成为常务董事。8月，他只身启程前往美国。战败后，因财阀瓦解，三井物产拆分为第一通商、第一物产等诸多公司，其中一家极东贸易的大阪分社希望将京瓷公司的产品销往美国，于是驻纽约的工作人员负责接待稻盛。

美国之行，稻盛早在鹿儿岛时便已心驰神往，公司里的同伴们也都支持他去，七拼八凑了所需的80万日元费用。待到一切办妥，临行前他才意识到，美国没有日本式厕所。稻盛从没接触过西式马桶，这一点陡然令他慌了神。所幸大学时代的一位朋友住在东京的公营住宅[2]，特意前去住一晚，学习如何使用。

1　乃木希典：（1849—1912）日本陆军大将，出生于长府藩藩士家庭，多次参与日本内部及对外战争，在二战前被日本人奉为“军神”。

2　公营住宅：也称为“公团住宅”，指政府兴建并营运的住宅，通常是公寓形态，由政府出资兴建并拥有业权，以廉价金额出租或销售给民众，尤其是中低收入居民，类似于中国的“廉租房”。

出发去东京前，在京都，规模空前的饯行会在京极繁星食堂二楼举行。

众人喜气洋洋，因为“要欢送我们的常务董事赴美”。公司创立以来的全体部门领导特意前往东京送行，住在东京办事处附近、歌舞伎剧场对面的大和屋旅馆。因工作脱不开身的部门领导甚至穿着脏兮兮的工作服，乘夜行列车去东京（新干线建成是两年后，即1964年）。

启程当日，乌云压顶，大雨将至。出发那一刻，雨点噼里啪啦地落下来。出生于两年前，即1960年的稻盛的长女小忍由东京办事处的冈川抱在怀里，以免被雨淋湿。送行的人们一直来到停机坪，朝子也在其中。

双方泪流不止，如同永别一般。

飞机起飞，从窗口望出去，用力挥着手的人们瞬间变小。穿过低垂密布的雨云，冲上云霄，天空湛蓝，眼前是从没见过的洁白云海，30岁的稻盛激动得难以言表。

“我这人，人生路上挫折不断，今天却正在飞向美国！”

稻盛是技术型大学出身，曾向往着有机会远赴世界科技最顶尖的美国求学。拼命挥手送行的公司员工正翘首以盼，他不愿辜负众望，再加上对未知的美国的不安，紧张情绪笼罩着他，不由得缩紧了身体，空姐送来的可口餐食都不想伸手去拿，然而送入口中，却尝到说不出的美味。飞机乘坐起来也极其舒适，稻盛将饮料一饮而尽，心头突然冒出一个想法：

“多么难得的旅行！一定要让和我一起辛苦打拼的所有人都能体验一次！”

这架承载着一个男人梦想的飞机，很快抵达了纽约机场，极东贸易的纽约驻派员永井立升（1931年生）根据公司的指示前往机场迎接。然而，左看右看，从飞机上出来的人谁也不像，只有一位年轻人颇似日本技术员，正在疾步走来。他没想到常务董事会如此年轻，而那人正是稻盛。

在美逗留一个月，永井无法每日陪同，但稻盛不会讲英语，永井是他唯一的依靠。住在一个名字气派实则脏兮兮的便宜旅馆“乔治王子”，一早稻盛便出现在极东贸易的事务所，再三恳求道：“时间紧迫，麻烦早点带我去！”他用紫色的包巾装着样本箱，跟着永井东奔西走。

稻盛一边展示自己的产品，一边说：“如果不是非常满意，请说出你们想要的产品。”永井眼中的稻盛做事时丁是丁、卯是卯，虽说态度谦逊，却丝毫不理会对方的脸色。跑了几家公司后，永井发现，无论去哪里，对方的脸上都浮现出惊讶之色，仿佛在说，你们公司的技术太厉害了！于是反劝稻盛说：“不如把我们的技术卖给你吧。”

然而，稻盛肩负着全公司员工的殷切期待，却无法如期获得进展，毫无成果可言，他焦心如焚。无论何时、无论何地，眼见着有未完成的工作，他总也放不下心。时间白白流逝，自己一个人又去不成，只能通过翻译来谈判，焦虑倍增。餐厅里的饭菜食不下咽，夜里也睡不好，有时从梦中惊醒，睁开眼睛，焦灼难安之中，甚至向神祈祷，以求某种启示。

在美国国内的航班上，稻盛将自己的梦想讲述给永井听，仿佛对待自己公司的员工一般。那一腔热忱，那宏大的梦想，那为公司员工的幸福而挑大梁的觉悟，深深地打动了永井，他为稻盛超凡的领袖魅力而倾倒。若干年后，永井也加入了京瓷公司。

没有安排行程的日子里，稻盛在极东贸易的女办事员们面前，表演将五六枚硬油毡徒手切断的绝活。然而，此行几乎一无所获，加之初次接触异国文化的不适应（如同刚进入松风公司时连电话也不会接），多重原因交织之下，他头疼欲裂，忍无可忍，抱着“再也不来美国”的想法回了国。

不过，取得了为数不多的试制品订单，他对自己的技术也有了信心。一回国，他兴冲冲地说：“真想带大家一起坐飞机去美国！”众人却当作笑谈：“常务的心意领了，不过真是信口开河啊……怎么可能！”然而，这“信口开河”却兑现为11年后全公司的香港之旅、14年后每年一度的公司员工子女的海外旅行。

首家工厂建成

赴美前后，租来的厂房里，之前增设的空间也日趋拥挤，于是开始物色厂房用地。滋贺县有意邀请他们前去建厂，其中蒲生町最为热情。战前归八日市飞行连队所有的国有土地在战后的土地改革中出售给了拓荒的农民，成为农田。他们决定买下这八千坪[1]的土地。那时，从一旁经过的名神高速公路正在修建当中。

由“老爹”高桥基带头进行工厂建设。原本计划着手打地基，不料遇到了用水问题。据与该地块毗邻的一户独门独院的人家说，打了井也不出水，日常生活都是积攒雨水过滤后使用。然而，工厂势必要从场内取水。高桥心想，其他人挖了50米说不出水，那么我们就挖100米。于是从背面谷底的最低洼处打井。当地的人都说这是白费力气。

八日市高中有一位老师是水利专家，他的检验报告为官方所认可，是权威人士。请他来测定，送来的结论报告写着：“不建议挖井。”即便如此，也不能就此作罢。高桥心里嘀咕着，来测定的助手中有一

1 坪：面积单位，1坪约为3.3平方米。

群高中生，闹着玩一样，哪会多严谨。测定时，在中心点放置机器，距此左右各几米处接上地线，通上电流。如果距离过短，电流只会在其相对应的表层运动，因此检测不出水的位置。高桥当即决定：“不如先挖挖看。”但这必须得到公司的批准，因为费用竟比稻盛赴美之行还高，达到100万日元的巨额数字；况且高桥也是新进入京瓷公司，不知如何是好，不禁忧心忡忡。经董事会讨论，一致同意：“放手让他干！”这真是喜出望外！

在挖掘地旁盖了一间小屋，搭上草席做房顶，顶风冒雪地坚持着。高桥也是第一次打井，不知一直往下挖会不会有水出来，心里七上八下。他向稻盛汇报说，始终不出水。稻盛答复道：“祈祷吧，祈祷便能实现。”不幸的是，在约七八米处撞上了岩盘。

高桥问钻井公司：“能不能出水？”答曰：“不知道。”往直径约30厘米的洞中灌水，水逐渐减少。这说明，水在渗漏或者不知流去了哪里。然而，第二天清早来看，水位却分毫未降。再次灌满水，水位降到一定程度后便又静止不动。是否下面有某种力量将水往上挤压？没有电源，用石油发动机启动水泵往上抽，出来的全是泥浆。无奈，唯有靠老天帮忙了！然而，24小时过后，水渐渐澄清，到了傍晚，终于有清水冒了出来。他们立即接水煮茶，竟完全不会变黑，应该是不含铁质。

“太好了！”高桥用一升的瓶子装了三瓶，飞奔到京都蹴上的自来水研究所。然而，却因没有办理相应的手续，不予受理。他争辩起来：“原本以为打不出水，现在已经打出来了。如果不能用的话就有大麻烦，无论如何请帮忙检测一下！”当时，一个月的时间已经把100万日元花得一干二净，高桥只得放手一搏，嗓门也大了起来。

正巧身穿白褂的所长路过，问明了事由，对工作人员说：“立即帮他检测！”高桥感激涕零。

第二日去取分析表，结论是："作为地下水，水质优异，与京都的自来水相比毫不逊色！"上面赫然盖着四方大印。在分析表上盖完章，高桥飞奔回公司。

这里地基密实，雨水总是积聚在表面，因此常年泥泞。有时卡车陷入其中，动弹不得，只得向附近鹿岛建设公司的施工现场借来推土机拖出来。在此期间，鹿岛公司承包商的工棚盖好了，却没有水，来问能否借水用。高桥欣然同意，于是他们拉了一条长达 250 米的水管。公司内部也有意见说不必如此。高桥却认为，在施工现场总免不了要麻烦周边邻居，厂房建成也是大家的功劳。这些经历让高桥越来越理解京瓷公司的作风。

1963 年 5 月，第一栋厂房举行了竣工仪式。在依旧泥泞的地面上铺上木板，大客车载着料理店的老板娘、京都的艺伎涌入了会场。

公司员工原本在租借的狭窄厂房里工作，所以第一次看到场地，见此处宽阔如原野，满地石子，大为震惊，异口同声地说："这么大的地方打算怎么办？"在公司员工眼中，稻盛的所作所为不亚于异想天开。高桥也以为，这是第一家也是最后一家工厂。

创办第 5 年，即 1964 年 5 月，稻盛成为专务董事，社长宫木男也出任董事长，青山政次出任社长。这一系列人事变化背后，拥有宫木电机一半股份的交川对宫木社长所做的工作有很大关系。

流动之章

“感恩”的具体方式

1964 年，公司创立五周年纪念典礼在和歌山白滨宾馆举行，会场正中挂着太阳旗，左边是社旗（白底红字的公司徽标），仪式沿袭了公司成立以来一贯的庄严肃穆。

稻盛发言肯定公司前途无量，同时也指出，公司员工身处繁荣兴盛的景象下，在生产制造、资材消耗等各方面的认真意识逐渐淡薄，呼吁全员重拾精打细算、物尽其用的创业精神。创立几年间，销售额与税后利润的增长及员工数量，可参见下面的图表。

销售额与税后利润的增长及员工数量的变化（1959—1965 年）

	销售额(千日元)	利润(千日元)	员工(月平均、人)
1959 年	26 276	1 869	36
1960 年	49 871	3 822	56
1961 年	80 734	4 793	87
1962 年	119 114	11 298	105
1963 年	161 360	10 565	160
1964 年	247 565	17 055	185
1965 年	298 034	19 752	223

尽管1963年出口额为0，1964年也才仅有25万日元。然而，如图所示，短短五年间，员工增至原来的五倍，销售额增长了9.4倍、利润增长了九倍。1963年，苏联考察团来工厂参观访问。在这五周年典礼上，公司全体员工表明决心，并将“京瓷从日本走向世界”当作口号。

与迅猛的发展势头相比，前一年，即1963年年末，发生了一件不起眼的事，但在理解稻盛思想时却不可忽视，那就是公司全员参与京都和蒲生町的岁末互助活动。

“承蒙各方鼎力相助，如今员工二百余名，规模可算得上一家中小企业，公司运转上了轨道，我们的生活也轻松了不少。这一切，全靠身边所有人善意的扶持与协助，在此，我表示衷心的感谢！追忆起前途莫测、生活不安的艰苦创业岁月，思及眼下仍有许多不幸的人们……”

在这篇倡议书的动员下，员工往京都新闻慈善箱捐款13000余日元，公司捐款20000日元；员工为蒲生町捐款10000余日元，公司捐款10000日元，作为该町有史以来的第一个善举，传为美谈。

这并不是一家大企业为了名誉而去倡导社会责任、主动回馈社会，而源于稻盛在成为经营管理者之前便已植入内心的“感谢报恩”思想。在1979年即创业二十周年的新员工欢迎会上，稻盛自然而然地谈及“从今往后，必须思考如何回报家人、回报社会”的话题。从中反映出，稻盛已将“感谢报恩”思想视为常理，并将其内化至一贯的言行之中。所以，1963年以后京瓷公司的发展过程中，“感谢、报恩”以各种各样的具体方式呈现出来。

尽说“屁话”

作为“京瓷走向世界”的象征，当年 10 月，稻盛再度飞往国外。这回他带上了一名同伴。此人出类拔萃，擅长外语，贸易经验丰富，是当时京瓷难以企及的人才。然而，正因他的出类拔萃，引发了一场波澜。

此人是前一年 10 月进入公司的上西阿沙。在松风工业时，他担任贸易部门的副部长。当时，稻盛设计的电隧道炉向巴基斯坦出口，稻盛的优秀才能令他大为惊诧，作为稻盛的上司，上西常加以鼓励。1963 年他从松风离职，自己申请加入京瓷。像建设滋贺工厂的高桥基入职时那样，傍晚五六点钟左右，稻盛会招呼上西，讨论这一天发生的事情，努力让年长的老将上西在考虑问题的方式上与自己合拍。

上西于 1921 年出生并成长于加拿大，是滋贺上西家的养子，从彦根中学一直读到三高、进入京大，在自由开放、注重个性的环境中长大。1948 年从京大毕业后立即进入松风工业就职，在京瓷创办四年后进入公司。

稻盛从当学生时就不擅长记忆，更没有学外语的天赋，他深信上西的英语和在松风积累的贸易经验将会派上大用场，于是干劲十足：“真是如虎添翼，明天就来上班！”而当时的上西却投去轻蔑的目光，心想：“傻瓜！”

“专务，你了解贸易吗？首先必须留出一年左右的准备时间来进行市场调研，第二年起再慢慢增加销量。”

“太慢了，明天就去卖吧！”

“这不合常理！你知道 LC[1] 吗？ FOB[2] 呢？支付期限呢？”

1 LC：(letter of credit) 信用证。

2 FOB：(free on board) 离岸价格。

“怎么可能知道！”

“根本没入门，还谈什么贸易？”

“不过，LC、FOB之类，现在在这儿听你说说不就行了嘛。之前都是和青山两人东奔西跑，一家一家地上门拜访，根本没人介绍，也没有时间准备。在美国也一样，只是语言和习惯不同，你这两方面都懂，说明条件已经具备了。”

“贸易可没这么简单。”

稻盛决定协助上西开展贸易，于是做主安排了这趟出国之行。

首先飞往欧洲，维也纳、杜塞尔多夫、巴黎转了一圈，住宾馆必两人只订一间。在巴黎时，见店面堆着蒸熟的贝类。稻盛爱吃贝类，说：“看上去不错，去吃一口？”上西答道：“算了吧，太贵了！”之后又一路精打细算地来到了美国，却依然没有谈成合同。两人心力交瘁，决定暂且奢侈一回，拖着疲惫的双腿去吃1美元20美分的牛排、喝咖啡。在那里，遇见了一个日本人。此人在贸易公司任职，上西在松风时曾与他有过交往。和他在一起的是一家制造并出口收音机开关旋钮的公司总经理。他们看完京瓷的样品，说道：“这么优秀的商品不会卖不出去。”于是下了订单——这是第二次赴美的首个订单。事实上，稻盛二人所到之处明显引起了技术人员的强烈关注。

第二年，即1965年，公司内刊上社长青山如此评价二人开拓欧美市场的成果：“产品在各处广受好评，前来询问报价的企业络绎不绝。现如今，订货量已经相当可观。由此说明，京瓷的技术水平与海外诸国相比也属高端之列，今年是进驻海外市场的一年。”稻盛则自豪地写道：“我们并没有学习先进国家的技术，独立研究、开发和生产，产品竟毫不逊色，为世界第一流的国家所认可。”

在此期间，丸红替代业绩不佳的极东贸易（为永井立升的声誉，此处必须提一句，1964年至1966年8月，永井在东京）成为京瓷的代理商。1965年，京瓷取得TI（Texas Instruments德州仪器）用于阿波罗计划的抗阻力棒的订单，形势大好。为了打入美国半导体界，此前协助京瓷签下晶体管主管订单的谢尔曼商事的大野哲人、丸红的科长代表、上西、稻盛四人一同乘机前往旧金山。

谁知飞机刚落地，大野竟兴致勃勃地提议说，不如先去一位中国女性朋友在唐人街开的餐馆。这一来，惹怒了心事重重的稻盛，他满脑子盘算着如何打开销路。这位大野是意大利人约翰·西亚诺介绍而来的，据称可以帮忙将产品卖给摩托罗拉公司。西亚诺夸口说："绝对销得出去，交给他吧。"而稻盛却不由得起了疑心，认为"此人靠不住"。

去摩托罗拉公司的前一晚，一行人在宾馆的酒吧聊天。西亚诺依然高谈阔论，而大野和丸红的科长代表在一旁随声附和，听任话题信马由缰。稻盛提醒上西："这可不行，这几个光靠嘴皮子，只能由我们自己去谈。"除稻盛之外都已人到中年，大野正说着男女之事以做笑谈。稻盛本清心寡欲，更觉得在这种场合提及男女之事实在愚蠢透顶，现场的气氛也令他极为尴尬。而日本人的观念中，大家都得对这位吞云吐雾掌握商业大权的意大利人溜须拍马。

稻盛怒火中烧，想通过上西来质问西亚诺："你认为能卖出去，理由是什么？在确定交易能谈妥前决不能全权委托你！"上西却认为太过失礼，不愿翻译。

稻盛勃然大怒，口不择言："你到底是谁的翻译？站在哪一边？与这种无聊的人根本无法共事，也用不着你来协助！"

第一次与上西去国外时，两人因想法不同起了争执，竟边哭边吵。稻盛总感觉与上西不合拍，仿佛齿轮始终咬合不上一般。

后来，在京都的酒吧，类似的状况下也发生过同样的事情。稻盛一门心思考虑工作，而上西却不将话题引过来，最后愤然离席。上西问他："乘什么车回去？" 抛下一句"用不着你管！" 转身走了。

稻盛认为，部门领导不该为争论而争论。对于稻盛的种种意向，上西从不提出具体方案，却屡屡指责他做决定时考虑不周，挑剔过错。即便讨论过错，也总不得要领，无法触及问题的核心。继续如此，二人再无合作的必要——稻盛当机立断：

"以后不用来上班了！"

两三日后，社长青山向上西转达了稻盛的决定。谁知，没过几日，一位拄着拐杖的老人来到了稻盛家，他是昔日在滋贺经营肥料批发生意的上西的养父春造。

"我已听闻阿沙被解雇的缘由，无论如何，我会试图改变阿沙的想法，请看在我的面子上，再给他一次机会！" 说罢，在玄关长跪不起。稻盛说道，他总是为争辩而争辩。春造点点头：

"的确如此，他尽说屁话。有时我也会提醒，但他已经从学校毕业，跟他说话，总是爱理不理，全当耳旁风。因为是养子，从小到大我一直不愿多说。的确如您所说，其实我也忍无可忍，因为这个原因而被公司辞退无可厚非。倘若他继续如此不懂事，我会责令女儿和他分手，与他断绝父子关系。拜托您再给他一次机会！"

第二天，稻盛去见上西，提到"你父亲前来求情……" 上西答复道："很想回去好好干！" 轻描淡写的一句话，稻盛并不满意。

不料，上西泪流满面："你竟然为我做了这么多……"

这一瞬间，稻盛脱口而出："我能理解。"

稻盛说："从这一瞬间开始，两人已经情同手足。"

当时京瓷的干部当中，毕业于三高、京大且具备丰富海外经验的上西是一名不可多得的人才，本应爱惜有加。然而，倘若心意无法互通，则徒劳无功。与其犹豫不决地妥协，不如斩钉截铁地解决问题，这就是稻盛选择的方法。

上西因此事拜访了西枝一江。

1967 年 8 月 6 日，上西在随身携带的笔记本上写道：“西枝对我说：‘以自己为中心来考虑问题，且对此并不反省，这样的人很难共处。’”如今，上西是京瓷公司的副社长、京瓷国际的副董事长。

东京营业所之乱

这一刻，东京营业所的冈川健一正遭遇危机。

简略交代一下之前的情况：京瓷创立于 1959 年，1960 年开设东京办事处，1961 年 3 月，佐佐木武夫进入公司，在车间工作一段时间后，于 1962 年派驻东京。

佐佐木在车间工作时，只有进入公司的头三天准时下班，之后接连彻夜加班。一个人看管着隧道炉、大型氢窑炉、小型氢窑炉、单窑炉，去厕所的时间都挤不出来。每三分钟进行氢窑炉的操作，每八分钟用坩埚熔化玻璃并测定隧道炉的成品温度。实在憋不住去趟厕所，回来的时候各窑炉都到了操作时间，竟不知该从何处下手。夏日的夜空下，铺着席子打个盹。日复一日工作辛劳，年轻的同事却也会相约去露营，届时稻盛带着全体干部来相送，叮嘱他们注意安全，这令他十分高兴。

如此过了一年，佐佐木被派往东京。他也生性不愿和成年人说话，在东京站下车的时候连营业为何物都一无所知。欢天喜地前来迎接部下的冈川一看，佐佐木穿着紧绷大腿的曼波裤[1]，打着鲜红的领带，不由得目瞪口呆，立即为他另买了一条领带。

佐佐木冈川的公寓（位于川崎）附近借宿，两人同来同往。后

1　曼波裤：源自南美洲曼波舞的男子流行服饰之一。

来，中川隆、大平哲、石平健二等同事加入，冈川于 1965 年成为东京营业所的营业部长。那一年，刚进入公司的职员三宅新一前往东京工作。

他是乘坐半夜 11 点左右的夜行列车启程前往东京的，谁知稻盛、青山（政次）、安城、滨本等干部特意前来送行。一名新录用的员工竟受到如此隆重的待遇，三宅深受感动，心想："可得好好干！"

三宅来东京约两年后，某一日，冈川晚上 10 点左右从外面回来，咚咚咚地跑上楼，推开事务所的门，中川隆正从里面出来，打算回去："部长，我先走了！""等等，你这就回去了吗？"

中川脸色陡然一变，反驳道："什么叫'这就回去了'？正想跟部长好好谈一次呢，就趁今天这个机会吧！"众人将刚进门的冈川团团围住。

"部长，请您看看外面。银座这么多高楼，有几间到现在还亮着灯？部长自己喜欢拼命工作，那您怎么看我们呢？我们比部长年轻，也想出去玩，想去喝酒。我们是大活人，没法像部长您那样一天到晚地只忙工作！"当时冈川刚过而立之年，属下都只有二十二三岁。其实之前营业所的同事曾瞒着冈川买了一副二手麻将牌，住在办公室里打麻将，冈川发现后勃然大怒。一直以来，冈川坚信所有人的情绪、想法都与自己完全一样，一心一意地工作，从无私心杂念。这突如其来的"叛乱"不亚于晴天霹雳，他内心天翻地覆，胃痉挛发作，疼痛难忍，话也说不出口。想要张嘴说点什么，却不停地冒着冷汗。

"抱歉，今天先回去吧，明天再说，这件事会有个说法。"说完乘出租车回了川崎。大平说："今天吵架今天了结！"于是众人立即涌向了冈川的公寓。

公寓只有四张半榻榻米和六张榻榻米大小的两间，他们对谈至深夜，却总也谈不拢。冈川的胃痛更加严重，本想等到第二天，却拗不过众人，凌晨给稻盛打电话说：“对不起，形势不好……”稻盛当即从京都赶来。

稻盛先将冈川支去大楼一层的咖啡馆，召集了众人。“有什么不满意，有什么委屈，冈川哪里做得不对，尽管提！”于是，一、二、三，掰着手指头数出三条。“还有吗？”“就这么多了。”话音未落，稻盛梆梆梆地敲着桌子，火冒三丈：

“只有三条？人有七罪，你们这么多人凑在一起只提出三条？那还不乖乖听冈川的？不乐意的话全都辞职，哪儿来的都回哪儿去。有两三个毛病就不服，那谁来都一样。你们是集体辞职还是服从冈川，选哪一个？”

稻盛的气势令全场为之一震。肃静半晌，众人纷纷表示：“明白了，服从！”于是，稻盛哒哒哒地下楼去咖啡馆，怒气冲冲地对无精打采的冈川说道：

“混蛋！他们在我面前一条、二条、三条地数落你的罪状。这么挑你的毛病，哪里还有威信可言，混蛋！连最基本的信任都得不到，还怎么当领导！这样下去还能不能工作？你干脆也别干了，根本靠不住！常言说得好，‘鞍上无人、鞍下无马’，高明的大将，既不会随意驱使马，也不会听任马跑。你去重新和大家解释。”

于是，冈川来到事务所，面对众人：

“我以为你们信任我，只是业务上还没有找着门路，我也没有时间来揣测大家的心思。这一点我做得很不到位。但俗话说，江山易改，本性难移。我没有信心将之前的处理方式全部改变，恐怕以后会像之前那样做，但有什么话都请来告诉我，我一定洗耳恭听。”

“叛乱”从而得以收场。以此为契机，冈川的态度也大为改观。之前他只会不停地询问下属“有没有进一步向客户确认？”“那份合同怎么样了？”三番五次地确认这类简单的事情，不给对方留任何反驳的余地。打这以后，他会尽量去了解任务没有完成的缘由。他们起早贪黑地工作，一起喝酒、玩弹子球，喝酒的时候也只谈工作，决不会涉及女人的话题。这一点与稻盛如出一辙，只不过他的震慑力与控制力与稻盛相比却是小巫见大巫。

冈川茅塞顿开——马并不会永远心甘情愿地伏于鞍下。

稻盛出任社长

1972年3月，宫木电机内只保留一部分厂房，公司搬迁至滋贺工厂。虽说有员工因住址的关系不得不提交辞呈，但公司依然坚决实行搬迁。

5月，青山成为董事长，稻盛出任社长。这是公司成立第七年，员工约四百余名，如果算上家属，那约有1200人的工作和生活与京瓷休戚相关。

举办七周年纪念典礼时，京瓷邀请了员工家属来到滋贺工厂。稻盛致感谢词，谈到京瓷从零起步、发展，到如今能与世界一流企业进行贸易往来，与员工家属的鼎力相助密不可分。随后，他说道："请允许我不知深浅地说一句，我愿为各位的家庭幸福负起责任！"由此，明确了京瓷公司对家属的责任以及对日本乃至全世界贸易伙伴的责任。

这句话，恐怕许多经营管理者常挂在嘴边应景。然而，稻盛却绝非说说而已。创业时他已经意识到，对年轻员工的前途负有重任；随着公司的发展，责任意识进一步深化，扩大至对地区、对社会、上市后对股东……多重责任并重，层层叠进，稻盛对员工时而斥责、时而倾诉、时而劝说，从未松懈。

这一年，京瓷的技术水平有了质的飞跃，取得IBM价值超过一亿日元的订单，这是稻盛他们在美国奔波的成果。接下订单的时候，以京瓷当时的能力几乎不可能完成任务，订货量也是前所未有。不仅如此，15 毫米见方的产品，倘若出现正负 5% 毫米的公差，便会造成一位数的误差。迄今为止陶瓷制品的概念当中，15 毫米见方的产品可接受公差在 15% 以内，而IBM所要求的精度当时世界上任何厂商都无法实现。对此，京瓷没有拒绝，敢于生产无人能实现的产品，这才是京瓷！历经千辛万苦制造出的产品远超当时陶瓷业界的水准，甚至令半导体界都为之震惊。同时京瓷为风靡一时、称霸世界的IBM360电脑生产零件，为京瓷开创了发展的新纪元。

另一方面，作为京瓷内部发展的新纪元，并不为外界所熟知，这一年，“单位时间价值”这一管理思维已经成型。

在生产部门，为了判断最小单位组织能否实现独立核算，将单位组织的成员平均每人每小时的产值称为“单位时间价值”，作为其生产能力的测定指标。以乌冬面夜摊为例，采购了多少材料，卖出了多少份，盈利是否足够养家糊口，必须自己来计算。换言之，乌冬面摊主既是劳动者也是经营管理者。

京瓷对公司内部的最小单位组织有“单元”“单位”或“阿米巴”等多种称呼。京瓷这一有机体正由无数生机勃勃的单位组织所构成。由此考虑，称其为“阿米巴”最为合适。就制造部门而言，从原料的采购到出货，这一过程中压型、加工、切割、电镀、上蜡、质检等各道工序形成各自的“阿米巴”，成员从三四人到二三十人不等。如同乌冬面摊从购买材料到销售成品，最终产生利润，“阿米巴”也通过对外出货或公司内部“阿米巴”之间的买进卖出来创造利润。

根据订单安排生产，基本原则是原材料仅按需采购，并无唯恐以后价格上涨而囤积的必要。原材料到货马上运往车间，即刻开始计算经费，不需要仓库来存储（无独有偶，丰田汽车工厂广为人知的“看板管理”方式——即时生产，及时将必要数量的必要零件运送至车间，无须管理库存，两者不谋而合)。

“阿米巴”的收入仅仅来自于向公司内外销售产品。普通企业的公司内部买卖按成本价来实行，而京瓷直接依照市场价格。从“阿米巴”的所得中扣除原材料、模具、临时工资、维修费、煤电费、折旧费、房租（对应所占空间）、营业经费（向营业部门支付10%的佣金）以及不包含劳务费的开支全部扣除后，余下的部分称为“结算销售额”。“结算销售额”除以“阿米巴”成员的总劳动时间，即为“单位时间价值”。

“单位时间核算表”成为各“阿米巴”的盈亏计算清单，每月记录，月初向全公司公示，以便与其他“阿米巴”做比较。同时，该表中还会记录着预定计划，迫使“阿米巴”的领导者不断思考如何提高本单位的经营效率。经营状况恶劣的“阿米巴”领导者在会议上严肃检讨自己的责任，如果始终无法得到改善，那么将主动让位。正因如此，人事变动在京瓷司空见惯。

此外，对实现高“单位时间价值”的“阿米巴”进行表彰，这时更加侧重于精神层面的荣誉——如果无法孕育出高产值的经营实体，公司全体员工都难以提高收入，更无法投资新项目，公司的整体发展无从谈起——让这一思想深入人心。

一般而言，企业的优劣可以通过销售利润率、总资本利润率等数据来判定，但这类经营方式只着眼于花了多少钱又赚了多少钱。而事实上，对企业而言，更重要的是，应当考虑到每一名员工所创造的利润。稻盛认为，从中可以显示出企业的薪资负担能力。实施“单位时间价值”，会促使基层人员思考，如果自己是经营管理者，那么，怎么做才能为企业增加利润。

“单位时间价值”扩大到京瓷的整体经营，简而言之，即“销售最大化，费用最小化”这一原则，而不会纠结于通常所讨论的“管理费用可占百分之几”之类的经营常规。而这背后，积淀着创业时期稻盛的千辛万苦。

某实力雄厚的订货方年年要求降价，最后提出查阅成本清单的条件，以此作为决定采购价格的参考依据。

带去给对方看后，得到答复说：“销售管理费占 5%？你们这么点大的公司架子倒不小嘛？这部分可以减去。利润 10%？看看市场行情，哪还有能赚到一成的公司？降降价吧。”

不由分说地拍板了订货价。第二年老老实实地拿着成本清单前去，告知：“劳务费涨了，已经没有降价的空间了。”

不料，这回对方又有说辞：“说什么呢，谁说要以成本价来买？我们公司面向世界市场进行贸易往来，价格我们自己都已经定好了，用多少钱来买零件也由我们说了算。你们开价多少、能不能赚钱，统统不关我们的事。你们不卖，我们就去进口。”

有恃无恐的态度气得稻盛心里翻江倒海，然而，为了公司的生存，即便对方蛮横无理，他也只得忍气吞声。

与此同时，稻盛心想：“花多少钱来生产毕竟是由我们来定夺。你能单方面地决定卖价，我们技术人员就能想办法压低成本。绝对不能想当然地认为卖价等于成本加利润。”

承认自己只是弱者，从而发展出弱者的智慧生存术，这反而成为了京瓷的长项。其中的智慧与稻盛在鹿儿岛时的生活经历密切相关。战前，父亲畩市开办印刷作坊时，将通常都会丢弃的碎纸片收集起来，制成纸袋卖爆米花；而战后，他又手持长刀精心将一整张纸裁切成适合做纸袋的尺寸，物尽其用。

精进专一、拼搏进取

1967年7月，奥村常雄（生于1940年）进入公司，在他眼中，京瓷公司展现了“技术京瓷”的特点。

滋贺工厂建成后，主要利用压型机进行批量生产，而宫木电机内租借的车间里，用车床、钻床或研磨机来手工制作“特殊产品”，不借助于模具。但因为人手分派到了滋贺工厂，所以需要更多有经验的人在场。给京瓷维修机器的铁工厂位于蒲生町附近，奥村初中毕业后在那里的师父手下当学徒，在师父（奥村称“师傅”）的介绍下去彦根上班，回家后常帮师傅干活直到半夜两三点钟。由此与川口孝等人相识，并在他们的推荐下进入了京瓷公司。他对京瓷的繁忙程度有所耳闻，谁知第一天上班，回到家已是半夜12点。从此以后，奥村的京瓷生涯开始了，也曾在隧道炉下打地铺过夜。

生产陶瓷不像金属那样需要重型切削。在长期与金属打交道的奥村看来，京瓷的机械设备简直像过家家的玩具，而操作者完全是机械的门外汉，干起活来鲁莽冒失——不成想，正因为鲁莽冒失才取得了成功。奥村这样的金属切削行家，无论做什么都以金属为基准，对设备的顾虑过多。陶瓷制品更迭迅速，极端地说，今天制造的产品明天便被取而代之，这根本不足为奇。所以，只需要最少量的设备，能够制造出今天的产品即可。产品总在更新换代，不抓住关键时刻便毫无意义，所以并不使用重型设备，奥村逐渐有所领悟。

事实上，稻盛打定了主意，尽量不添置新设备，只要旧机器还能运转即可。公司成立两年后，才购置了精巧的自动压型机。除非确定无疑会切实有助于销量，否则稻盛不敢引进机械设备，因为此举会增大固定成本比重并可能恶化经营状况。

进入京瓷前，奥村是民青（日本民主青年同盟）的积极分子。他在小工厂里上班，深感社会现实的不公，希望所有人能够互帮互助，于是倾力于小组活动，结交伙伴，付出大量心血，曾在《民青机关报》增刊上受到野坂参三[1]的月度表彰。

进入京瓷公司后，稻盛的倡导自然而然地引发了他的共鸣。他见上司及管理层的工作状态，无人会贪图享乐，对部下颐指气使。

“我所迷茫的问题在这里不存在，值得在这里干下去。”

他感到迄今为止自己一直追寻的东西正巧在这里，困惑得以解决，愿安身于此，寄托终生！

在奥村进入公司约一年前的8月，稻盛赴美，在饯行会的宴席上，稻盛对干部和员工训诫道：

“我希望逐步让京瓷这艘大船驶入安全海域，但公司的实际成果并不尽如预期。与公司的发展相比，干部的成长相当迟缓。把公司实力不足当成借口，对客户的要求予以回绝，那简直愚蠢透顶。虽说多少有些勉为其难，我依然决心帮助大家早日成长起来，达到客户的要求。”

从中可以得知，公司员工很难跟上稻盛的脚步，然而，稻盛同时也不乏自信：“前些日子参加经营者研讨会，没有哪家企业像京瓷这样朝气蓬勃、勇于开拓、锐意进取。不骄不躁，谦虚上进，必将达成目标。”

稻盛在讲这一席话时，生产一线又是怎样一幅情景呢？

时间或许稍有偏差，据奥村所言，不仅开会，无论什么场合，稻盛都不会顾及负责人或当事人的颜面，严厉追究到对方无地自容，心服口服：“明白了，会这样这样改进，以后会这样这样做……”从是否达成既定目标到出现问题时的处理，上述情形会发生在各种状况

1　野坂参三：(1892—1993) 日本政治家、共产主义者。

下。既成的事实稻盛不会唠叨不休，却极其注意引发问题的经过和当下的最佳解决方式。稻盛常说，老员工花了五六年时间培养的客户，不可因一次不像样的接待而将京瓷的好印象毁于一旦。因此，工作上决不允许偷闲偷懒，要求每一天都集中精力，全力以赴，步履不停。

这种严格要求并不局限于男人之间，车间基层的女员工也在厂里忙忙碌碌，连上厕所都掐着点儿，甚至哭着追究男员工责任的情形也不少见。

推进工作的时候，小组同事之间也会有争吵。如果没有守约，可不是轻飘飘地说一句“下次记好”便不了了之。一定会追问到底，直到对方意识到必须言而有信。小组同事之间也有买进卖出，每个人都会影响到单位时间价值，所以，一方追根究底，另一方也会尽力配合。

“偶尔迟一点又能怎么样？”“别胡说！”有时会因此而抓住对方前襟扭打起来。外人看来，这个公司车间里总在吵架——而这样的氛围已成为每日的常态。精进专一、拼搏进取——京瓷作风逐渐成形。

1967 年的经营方针中，稻盛预见到即将涌起的“彩电热潮”与工业电子机器的发展，必然会导致工作量增多，而如何降低成本日益成为最大的竞争焦点。同时，他断言，公司即将“破除壁垒”。

具体而言，资本金 4000 万日元、员工三百余名，这是中小企业的极限（此时京瓷资本金为 5500 万日元，员工 460 名）。当时，京瓷站上了中小企业迈向骨干企业的起跑点。骨干企业的世界与迄今为止所处的世界不可同日而语，必须开创新途径，否则无法“破除壁垒”，这就像将加法运算转换为乘法运算，甚至变动更为剧烈。

稻盛所谓“迈向骨干企业的起跑点”，其标志是 1968 年公司荣获的第一届中小企业研究中心奖。该中心董事长岩佐凯实也是富士银行的行长。由工业技术院、科学技术厅、专利厅、中小企业厅等相关政府机构共同推荐，以昭和电工社长安西正夫为委员长，日本经济新闻社长圆城寺次郎、日刊工业新闻社长白井十四雄（均为当时职务）等为委员的审查委员会经过甄选，在技术开发、流通改善、经营管理等综合方面表现优异、资本金两亿日元以下的优秀中小企业中，五家公司荣获该奖项，京瓷名列其中。

当年富士银行经营咨询所发行的《经营之屋》如此介绍创业后的京瓷公司："发展一帆风顺，创办 10 年，资本金达 8000 万日元。销售额、设备、员工数均增长 20 倍。"从这一时期起，京瓷如同宿命一般的历程开始了。外界仅从公布的数据来捕捉公司的发展轨迹，只要数字有所上涨，京瓷便会广受赞誉。

现任审计监察的青山政次曾说，1972 年稻盛出任社长之后，公司的性质与机能不断变化。这可以概括为"流动之上的稳定发展"。面对《经营之屋》记者的采访，稻盛的言谈之中也不时地提及：

"稳定即停滞。我们公司时常处于变化之中，不会一年半载毫无动静。职务也常变更。换言之，业绩稳定，为此，组织必须时常流动。"

京瓷创办第五年，即 1964 年 6 月，公司接受通产省矿工业技术实验研究补助金 550 万日元。稻盛常说如果获了什么奖，奖金用来大家一起喝酒庆祝。获得中小企业研究中心奖 100 万日元时，他拿出一部分奖金，用来复印奖状，送给员工和家人，余下的钱喝了几回酒，结果奖金竟不够花。

若干年后，获奖的五家公司相聚开会，有人提问"奖金怎么花的"。回答多为存银行、充当研究开发经费等，精神可嘉，唯稻盛一人答道："全都喝光了。"结果遭到批评说："不知轻重！"然而，对稻盛而言，这是奖励平日辛劳的"上天的馈赠"。

当时正值聚会最流行的时期，奖金为员工而花，喝得值得。同时，他也带着一种自负，认为经营上并不依赖这笔钱。

而京瓷的发展印证了稻盛的自负，甚至可以说，正是这股自信的力量支撑起京瓷的发展。然而，世界经济风云变幻，之后的形势遽变令稻盛几乎担忧不已。

荣获中心奖那年，刚入正月，美国约翰逊总统提出“美元防卫政策”，为全球经济不景气火上浇油。在这一背景下，稻盛发布了 1968 年度的经营方针。此时，他预感到，倘若越南战争在数月内终结，那很可能会引发经济恐慌等状况。

这体现出稻盛在思考日后发展时一贯的保守心理。当事业向前推进时，稻盛总会提防着最恶劣的局面，这种习惯，稻盛比作“在相扑台正中央发力”。

换言之，做好情况恶化时的心理准备，倘若结果不致如此，那么超出的部分便是盈余。为防止最恶劣的局面出现，就要努力消灭次品，实现无退货，优化核算方式，强化企业机制。如此一来，即便因经济萧条导致销售额增长停滞或迟缓，也能领先于其他企业。稻盛认为，经济不景气正是拉大与其他企业差距的机会。这种想法其后他也屡次重提。

在 1968 年度的经营方针中，稻盛指出公司内部的两大问题：其一，违反未成年人及女员工的加班法规。在制造部门，车间责任人负责技术和工程管理，而劳务管理则交给了劳务部门承担。稻盛反思这种“将技术能人等同于优秀管理者”“平日倡导着同心协力，实际上基层员工与干部之间却存在巨大的隔阂，不容忽视”的错误倾向。后来，稻盛常找机会向员工阐述“领导者的行事准则”。

其二，与去年一样，干部的成长速度不尽如人意。对此，他提出“不符合岗位要求的干部可予以降级”的方针。

于是，京瓷采取了事业部制度。

这一年，美国TI（德州仪器）公司需要使用用于宇宙通信机的零部件（抗阻镁橄榄石棒），结果发现美国与西德公司的产品均不合格，于是只能向京瓷采购，这一事件加强了稻盛自信心。10月，一直悬而未决的驻美办事处在洛杉矶成立，它成为进驻海外市场的桥头堡。

成立京瓷国际

前文曾提及，原本极东贸易负责京瓷产品的出口事宜，1964年，稻盛与上西赴美时深感难以将产品销售委托给极东贸易，根本无法取得良好的销售效果。可公司改变代理商社，转交丸红商社后依然进展不利，所以公司决定直接负责销售。于是，1967年年末，一名员工派驻纽约，办事处设在丸红内。然而，市场开拓极其艰难，驻外员工不分昼夜地工作，患上了糖尿病，再加上轻微的神经衰弱，泣不成声地给上西打电话，说想回京都。

结果，第二年，即1968年8月，上西与梅村正庆二人抵达洛杉矶。公司禁止梅村三个月内说日语，而梅村却并不懂英语。上西并非特意带梅村来美国的，只是京瓷公司当时只能派出此人。他们住在便宜旅店，里面老人很多，像一所养老院。不懂英语又不能讲日语，梅村有时伏在桌上放声大哭，上西虽然心生怜悯，却也无可奈何。

12月，京瓷在TI、摩托罗拉、飞兆等美国半导体厂商云集的硅谷设立了办事处。

1969年7月，当地法人京瓷国际股份有限公司（KII）成立。公司位于加利福尼亚北部森尼韦尔，占地面积仅有37平方米，周围被樱桃果园重重包围，人烟稀少。如今该地区已成为美国最大的半导体业中心。

上西出任KII的副社长（社长为稻盛）兼销售部长、顾客服务股长；梅村负责船运、交货、销售和质保，还担任会计——推开客户公司的正门去推销、推开后门去交货。两人恨不得“一天工作25小时”，日复一日。

1970年秋，飞兆前来商议，希望京瓷买下一家赤字的圣地亚哥工厂。原因是，该厂制造IC（集成电路）使用陶瓷组件，但因生产效率低下，无法与京瓷的产品相抗衡。

当时，稻盛还没有明确的海外战略，去美国走访推销，最初动机不过是——如果美国厂商有意下订单的话，那么完全瞧不上我们的日本厂商应该也会来采购。

于是稻盛婉言谢绝道："我们公司现在是致力于出口的阶段，没有在当地生产的打算。"多次回绝后，稻盛心想，不妨亲自去工厂看一看。他走马观花地参观了一遍，是一家死气沉沉的工厂。

“人心涣散，毫无精气神！”

他不由得脱口而出："交给我的话，一定会大变样！"出售价格由最初的70万美元直降至34万美元，并谈妥，最初两三年能够拿到维持工厂正常运营的订货量。而且，美国也呈现出限制进口的动向，于是稻盛决定收购。

这是1971年。这一年，京瓷公司在大阪证券交易所二部和京都证券交易所上市，同时将总公司办公室迁到京都。京瓷一时崭露头角，备受瞩目。然而，在此之前，却有一个必须逾越的关卡，那就是成立工会的问题。在谈论这个问题之前，笔者在本章先交代一下稻盛奖学金的设立情况。

水是故乡清

1969年1月15日，在距离两个半月将会迎来公司创业十周年之际，滋贺工厂所在的蒲生町的朝樱中学礼堂里，面对着当地的中小学生，稻盛引吭高歌，唱起了初级小学音乐课本中的《故乡》，歌声回荡。

追兔子玩耍的那座山，钓小鱼嬉戏的那条溪，如今又入梦境，不能忘怀是故乡；

双亲日子过得如何，朋友是否别来无恙，风雨迷离之中，不禁惦念起故乡；

但愿有朝一日，他乡得志，荣归故里，回到青山绿水我故乡……

1968 年 11 月，稻盛向町内捐赠 100 万日元为蒲生町小学（二校）和初中（一校）购置 3 台三角钢琴，又捐赠 100 万日元为升入高中的初中生设立奖学金，共计 200 万日元。町议会议员、学校教职员工以及学生约 1000 人参加了捐赠仪式。

稻盛对面前的中小学生说道：“我出身并生长于九州的贫寒之家，虽然来到了京都，却总会回想起生我、养我的故乡山川，心里涌起无尽的感恩之情。工作辛苦、苦闷时，我一个人来到原野上，唱着幼年在故乡学会的歌来鼓励自己，快要崩溃的情绪从而得以振作起来，继续拼搏。”随后，他唱起了《故乡》。自 1955 年离开鹿儿岛，这是时隔 14 年的深情演唱。

十日后，即 1 月 25 日，鹿儿岛大学工学部稻盛奖学金 300 万日元的捐赠仪式在鹿儿岛市内的城山观光宾馆举行。前一日召开了记者招待会，当日电视新闻进行了报道；第二天，各大报纸均以《勤工俭学的青年社长馈赠乡亲》《青年社长报答养育之恩》《向曾经苦读的母校捐赠奖学金》等为题刊登了新闻。1944 年从西田小学毕业的同学们看到电视后，也都吃了一惊：“咦，那不是大头稻盛吗？”“原来是和夫！”

于是，一番打听、联络，两天后，即26日（星期日），“欢迎稻盛衣锦还乡”的聚会在祇园之洲的梅园餐厅举办，九人出席，并赠送“萨摩烧”瓷器作为纪念。据出席者说，稻盛“边哭边笑”，喜不自禁。

共同创业的同志们也一起出席了捐赠仪式，顺便参观了鹿儿岛。来到稻盛家中。母亲姬美亲手做了饭菜款待众人，之后，长兄利则、叔叔兼一陪同，大家一起去了天文馆路。

利则向冈川健一说道：“有你们在，我也放心了，弟弟就拜托你们了！”冈川忙不迭地答道：“我由衷地钦佩社长，社长说什么我都会尽全力办到。本人三生有幸！”二人感极而泣，搂着肩膀在天文馆路上一同前行。

孤注一掷与君子豹变之章

工会的诞生

上西与梅村在硅谷设立办事处后，为筹建KII，稻盛在社长办公室下坂博信的陪同下在美逗留。其时，公司发来一通电报称，将组建工会。

1963年，滋贺工厂第一栋厂房竣工。滋贺县内有多家大型纤维企业的下属工厂，遵照全纤同盟[1]“打入非纤维领域”的运动方针，他们频频在京瓷滋贺工厂门前散发传单，借以施压，促使公司组建工会。

公司员工对此的反应并无确切资料可查，难以忠实再现。创业当年进入公司的川口孝说道：“工会就是发牢骚的地方！有什么怨言，别闷在心里，说出来就行，无非这种用途。一肚子不满怎么可能干好工作？公司也不至于听到几句抱怨就翻脸，京瓷向来希望大家敞开心扉。所以说，真不明白建什么工会！”较川口晚一年高中毕业进入公司的柴田五十二（“反稻盛之乱”参与者之一）也说：“建工会到底有

1　全纤同盟：全国纤维产业工会同盟的简称，成立于1946年，2002年合并为全国纤维化学食品流通服务工会同盟。

什么用？我感觉根本没这个必要。五六百名员工中，不乏有人支持这种观点，但也从没有明确表过态。组建工会来跟公司集体谈判，我们可不关心，无非给公司扣上剥削、扣钱之类的罪状！”恐怕当时员工的想法大同小异。

组建工会前，稻盛特意向公司员工发表了长篇声明，阐述自己对工会的态度。稻盛三思而后行后，确定了领导者必须明辨真正正确的方向！这篇声明中蕴含的稻盛思想轨迹一目了然。声明内容大致归纳如下：

长期以来，公司形成了独有的运作方式，没有组建工会。如果依照通常的社会观念，会判定我们是一家“出格”的公司。我一向认为，尽量不设工会为好。理由是，一般企业之所以难免发生纠纷，缘于公司与员工对“企业”本身的认识有偏差，双方存在着巨大的分歧。很多职工对“企业”缺乏了解。我常提醒新入职的员工：“钱绝非从天而降。”如果我们不自发地挣钱，合理分配，钱不会凭空而来。

然而，战后出现了一个不容忽视的现象。普通工薪阶层当中，很多人挥起“生存权”的大旗，对工作环境、薪资标准斤斤计较，却绝口不提个人在企业中应当履行的责任，贪图享乐，过分追求高水准生活。这种状况下，工会运动常常背离“与企业同甘苦、共荣辱”的本意。

因此，我一直以来的观念是，必须提高员工的思想道德水平，在他们与企业掌舵者想法达成一致前，最好不设工会。

原因何在？一旦工会成立，终日只顾琢磨如何涨工资，容易为一时的政治团体之流煽动。得过且过者拥有一张选票，良知之士同样也是一张选票。那么，目光短浅者、一味宣扬权利者，他们一而再、再而三地提出自己的主张，最终导致企业破产，此类事件也常有耳闻。

所以，我们在百忙之中不忘通过联欢会等途径与诸位对谈，希望如春风化雨一般进行思想沟通。那么，无论工会是否存在，“企业是生存基石”这一观念会顺理成章地成为共识。我们迄今为止为此而做的努力，却在社会上遭到扭曲，企业被扣上了“出格”的帽子。

社会普遍认为，没有工会即不民主，实则不然。这个社会，动辄因为这般非得那般，纷扰难息。人世间有耳目一新的活法。我们何必局限于战后美国占领期间制定的“劳动三法”[1]，踏踏实实地过好这一生，应当另辟蹊径。

我们公司一直以来推行京瓷特有的工作方式，采用“单位时间价值”法，以欧美水准的高工资作为目标，兢兢业业，顽强拼搏至今。但是，即便获得了良好的利润，倘若当即返还给员工，企业将入不敷出，难以为继。因此，企业也有其道德规范，必须自我约束，维护当前秩序。

我听闻，公司内部有些员工满腹牢骚。与此同时，现阶段革新派势力渐长，在京瓷组建工会的呼声很高，外界也在积极活动，这些我们都看在眼里。

我并非像外界传言，拒绝成立工会，而是一贯将我们之间的信任与对话当作理想，衷心为每一名员工谋幸福，不希望只有通过工会才能对话。况且，倘若员工将自身的发展和京瓷的繁荣放在心上，那么，何须工会？

再者，外部环境动荡。明年，即1970年安保[2]到期，政治斗争、劳资对立时有发生。一旦京瓷掀起类似事件，我们的客户，如显像管厂商，会因京瓷绝缘子延期交货而停产。自此之后，他们不会再向京

1　劳动三法：指战后初期美国占领当局发布的劳工问题相关立法，包括《工会法》《劳动关系调整法》和《劳动基准法》，是日本战后民主改革的主要内容之一。

2　安保：指1951年9月8日签订的《日美安全保障条约》。

瓷订货，为防止过分依赖京瓷一家公司而导致自身危机，转而寻求其他供应商。此外，海外客户隔着太平洋，运输条件不利，对交货期有严苛的规定。因此，如果因工会问题发生大规模纠纷，客户会避之不及。

京瓷这艘小船出海远航，正向着大企业的目标蓬勃发展。倘若对公司状况毫无认知，每天按部就班地来上班，稍有不满便闹得沸沸扬扬，全然不懂企业的处境及战略规划，不分青红皂白——工会如果聚拢了这帮人，谈何平等协商？

正因如此，为了让更多人心中有数，一有机会我便会公布京瓷目前的经营状况。我也总说，如果希望在本企业内谋求幸福，那么，也必须为此而尽一份力。值得欣慰的是，能够予以理解的人越来越多。

那么，即便不设工会也并无大碍。但了解到外界风起云涌的现实状况，我斟酌再三。工会，即宪法、劳动法所倡导的劳动者的团结权，原本并无意去否定。问题是，一部分人犟着劲非组建工会不可，而外界团体借机煽风点火，渗透势力。大多数员工不至于轻易上当。究竟谁真正为大家谋幸福，想必诸位心知肚明。

话说回来，要求组建工会的人同样是我的员工。俗话说，龙生九子，各有不同。虽有不孝子孙，叛逆无知，但我既然答应为全体员工谋幸福，那么，同样必须帮助他们得偿所愿。

此外，在外界的煽动下，必然会有一部分人私底下组建工会，明白事理的同事恐怕会愤愤不平。对此，我深表遗憾——并非针对“组建工会”这一行为，而是出于他们没有理解我长久以来苦口婆心的劝导。

如果事态发展成这样，公司内部低头不见抬头见的同事会分裂为两大派别，一派深明公司运作的根基，另一派则不然。我所珍视的员工集体产生龃龉，势不两立，何其悲哀！倘若非组建工会不可，不如像怀胎生子一般，产下一个正常的孩子，岂不更好？迄今为止，并没有打算“不设工会”，而是员工必须真正地与企业同甘共苦，决不允许心怀鬼胎的人混迹其中，煽动心思单纯的员工，将企业斥为“恶人”，恶化双方关系，毁坏我们的前途！

然而，也不可因此意气用事，带着偏见孤立希望组建工会的人。对他们更要大度包容，体贴关怀，以此感化一个“闹别扭的孩子”。不组建工会誓不罢休的话，不如坦坦荡荡地行动，冰释前嫌。为此，需要付出前所未有的勇气与斗志，将不明事理的同事培养成并肩战斗的伙伴。

某些外界团体来公司门口散发传单，用扩音器叫嚣着什么各位员工，为了京瓷的民主化奋起抗争……他们这番言论何凭何据？来到一个上下一心、勤奋工作的地方说三道四，谁给了他们这个权利？敝人大为不解！

绝对不是忍气吞声，不敢与这帮外人针锋相对。针锋相对，目的不在于“赢”。表面看来我们落败，而孰胜孰败并不能解决问题。虽说只是少部分人，但同为京瓷员工，既然是他们的愿望，不如我们兄弟姐妹们齐心协力，将不懂事的这一两位弟兄培养成为正直善良之辈，诸位意下如何？

我絮絮叨叨地说到现在，解释“什么是为全体员工谋幸福”。今后组建而成的工会，绝非不是“御用工会”，不会唯公司之命是从，要培养成一个能与企业同甘共苦的工会。我们要为这一目标而战，现在，发令枪已经响起！我正是出于这种想法才从美国赶了回来。

前些日子，我与某工会运动的领导人见面，对他说，你们煞有介事地说我们企业管理者对工人而言是妖魔鬼怪，而你们是工人的救世主，实质上你们时不时地挑起斗争，结果导致公司破产。听了此话，对方答道，恕我直言，我们并不是基于慈善或者人道主义，作为鼓舞工人运动进一步深化的战略，一两家公司倒闭又有什么关系……

“最好不设工会”这种说法，并非因为我们的领导干部铺张浪费或消极怠工，抑或是出于领导干部自私自利的牢骚。倘若他们吊儿郎当，吃喝玩乐，从而不希望存在工会，那么必然引发纠纷。然而，事实并非如此。有一部分人希望组建工会，我虽然为之痛惜，却也不失为一件好事。不如以此为契机，从今往后采用新方法。既然社会对公司有所要求，那么，我认为，这正是上天赐予我们的一次转机。

外界叫嚣难平，对此，我们并没有妥协。在这一时机，沉着应对，冷静判断，不可留下祸患。

最终，1969 年 9 月，京都陶瓷工会诞生，并加入全纤同盟。

一着险棋：LSI 组件

1970 年是日本经济的转折之年，而稻盛也经历了一场冒险。

下半年起，持续四年之久的经济繁荣状况转向萧条，企业的设备投资作为此前高速发展与消费的支柱，也趋于低迷。9 月，经济企划厅公布的一项法人企业投资预测调查显示，资本金 1 亿日元（京瓷为 3.6 亿多日元）以上的企业，其 1970 年度下半年的设备投资计划比上半年仅增长 1.4%，而上半年同比增长 8.1%，相较之下大幅减缓。9 月的决算报告表明，1965 年 9 月以来，制造业时隔十个财政决算年度后首次呈现出利润下滑的局面。日本经济整体衰退的大潮中，稻盛铤而走险，决定在开发研制时间不足的情况下将 LSI（大规模集成电路）组件量产化，大胆果断地进行设备投资，以至于美国同行业者频频传言：“京瓷之前一帆风顺，这下算是敲响了丧钟。”

该组件的开发始于 1968 年。为了实现量产，于 1969 年在川内工厂（鹿儿岛县川内市，1969年建成）进行设备投资。1968年度全公司的设备投资总额约6.58亿日元，其中向川内工厂投资4000多万日元，仅占6%；而1969年度，总投资额为13.45亿日元，其中川内占32.1%，为4.33亿日元，与上一年度相比，全公司增加的6.87亿日元投资中，川内占57%（川内工厂的设备投资几乎全部用于生产LSI组件）。

此外，1970年4月至9月，总投资额16.74亿日元，其中川内占42.9%，为7.19亿日元；到1971年3月，总投资额18.49亿日元，其中川内占40%，为7.5亿日元。

从员工数量来看，1968年京瓷公司总人数为530名，川内工厂建成的1969年总人数为850名，而1970年增长至1260名。1969年至1970年间增长的410名员工之中，350名是特为川内工厂的组件生产而增招的。

该陶瓷积层组件的开发始于1968年，即荣获中小企业研究中心奖并设立驻美办事处的那一年，源自飞兆公司的委托。

当时，IC外壳封装组件的主要材料是玻璃或金属，少部分使用陶瓷，但因无法完全真空密封或者不耐热等问题，上述材料均无法实现IC完全封装，妨碍了IC的开发进程。而陶瓷原料之一的氧化铝经过高温烧固后耐热性强，同时极其耐酸、耐碱，美国企业也在利用氧化铝这一特性研制IC的完全封装技术。当时，飞兆公司正计划开发高等级IC，于是委托京瓷公司。青山令道等三人立即飞赴美国，约定三个月的开发期限后返回日本。该产品是在1英寸（约25.4mm）见方的陶瓷片上堆叠多个IC芯片的多层构造。当时，京瓷从无多层技术及其生产的经验。

“三个月……”

能否在期限内开发成功，青山并没有绝对的把握，但他认为，如果能把研制任务与在烧结的陶瓷上安装焊接电路的金属喷镀、电镀、覆铅等技术相结合的话，那么就“能行！”

创业第二年进入公司的青山当时36岁（与稻盛同龄），他带领几名二三十岁的员工进行研制开发。早晨坐在办公桌前，不知不觉已经工作到夜里9点多。废寝忘食地坚持到第二个月，最初的产品样本完成。约定时间未到，带去数十件产品，飞兆公司似乎原本并没有抱太大希望，甚为震惊。

至于三个月的期限约定，青山他们也是考虑到美国厂商已经处于试制阶段，想要满足飞兆的要求，只能在短时间内决一胜负。谁知，费了一番苦心，飞兆却终止了该组件配套的IC本身的生产计划。其理由不明，据青山推测，恐怕是因为当时开始从IC向LSI生产转换。

青山等人这项工作的花费是飞兆当时所支付开发费用的几十倍，不能就此作罢。同时他们也预计到，在陶瓷片上多层布线、共同烧制，这种方法生产出的组件也可用于LSI。这一点从KII的上西传来的信息中也得到了证实。

1969年暑期，稻盛一家在若狭[1]海滨度假时，上西给稻盛打来国际电话。在当时，往稻盛度假的村里打国际长途是前所未有的事情，而接到上西电话的稻盛顿时神情紧张，吩咐同行的秘书下坂取纸笔。下坂急急忙忙递过来记事本，只见他用红色圆珠笔笃笃笃地写着什么。原来，安迈公司（AMI）需要大批LSI用组件，前来订货。上西心知，能否接下这笔订单事关重大，特向稻盛寻求决断。

半导体业界有“末端效应”的说法。半导体生产商将产品销售给设备组装厂，再由其转售给终端用户——电子计算机厂商。那么，电子计算机厂商生产上稍有增减，如同牵一发而动全身，会给处于末端

1　若狭：日本地名，在福井县内。

的半导体厂商带来巨大的生产变动，而半导体厂商对组件的需求也随之急遽增减。因此，在技术革新迅速的电子零件业，交货期很短。需求幅度激烈振荡，仅仅三个月前必不可少的配件，三个月后可能已经废弃。更迭突飞猛进，稀松平常，而京瓷公司这样的组件供应商通常会怯于设备投资。

美国业界同样对巨额投资踌躇再三。如果仅考虑维持企业的可靠运转，一般企业会根据自身的节奏来安排生产，对那些需求量随时可能降为零的产品，不轻易接下额外的订单。而稻盛却打破了这一业界常规，投资川内工厂，以应对增加的订单量，即便明天便不再有人订货。虽说有时会设备闲置，京瓷仍然答应了半导体公司的要求。此外，需求反复上下波动，需求量本身却在增加。因为订货方不会选择那些只考虑自身企业安危，而按照自己工作节奏的厂商订货，于是订单都集中到了京瓷公司。这一来，市场占有额上升，而市场需求之大远超稻盛和青山的预期。

然而，与此同时，由于技术尚未成熟，次品很多，川内工厂自1970年1月以来连续赤字。但稻盛毅然决然投入资金、打算背水一战，其实内心不无忧虑。他常从京都飞往川内，当时每回都住在鹿儿岛的父母家，从那里往返川内。每次回家都如同梦呓一般自言自语，嘟囔着本月亏损2000万日元、3000万日元之类，畩市和姬美也随之忧心忡忡。暂且不论每月亏损多少金额，从委托他人在京都建设工厂开始，每当听说进展顺利，他很是惊喜。在滋贺建成大型工厂后，他仍不安于现状，又在鹿儿岛县内投资建厂。虽说这回同样没操什么心，却也砸进了上亿资金，每次回家免不了提及“赤字，赤字”。

听稻盛说和公司的人聚会，喝到深夜，父母很是担心他的身体——何必折腾到赤字的地步，自找苦吃呢？

稻盛一边扛下双亲的忧虑，一边激励滋贺工厂的同事们。为了研制成功新产品，现在不拼命更待何时？当年12月，川内的组件生产终于扭亏为盈，预计翌年、即1971年4月可实现当初月产100万件的目标。决定在川内生产组件时，已经制定了月产目标。而之前无论购置多么不起眼的设备都必须亲自审批的稻盛，唯独在该组件的生产设备上对青山说："随你买，用不着向我一一汇报。"

1971年的经营方针几乎都与该多层组件相关。虽然稻盛对经营方针很有自信，但当时LSI组件的需求商——电子计算机业界竞争过度激烈，这导致各厂家之间掀起了价格战。与此同时，塑料组件兴起。如果不将京瓷组件降至半价，恐怕不会有人来订购。事态如此发展，川内工厂的设备和人员很可能再无用武之地。

"只要提高多层组件的成品率，将永远不会过时。必须彻底降低价格，称霸世界市场！有客户略带醋意地在国内外放言称，'组件大获成功真不简单！不过，今后要转向塑料组件了。'我倒并不是说非陶瓷不可，大趋势会是陶瓷与塑料相结合，不会一头倒地转向塑料。

"资本自由化的过程中，通产省最关心与信息机器产业密不可分的IC、LSI，举国上下抵御外国资本的入侵。其中，名不见经传的京瓷公司不靠外界支持，自行研制成功，而且，京瓷还把这项技术提供给通产省严加防范的外国企业使用。与此同时，去年秋天开始的日本LSI产业方兴未艾，而我们能够立即向他们供货，LSI厂商不必再为该组件的生产大费周章。其实，美国的LSI厂商一直为此煞费苦心，我们也是不厌其烦地反复研制、生产，期间经历过各种问题。

"如今，日本厂商只要LSI芯片开发成功，就能使用我们的组件，生产出与国外厂商同样性能的产品。该组件是1970年度日本产业界划时代的产品，开发已有两年、量产化一年，迄今为止投入了无数精力，付出了大量心血，我们信心百倍！"

京瓷无愧于这份傲然，公司凭借该组件荣获1972年大河内纪念生产特等奖、1974 年科学技术厅长官奖。大河内奖是为纪念 1878 年出生的科学家、理研化学研究所所长大河内正敏的功绩而设，意在表彰生产工程相关研究、生产技术相关发明和设计、实施大规模生产方式等方面的成果，由大河内纪念奖、技术奖、生产特等奖、生产奖四部分组成。

参与此次奖项评选，也是有意识地将公司形象从挣钱能手、“赚得盆满钵满的京瓷”向“技术京瓷”转变。

审查包括文件和现场（川内工厂）调查，由奖项候选企事业单位听证，经过全体审查员投票决定，1972 年 3 月，京瓷凭借“大规模集成电路用多层陶瓷组件的开发”荣获第 18 届（1971 年度）大河内纪念生产特等奖——这是面向企事业单位的最高奖项。财团法人大河内纪念会时任会长石坂泰三向稻盛宣读奖状，稻盛神情严肃，微微低头躬身，这张照片登载于京瓷公司内刊《敬天爱人》的头版头条，报道题目为“艰难困苦，玉汝于成”。

当年发行的经济类杂志介绍京瓷公司时，称其“凭借技术优势铤而走险”。几名从未听说过“京都ceramic”的大学生读到报纸上颁发大河内奖的新闻，不久便进入京瓷公司工作。

该组件的成功有力地打破了 1971 年惨淡的经济局势。其后，IBM电子计算机存储器的生产全部转用京瓷产品，美国一众电子工业厂商紧随其后，而原本说着“敲响丧钟”之类风凉话的美国同行业者顿时被京瓷远远地抛在身后，无论如何也追赶不上了。

首度效益下滑

1971 年，LSI组件抓住时机，在经济不景气的状况下依然销路旺盛，却仍然无法阻止整体上每况愈下的趋势。当年 2 月召开的生产销售会议上，稻盛再次提及，致力于提高成品率，杜绝浪费，减少加班。他同时指出，各事业部门部长一听说“不景气”便六神无主，导致业绩恶化程度远远低于当时实际形势下应有的水平，必须跳脱出“单纯制造产品”的固有思路。一言以蔽之，要从企业的生产者转变为经营管理者。

“所谓经营管理，除制造、销售、劳务外，还必须进行新技术的开发和新产品的研制，而很多事业部门的部长却以为，只要生产上达到收支平衡即可，从不主动争取订单，仅靠向营业部门支付 10%的劳务费，请其代劳负责承接订单。即便如此，如果摊上难度大的工作，还会抱怨不止。但是，倘若是当成自身经营的事业，不管完成订单是否存在难度，只要提供当前市场需求的相关信息，就必须表示感谢。思路局限于生产制造，不愿亲手开辟市场，一旦经济开始走下坡路，定然束手无策。在产品价格下跌、预计可能亏损的情况下，必须自行判断是否应该承接订单。

“例如，有一位客人上门来，想以 100 日元的价格买单价 300 日元的IC组件，思来想去不敢应允。因为仅从当下的技术水平进行判断，认为无法通过自身的劳动与努力来完成。这种心态之下，谈何发展新技术？如果按这种模式管理公司，哪会有今天的京瓷？

“此前我忙于国内奔波，又去了国外，听营业部门说，你们像陀螺一样，不抽不转，下了命令才肯生产某种产品。这种被动态度虽然也能完成任务，公司却裹足不前。”

稻盛这番讲话点明，必须培养生产制造部门人员开发新技术、开拓新市场的意识。其中提到，不可以目前的技术水平来判断能否完成任务，正如稻盛一有机会便告诫员工说：“着眼于未来，以发展的眼光看待自己的能力！”这一原则已在京瓷公司成为共识，但贯彻于实践却难上加难。

自身的技术在几个月后（并非以年计算）将达到何种水平，对此进行负责任的预测，着实是一桩考验。这意味着必须敢作敢当，若无大智大勇，断然畏缩不前。不知能否兑现，却大胆承诺，不只因为有勇气，连所需的时限都能言中，真如奇迹一般。现阶段无能为力的事情，如同赶鸭子上架一般，任谁都会踌躇。本可以保守地回绝，说超出了现有的能力，但一而再、再而三地退缩，必难成大器；也有人会避免因拒绝而惹怒对方，所以回答尽力而为，实则六神无主。既“不能哭”又“不敢跳”，在进退两难的境地中寻求突破，其背后坚定而卓越的精神力量，正是在经济衰退的大环境下稻盛对管理者的要求。

另一方面，公司面临创立以来首度效益下滑的局面，却依然答应了工会的加薪请求，甚至承诺增加涨幅。这一年，加薪的妥协协议达成后，大型钢铁企业人均月平均工资达到7520日元，大型电机企业人均月工资达到8619日元。京瓷工会提出人均月工资8360日元的要求，而稻盛却承诺人均月工资10500日元。1970年9月京瓷公司的销售额为（括号内是净利润）35.7亿日元（7.6亿日元），而1971年3月减至34.3亿日元（5.9亿日元），这一状况下稻盛承诺大幅加薪，无外乎清醒地认识到，日本的薪资水准正逐步追赶欧美。因此，在对本次工会请求进行回应之际，稻盛贯彻了这一经营思路。

某家电机公司当初曾因高额的新入职员工工资和提薪奖励等举措屡屡引发热议。而当时决算报告却显示，战后高速增长期结束，这家公司的利润仅在1亿日元左右徘徊，若扣除出售土地等所得，实质处于亏损状态，前一年度的决算也是赤字，因此公司无法答应与其他公司同等水平的加薪要求，曾经的“劳资蜜月”关系阴云密布，工会成立并发起了为期一个月的罢工。对稻盛而言，这种状况实在不合情理。员工长期受公司恩泽，患难之际理所当然出手相助，岂非人之常情？就此，稻盛向员工说了下面这席话：

销售额与利润及员工人数的变化表(1966—1971 年)

	销售额(千日元)	利润(千日元)	员工(月平均 / 人)
1966 年	643 510	102 089	341
1967 年	1 043 653	114 122	462
1968 年	1 921 443	302 249	535
1969 年	4 419 100	930 467	855
1970 年	7 002 172	1 343 710	1265
1971 年	6 852 098	1 142 256	1274

“这家公司的员工真像个富家少爷。父亲偶有成功，赚了高额薪水，孩子想买什么都能满足。而即便买来同样的玩具，贫寒之家长大的孩子深知父亲辛苦劳碌，母亲打零工来补贴家用，来之不易，哪怕有所不满，也能体谅双亲，甘愿忍受。然而，宠大的孩子只知撒泼耍赖，任性而为，对双亲出言不逊，不达目的不罢休。这家公司培养员工的方法不正如出一辙？

“效益好、工资高的时候没有警示员工，年景有好也有坏，钱通过勤奋工作辛苦赚来。假如大家认可这一点，根本不会斤斤计较乃至你争我夺，一定谨记‘共同分配’的信念，由此计算自己应得的报酬。战后发展态势良好，仅此一回无法像其他公司一样加薪，员工竟不顾公司的亏损状况，胡搅蛮缠，甚至罢工。这样的公司，发展的时候一帆风顺，衰落的时候可谓一泻千里。

“我们不愿落入这种悲惨境地，一路走到今天。然而，无论如何拼搏，总会遇到时运不济。那种时刻，我希望，我们这些人都怀抱着对明天的希望，努力不辍。倘若彼此憎恶，心生怨恨，有违我们的初衷，公司也并无存在的必要。”

说完，他对员工提出要求，本轮加薪需要每月 3000 万日元资金，必须增加销售额，然而经济不景气的条件下并不容易实现，唯有通过努力，同一时间内原本生产10件产品，现在争取增加到12或13件。稻盛还叮嘱道，有朝一日无论如何也不能与其他公司同等加薪时，希望你们能够体谅忍耐，不知到时会不会安慰我说："社长不用担心，既然大家齐心协力发展到今天，再加一把劲，一定能挽回业绩，到时再加薪也不迟！"这一刻，稻盛似乎有某种先见之明，因为四年后，他向工会提议，暂停加薪。

回应当年夏季奖金时，他又以上述公司为例，希望员工："个人与公司一样，手头宽裕时可以扩大家庭开支，同时不忘存钱，以备不时之需。居安思危，不要乱花钱！"从中可以了解，稻盛的经营思想扎根于鹿儿岛时代的生活经历，源自本分百姓的认知。

随即8月，尼克松不期然地发表了美元防卫声明。

1970年，日本国家财政收支黑字，盈余24亿美元，位居各国之首，外汇储备额也由1967年的20亿美元上下提高到创纪录的55亿美元，国内外舆论日趋反应激烈，认为日元汇率过低。受尼克松提出的"停止美元兑换"和"征收进口附加税"两大方针的影响，日元对美元汇率升值16.88%，1美元兑换308日元，告别1949年迄今的360日元，日元兑换美元的汇率跨入了崭新时代。

对此，稻盛谈道："不论以前的汇率让我们损失了多少，事已至此，必须彻底忘记，转换思路，按照扣除16%的比率来考虑当前的价格问题。那么，还需要几个月能生产出与该价格相匹配的产品？"这与"税金不作为扣除的份额却计算入经费开支"的思路一脉相承。

如此这般，京瓷公司在大阪证券交易所二部正式上市。

二部上市——从乡间到中央赛马场

同年 10 月，京瓷公司在大阪证券交易所二部和京都证券交易所上市。自 1959 年创业以来，京瓷已经走过了 12 年多的历程。

此时，稻盛思绪万千。

战后的露天教室、焦土、黑市，在熊本车站被流浪儿夺走珍贵的饭团……那一时期正是日本企业马拉松长跑的起点，战前的财阀企业、新晋公司、黑市暴发户同时起步。而学生时代成绩拔尖的乡下男孩躲在一旁远远观望，竟身不由己地推到了风口浪尖，出人意料地加入了这场竞赛。

这个年轻人就这么穿上打补丁的胶底布鞋，扎起头巾，开跑了。从没有跑过 42.195 公里[1]，也不知道该以多大马力来迈步。然而，同伴已领先 14 分钟（14 年），必须急起直追。跑着跑着，布鞋破了，干脆赤着脚，指甲剥落，脚尖流血，即便如此，依旧没命地往前赶，不愿输得难看。

这也可用“登山”作比。倘若沿着山脊线攀登，分不清是平地还是坡道，感觉不到阻力，不知不觉已经登顶。然而，稻盛走的这段路程险峻陡峭，令人发憷，唯有自己壮着胆打头阵，往上攀登。途中必会有人掉队，自己只能不为所动，将剩下的人拉扯上来。如此种种，无非为了早日将公司驶入安全地带。在只有滋贺工厂的时期，有一回，一位中层管理人员突然人间蒸发。此人向来勤勉忠厚，谁知某日半夜 12 点左右出了工厂却没有回家，下落不明。稻盛不知发生了什么事，正在担心，此人竟从鸟取或是广岛一个莫名其妙的地方打来了电话。于是稻盛命令他在原处等，随后把他接了回来。此类事件并不

1 42.195 公里：全程马拉松的赛程。

鲜见。还有员工因为一心扑在工作上，妻子打来电话诘问稻盛："你打算累死我丈夫吗？"

生产制造过程中，决不允许用橡皮擦去错误重写，失败的产品全部作废。如此一来，谁都不会容忍敷衍了事。一旦对此类事件睁一只眼闭一只眼，后果不堪设想，大家的日子都不好过，倒不如态度严厉却促成好结果，皆大欢喜。

稻盛认为，众人合力完成工作时，必须具备共同的认识基础，因此，一有机会他便会将自己的想法娓娓道来，喝酒的时候也不例外。举办新年联欢会的那段时间，连续一个星期、两个星期，每天晚上出席各部门的联欢会，边喝边聊，畅谈一夜。

旁人见他拼命工作的模样，私下议论道："那人是不是糊涂了，把马拉松错当成一百米赛跑了？这种跑法怎么可能坚持到最后？说不准什么时候就倒下了。"然而，他却专心比赛，适应了这种节奏，飞快撵上了前头的选手，一个接一个赶超过去。不久，这名选手吸引了第二集团（二部上市公司）的视线，啧啧称奇。而有心的证券公司对他们说，务必上市！如同马贩子相马，去地方上的乡间赛马场挑选能为自己赚钱的良驹，京瓷正是入得他法眼的那一匹。马贩子可不在乎马的意愿，只会没完没了地派它上场比赛。

1970 年，京瓷公司的年度销售额达 70 亿日元，资本金超过 3.6 亿日元，连不停追逐梦想的稻盛也不曾预料，自己公司的销售规模竟会成倍地增长。马贩子说着"现在已经是名企了"，卖弄各种手腕，以相利诱。稻盛考虑到，公司的股东除了包括自己在内的员工，还有西枝、交川等各位意气相投的伙伴，他们给予自己的理解和扶持，不计较成败得失。既然打定主意上场比赛，不论是泥跑道还是高级马场，都不能辜负购买马票的人们的期待，必须连战连胜，一路狂奔——肩上扛着这种宿命。一旦上场，不可服输。

“众目睽睽，众望所盼，唯有不惜一切地向前冲，真是压得人喘不上气来。”

慷慨悲壮之感油然而生。马贩子因为与自身利益密切相关，大肆宣传这匹马脚力不俗云云，蜂拥而至的赌徒们押下了赌注。虽说买马票是个人行为，但稻盛发自内心地认为，对竞赛结果负责是分内之事。公司创立时，对员工负起责任；员工增加后，对地区、社会以及员工家庭负起责任；上市之后对股东负起责任……几重责任累加，不堪重负。一旦落败，则辜负众望，况且，经营本不是一招定胜负，而是一场旷日持久战。

“能否一路走向辉煌？真是折磨人，不如别上市了。”

这种念头也曾一闪而过。上市可以提高京瓷的知名度，员工也会以公司为荣，优秀人才也会随之慕名而来。然而，作为代价，从今往后必须树立起新的责任意识，对购买公司股票的人们负责。

紧接着，马贩子又递上了一根胡萝卜。劝道：一旦上市，此前尚未在证券市场流通的股票便有了价值。股份公开后，如果每股 50 日元的股票卖出 400 日元，那么股东手中每股都会涨 8 倍，这也可回报创业以来摸爬滚打、吃苦耐劳的员工。

如果增资发行新股，溢价收益会全部归公司所有。股票上市一般采用也发行新股和公开持股两种方法。

一般情况下，上市公司的通常做法是出售所持股份，作为股东的员工们摇身一变成为“富翁”。稻盛面临多种选择，却毫不犹豫地决定发行新股。稻盛本人虽然是大股东，但做出这一决断时，并没有一点私心杂念，却是代表公司做出选择——为公司注资。以创业第二年的逃税事件为契机，稻盛从那时起下定决心，自己代表公司为公司注入血液（增加内部储备金），至今从未动摇。

“人一有钱就会心满意足，产生惰性，不愿工作。这和运动是一个道理，如饥似渴才有动力。”

对稻盛而言，公司上市并不是扬名立万的捷径，而是肩负重托，伴随着为实现股东期许而奋不顾身的悲壮感。稻盛从自身做起，不容许包括自己在内的员工股东安于现状，而是选择了一条激发企业自身活力的道路。

将公司利益与经营管理者的个人利益放在天平的两端，必须侧重于前者，对稻盛而言，这是自明之理。

10 月 10 日，在滋贺工厂举办了庄严的庆祝会，会场上燃起了壮观的篝火。稻盛发言道：“一直以来，我们的经营管理是为诸位及家人谋求幸福，从今往后，也要对外界支持我们的广大投资者负起责任。”

售出股价定为一股 400 日元，这是证券公司的估价，而稻盛自己也认为尽可能低估为宜。站在“对素昧平生的股东负责”的立场上，稻盛的推断正确无疑。回想起来，其后涨至三千多日元一股的日本最高股价，竟源自上市时“尽可能低”的指导思想。

这与养育子女道理相通，“出生时小，越养越大”，或者也可称为“无欲似大欲”。

当今的证券市场，企业上市时无一例外地拔高股价，之前漂亮的业绩上升曲线，在上市后也减缓甚至停滞，股价从而跌落。究其原因，无外乎经营管理者和员工都松懈下来，而广大投资者以极高价格购入的股票却惨跌。

无论哪家企业，都会在经营形势良好时增资，状况不好的话第一时间停止，这是因为企业倾向于让投资者在股价最高时购入股票，原因正如稻盛所说，企业管理者忽略了股东的利益。

上市规则不完善，经营者尚未确立伦理道理，如此状况下，不可能培育出健全的股票市场。京瓷员工当中也可能出现亿万富翁。尽管稻盛一直苦口婆心地劝说员工："仅仅把股票当成一张纸"，而且他也认为，类似事件今后会一再重演，必须时刻警惕。

从"斯巴鲁"[1]到"世纪"[2]的君子豹变

上市那一年，稻盛向公司各部门干部强调，作为领导，必须牢记革新思想、提高觉悟，并贯彻始终。这不仅是稻盛单方面向员工提出的要求，作为高层领导，稻盛也要求自己主动刷新精神面貌。概而言之，是"从斯巴鲁向世纪"的变革，如同冲锋陷阵的队长向后方指挥官的身份转换。

关于这个问题，笔者还有若干前因需要交代。

此前稻盛向全体员工宣布："无论公司规模多大，我都只坐斯巴鲁。"此话怎讲？原来，创业时他骑小摩托车上下班，后来买下的第一辆汽车是斯巴鲁 360。稻盛的初衷是以可见的方式维持创业时的形象，并无矫饰之意。

然而，上市这一年，稻盛却陡然变了说法："世纪再合适不过！"这岂不是君子豹变？在此前后，董事长青山的夫人频频来到稻盛家，说有远房亲戚生产西服布料，劝其妻朝子为稻盛定制一套。不胜其烦却碍于情面不好拒绝，只得做了西服。穿去上班，却发现部门领导也穿着同样布料的西服。"啊，你也……？""咦，社长也……？"两人面面相觑。

稻盛原本认为，不可讲求奢侈的个人生活，西服都是买现成的。谁知竟又拿来了好几种布料。"青山的婆子老糊涂了，以前的辛苦都

1 斯巴鲁：日本汽车制造商，隶属于富士重工业株式会社（FHI），下文中的斯巴鲁 360 是 1958 年至 1970 年之间设计生产的轻型车。

2 世纪：丰田世纪（CENTURY）始创于 1967 年，是纪念丰田汽车始创人丰田佐吉诞辰 100 周年而研制的顶级豪华轿车，有"日本劳斯莱斯"之称。

忘光了，看到赚头就瞎忙活。”于是他严令朝子：“拒绝她，说不需要了。”

某日，青山（1902年生）以一贯从容不迫的态度、恍恍然地说起话来：

“你呀，说什么不需要布料，做几套西服又怎么样？知道你不在乎这些，你要知道，上市至今，身为社长，穿得不像样，你自己无所谓，但是，这可关系到公司的名誉，员工也会觉得脸上无光。打扮得体面一点可能有违你一贯的主张，但是，勉为其难穿上一套好西服，有什么错吗？”

长年一起工作的青山可谓用心良苦。一心埋头苦干的稻盛顾及不到，而年长的青山却自有其考量。而且他深知，一旦提及“公司的名誉”这类公事，稻盛毫无招架之力。初级小学时捡拾道边的马粪，高中时整修校舍用地，少年和夫傻乎乎、热心肠的天性至今仍在血脉之中。

“原来如此！”于是稻盛豹变……

不妨换一种比喻，与士兵一同在泥浆中跌打滚爬的队长，与在后方饮着壶中酒、布兵作战的指挥官，两者谁更伟大？对此，稻盛以长期的亲身实践向员工表明——必须像队长一样冲锋陷阵，并以躲在后方为耻，而稻盛自己正是这一道理的完美体现者。正因如此，士兵们才会忠心耿耿地追随稻盛，任劳任怨。

谁曾料想：“从那以后，我打算准备好几套西服，领带也挑高档的买，鞋擦得油光锃亮，乘坐奔驰汽车也心安理得，不管去哪里都表现得时髦、潇洒，不怕被别人猜是哪个有钱人家的私生子。

“丰田世纪非常合适，今年会穿彩色衬衫，好好熨平裤子的褶皱，胡子也刮干净。这么做的话，厂里大家免不了议论，去年还说只坐斯巴鲁，一上市就昏了头，人模人样起来了，过不了多久和在生产一线打拼的我们也谈不到一起去了。没办法，今年必须要抽出时间见一流的人物，和他们打交道。有一些问题不是认真工作便能解决。明年还会换上工作服走进车间。要理解两头的实际情况，必须要亲身实践。无论哪一头，一旦出了问题，哪怕毫厘之差，都不堪设想。”

并非抛弃了创业精神而神魂颠倒，如果不能有意识地做出脱胎换骨的改变，算不上一流企业家。稻盛认识到这一点，对员工以及各位部长也提出了同样的要求。因冲昏了头脑而堕落，或者习惯了邋遢装扮，捯饬便不自在，两者都不可取。这是一把双刃剑，如同走钢丝。

走钢丝的 1976 年，稻盛顺利登上了发行 ADR[1] 的光辉舞台。1978 年，在洛杉矶郊外贝弗利山市再结晶宝石店——“稻盛珠宝”的开业仪式上，他生平第一次穿上了白色晚礼服，华丽变身，令身经百战的京瓷勇士们大跌眼镜，禁不住要问：“老板，您疯了吗？”

1 ADR：美国存托凭证（American Depositary Receipt，ADR），又称美国预托证券，是大多数的外商公司在美国股票市场交易股票的方式。借由美国存托凭证，美国的投资者可以间接投资外商公司的股票。

戒之章

新办公楼竣工

“一路走来，正是人生之中的邂逅，包括与海外客户的邂逅，才促成了今日的京瓷。”

1972年7月5日，在与新干线铁道一街之隔的京都市山科区东野井上町举行了总公司新办公楼的竣工仪式。稻盛的致辞以这一句开篇。

“人与人相遇、相知，诚心相待，从而引发好意，聚集善心，才有了京瓷的今天。如今1400名员工大多会勤奋工作到夜里10点、11点。然而，恐怕并不是我们的努力成就了今天，而是来自于人生之中与他人的邂逅，用心交流，营造出愿意彼此携手相助的氛围。今天我们能在这里，感谢上天，感谢客户！”

一个人的生存不能仅依赖于自身的力量，必须对万事万物心存感激！稻盛年轻时悟出的这个道理，在公司向“世界京瓷”辉煌发展之际，重新提及。

稻盛的思想当中，人的状态与企业的状态合而为一，这是他不变的信念，从下面这段话可探知一二：“摒弃得过且过的态度、敷衍了事的想法，奋力拼搏，勇往直前，岂不正是创造精神？由人来制造产品、建立企业。那么，什么样的人，什么样的心态，什么样的思维方式才能打造出了不起的企业？愿与诸位一起研究探讨。”

那一日，通过多位来宾的祝词，可以得知京瓷公司的发展状况给外界留下了什么印象。

当时，很多日本厂家参与了通产省大型电子计算机开发项目，而京瓷承担了该项目所需LSI基板的开发任务。对此，当时日立制作所的事业部长谈道：“新露头角，雄心勃勃，前途无量！稻盛社长思维活跃，他麾下的工程师认真倾听我们那些棘手的要求，工作陷入停滞状态时会热热闹闹地讨论，最终圆满完成。”三菱电机的部长则说：“我们总委托他们试生产有特殊技术难度的开发产品，他们从不会一口回绝，哪怕并不是京瓷公司主要领域的技术，他们也绝对不会草率行事。我的脑海里总会浮现出他们在小实验室里专注研究的形象，沾了一身泥也不在乎。”这二位的话表明，从小街道工厂起家发展成LSI组件供应商，京瓷从不曾松懈。

日本电气的部长与KII的上西阿沙是三高时代的同窗，他回顾数年前滋贺工厂只有两三栋厂房，稻盛穿着工作服时的情景时，说道：“既然是陶瓷，还是以泥为原料的。将来它在电子工业界能否有所作为，我曾与穿着工作服的稻盛社长进行过多次讨论与交流。”从中或多或少能感受到，京瓷公司的产品在为世人接受的过程中经历了多少次碰壁。

而大阪某银行行长嫌银行为其准备的祝词太长，干脆将讲稿搁置一边，谈起一位自行从该行辞职进入京瓷工作的人，并以下面这段话作为结尾：“那人的胞弟在京瓷工作，有一回生了病，得到了稻盛社长比亲人还周到的关照。他是因为这位社长才跳槽到京瓷公司。作为一名经营管理者，敝人非常钦慕稻盛先生。今日盛况非同一般！”与前文中的致辞两相对照，京瓷发展的根基不言自明。

香港之旅

二部上市的第二年，即1972年初，稻盛呼吁员工创建第二发展期，力争同年11月实现每月交易额翻倍，达到10亿日元的目标。他并不是空喊口号。这一时期，为了抵御经济滑坡，各家企业都在跃跃欲试地开发新产品。由此可见，稻盛对京瓷公司借新产品打开市场、扩大销路信心满怀。同时，在一年一度的公司员工新年联欢会上，稻盛半开玩笑地发言称："奋力拼搏不仅要有悲壮感，还要有幽默感。实现10亿去夏威夷，9亿去香港，8亿的话去禅寺打坐！"谁知，这句话竟真成了公司的经营方针。

1973年1月，新年刚过，公司安排1200名员工赴香港旅游。媒体报道，二部上市不过两年，因股价高涨而备受赞誉，一年前新公司办公楼竣工，这家股市新贵又不惜重金组织豪华旅游来炫富。然而，无人知晓，此举实现了11年前初次坐飞机赴美的一个年轻人的梦想与心愿。

同年8月，作为先锋风险企业的领导，稻盛接受了《劳动新闻》记者的采访。借此，稻盛就这趟旅行谈了下面这段话：

"我公司在海外有多家分公司，可称得上是一家国际企业，然而普通员工却丝毫感觉不到'国际化'。他们日复一日地辛苦工作，能有机会去国外参观，亲身感受，可能也是一件好事。出于这种想法，我们开始讨论这件事能不能付诸行动。一言既出，驷马难追，必须言而有信，于是这次下了决心。

"社会上有评论说，这种做法也有宣传作用，一举两得。换句话说，是劳务政策或者收拢人心的一种手段。实则不然，我们公司的举措会追溯到更为根本的人心问题。大家工作太辛苦，所以想为他们做一点事。”

随后，稻盛又谈及往事。比如，初次赴美前特意在东京公营住宅的朋友家中借宿一晚，学习使用西式马桶；部门领导来羽田机场送行；想让公司员工们也体验飞机的舒适和餐食的美味等等。他最后说道：

“自那之后，尽管领导干部常因公出差海外，但初次赴美时的感受我却念念不忘。因为公司里原本务农的大婶，50 岁左右还在工作，还有做饭的阿姨、打扫卫生的大娘……他们可能一辈子都不会出国。所以，我也想带他们出去开开眼界。”

这趟旅行花费总额达 2.2 亿日元。

那一年，稻盛把在京都经济同友会演讲时认识的评论家相良龙介、研究风险企业的经济学者中村秀一郎邀请至公司，举行了报告会。正是在那一年，稻盛自身也开始从理念上对京瓷的经营管理进行把握。作为企业管理者，他更加自信。

同年秋，石油危机爆发，整个日本社会处于剧烈动荡中。稻盛对国家前景忧心忡忡，同时目睹员工只图个人私利，精神颓废，人心荒芜，愕然之余萌生退下社长职位之意。加之，稻盛向来珍视人与人的交往，那位帮他创办公司又传授他“帝王学”的西枝一江以及他的朋友、也曾为创办公司助一臂之力的交川有二人相继离世，而大学时代肯定稻盛才能并成为稻盛其后精神支柱的恩师内野正夫也驾鹤归去……在各种意义上说，这都是稻盛思想的转折之年。

相良龙介与中村秀一郎

当时，相良在演讲中指出，日本人在目标设定后虽然能够坚持完成任务，却缺乏设定目标以及制订计划的能力。他一语道破京瓷公司的内部状况，即稻盛设定目标、员工将其目标作为奋斗方向，不顾一切地奋勇前进。

更进一步，“看待自身能力时不可囿于当下，而要面向未来，以动态、发展的眼光来把握”。这与平日稻盛在开展工作时身体力行并教导员工的理念不谋而合（参照孤注一掷与君子豹变之章中“首度效益下滑”一节）。

而相良所著《创业思想》（日本经济新闻社）一书中引用福泽谕吉[1]的一句话令稻盛感慨良多。

思想之深远如哲学家，心术之高尚正直如元禄武士[2]，辅以小吏之才能、平民之体魄，终成实业社会之俊杰。

在“思想之深远”方面，稻盛所敬重的实业家是大原总一郎（1909 年出生于仓敷。曾任可乐丽集团[3]前身仓敷绢织社的社长，卒于 1968 年）；在“心术之高尚正直”方面，他尊重的是中学时代的斋藤、辛岛两位老师以及内野正夫、西枝一江；而在实际产品的制造过程中，每日的经营需要“小吏之才”和“平民之体”（据说相良是从作家小岛直记那里听到这段话的。这句话是藤山雷太[4]勇闯实业界之际，福泽在纸笺上写给他的临别赠言）。

而专修大学[5]教授中村秀一郎做了题为《风险企业及其发展》的演讲，他列举了风险企业的几大特征：①经营管理者本身具备专业技术；②经营管理者愿意在事业上发挥其专业优势；③经营管理者自身的兴趣在于研制新产品，往往利润只不过是其工作为社会所认可的标

1　福泽谕吉：（1835—1901）明治时期著名思想家、教育家，对明治维新运动及后世有深刻影响。

2　元禄武士：参见 30 页注释“元禄赤穗事件”。

3　可乐丽集团：日本著名的综合类化学工业集团。

4　藤山雷太：（1863—1938）日本大正、昭和年间制糖业的实业家。

5　专修大学：位于东京都千代田区的一所私立大学。

志；④希望企业有别于现存的其他企业……而京瓷一直以来的风格正符合上述条件。

另外，无论在东方或是西方，风险企业都在萌芽，中村列举了几条原因，其中一点，以现存企业尚未掌握的新技术为依托开发研制新产品，这样的企业在不断增加。换言之，技术研究不可量产，因而创造终究属于个别企业。大型企业中的研究人员习惯于浑水摸鱼，只能局限于低水平的改良型研究。而京瓷 14 年的实践表明，公司持之以恒地进行大型企业无法完成的研究工作。

中村同时指出，各行业中具备高度专业能力的企业并不像以往一样局限于制造特定产业、特定范围内的产品——例如汽车零件专业生产商，却可以凭借技术与产品打入各个产业领域，成为真正意义上的专业生产商，而这种公司不可能从大企业中应运而生。在这一意义上，京瓷是名副其实的专业生产商。

陶瓷因其硬度与耐磨性，不仅在电子工业界，更广泛应用于机械、纤维、造纸等行业；因其耐热性，应用于宇宙开发、高温工业等；因其耐腐蚀性，不仅为化学工业所利用，20 世纪 70 年代中期到 80 年代中期还成功开发了再结晶宝石以及医用生物陶瓷，开始涉足首饰与医疗界。这与以往的陶瓷领域相去甚远，却也是陶瓷技术发展过程本身孕生的产物，再联想到处于开发研制阶段的陶瓷汽车发动机，京瓷与中村所言的“专业生产商”正相契合。

演讲结束后，员工提出“如何在松散的组织当中自发地形成共同意识、主动地进行自我管理”这个切实的问题。对此，中村答道:“就像经营管理学书籍所说，只想着如何巧妙地操控他人其实是一种低级的蒙蔽手段，真正要做到人生准则一致才是真理。如果社长以外的人不能由同一个哲学理念紧密联系在一起，则一切都是徒劳无功的。哲学，即 philosophy，是人类行动的准则与志向，同‘志’才能形成共同意识！”

崭新的转折点

1973 年，公司创立以来首次半年营业额超过 100 亿日元，全年营业额超过前一年的两倍，税后利润高达 18.25%，员工人数也首次突破 2000 名。而秋季的石油危机全面袭击日本经济，京瓷也难逃其影响。但是，就算在公司规模急剧扩大和社会环境激烈变革时，稻盛依然不遗余力地向员工宣讲自己的思想。

这是自公司 1959 年成立以来第三次出现营业额倍增的情况。前两次分别是 1966 年（该年 5 月，稻盛出任社长）与 1969 年（成立 KII、进行川内工厂建设）。税后利润率仅次于 1969 年（24.02%）及 1970 年（19.33%，多层组件投产），出口比率也由 1966—1969 年超过 10%、1970—1971 年超过 20%、从 1972 年的 37% 增长至 42%。资本金超过 10 亿日元，并计划于第二年、即 1974 年 2 月在股票市场一部上市[1]。

随之，员工人数也有所增加。上市当年（1971 年）员工数是 1270 名，1972 年增至 1580 名，1973 年又较前一年增长四成以上，达 2250 名，增员 670 名，远超 5 年前、即 1968 年的员工总数（530 名）。

规模急剧扩大的态势中，各层领导的“经营管理方法”能否应时而动，稻盛心中不无顾虑。他在该年度初的 4 月会议上指出，有些干部只向下级下达了目标数值，而其中蕴含的思想没有一并传达到位。

1　一部上市：日本的东京、大阪和名古屋证券交易所都设有市场第一部和市场第二部，市场第二部的上市条件比第一部略低。原则上，新股票先在市场第二部交易，一年后如果满足第一部上市条件才进入第一部进行交易；同时，在第一部上市的股票如果条件降至一定水平以下，且在一年宽限期内仍未满足第一部的条件，会被重新指定在第二部交易。

不出几日，新入工厂上班的一名大学毕业生用一封信毫不客气地吐露了不满。

信中写道，工作到晚上 9 点已成为不定之规，有时要求星期天也上班，轻描淡写的一句“星期六和星期天也得过来”，仿佛天经地义一般（1972 年开始实行隔周五天工作制）。反问之：“不休息吗？”答道：“这里是京瓷！”打出这张王牌，堵得人哑口无言。这种工作氛围下，就差没下命令说：回家也得带着工作！

公司草创时，为了糊口而不惜一切地打拼，合情合理。现如今已是公认的高收益企业，这时硬性要求年轻员工一心扑在工作上，却遭到了抵制。稻盛的忧虑初现端倪。与此同时，日本社会的政治、经济等诸多方面都相继发生了助长对企业、体制和权威的不信任情绪的情况，报纸也总在报道让人心寒的事情。

前一年，田中角荣内阁组建，其《日本列岛改造论》诱发了大企业投机性质的土地买断行为；轻井泽的浅间山庄爆发了联合赤军事件[1]；以色列特拉维夫机场事件[2]幸存者、学生冈本公三竟也毕业于鹿儿岛大学。进入 1973 年后，翻一翻报纸，即有如下报道：

1 月 联合赤军森恒夫自杀身亡；

泰国发生日本人口贩卖事件（玉本事件）；

政府邀约金融机构代表，提出尽量避免以购置土地、股票等为目的而随意融资等要求；

八成政治资金来源不明（自治省发布）；

---

1 联合赤军事件：指 1972 年 2 月 19 日—2 月 28 日，全国通缉中的五名联合赤军成员在长野县轻井泽町河合乐器制造公司的疗养地“浅间山庄”制造的绑架事件。日本赤军是当时一个极左派武装恐怖组织。

2 以色列特拉维夫机场事件：指 1972 年 5 月 30 日发生的一宗由解放巴勒斯坦人民阵线和三名日本赤军成员所策划并在以色列特拉维夫市卢德国际机场（现改名为本·古里安国际机场）实施的恐怖袭击事件。

制药厂商三共[1]决算报告隐瞒利润。

2月 日本出现抛售美元狂潮。

3月 实况调查日本六家大型商社涉嫌投机与垄断收购。

4月 地价空前暴涨，平均涨幅达30.9%；

国铁合法斗争，首都圈38个车站深陷暴动。

6月 丸红公司因囤积大米而遭起诉。

丸红遭起诉的次日，恰逢京瓷的每月例会。会议上，稻盛重申要复兴京瓷精神。

“我公司正处于上升阶段，业务繁忙，因此视‘人’为宝，然而人心难测。我向来强调，不求人多，召集志同道合者，彼此惺惺相惜足矣。众人齐心协力，互帮互助，这种付出才有意义。我决不愿看到在一起工作的人心存芥蒂。你我之间不是冷冰冰的雇佣关系，大家由衷地希望一同工作，再苦再累也甘之如饴。

“然而眼下，为了应付繁重的工作任务，似乎只要招进人手就谢天谢地。大量职工未经严格甄选就进入公司，那么，更不能放松思想教育。但迫于生产任务紧，抽不出时间来做思想工作。翻阅历史会懂得‘祸起萧墙’的道理，国家的灭亡都由内部引发。所以，培养勤恳踏实的优秀员工是当务之急，否则无从发展。

“如今正是复兴京瓷精神之际！领导干部必须从自身做起，掌握管理哲学。”

同年10月的会议上，稻盛又将管理理论与企业发展、领导干部的才干相结合，展开论述。

“企业随着经营管理者才干的发展而发展。企业本身向前发展，

---

1 三共：指日本著名制药企业三共株式会社，2005年与第一制药株式会社合并，成为“第一三共株式会社”。

管理者却尾随其后，岂不荒谬？时运当头，高歌猛进，终会在某一时刻成为强弩之末，即便有企划部门也无力维持势头。企业的真正发展，唯有管理者的才干与企业步调一致时才可能实现。管理者必须将培养下属的能力、营业本领、技术才能、凝聚力、生产管理能力等各方面才干有机结合，同时学会对下属进行锻炼和教育，下属也随之一并成长，企业规模才会扩大。”

翌年2月，一部上市。落后14年的业余马拉松选手超越了第二集团，终于跑进打头阵的队列，并肩向前。

稻盛心想，我们迎来了一个崭新的转折点！

石油危机与员工“福利”

1973年10月6日，第四次中东战争爆发。当时，谁都无法预测这将给日本带来什么影响。17日，阿拉伯石油输出国组织（OAPEC）的石油部长会议召开，大部分阿拉伯产油国表态，向美国禁运石油。

6日至17日期间，稻盛对工会承诺，发放完成半年度销售额100亿日元的纪念奖金。这一举措也是9月增资的结果。资本金7.7亿日元，增资1亿，再加上两成的无偿交付[1]，共计10.44亿日元。稻盛打算以此次增资为契机，给新员工也分配股份，于是对9月末在册的员工包括临时工在内，以股票的形式发放1.05个月额度的奖金，即购买与员工净收入等额的股票并置于其名下（京瓷公司设有本公司股票投资会）。同时附言“不希望诸位因发了奖金而随意浪费”——正是稻盛风格！此外，根据年初约定，因半年度利润达20亿日元，于是敲定了全体员工的夏威夷之旅。

1 无偿交付：将增资股票无偿地交付给股东。

然而，10月下旬，以奈良市囤积卫生纸事件为开端，关西地区陷入恐慌状态，直至11月初，福冈、金泽、四日市相继发生食盐恐慌，并席卷全国。11月至12月，各家企业预计物资不足在所难免，纷纷为原材料等资材东奔西跑，从而造成供需紧张，价格趁势抬高，物价暴涨。

石油危机过后，直到年终放假，稻盛几度开会，并利用联欢会、茶话会等机会，强调其一贯主张：对日本这一国家的生存现状保持危机意识；同时，对员工的骄奢行为表示气愤，以至于产生担心京瓷公司会分崩离析的危机意识。此外，“唯有加工贸易才是日本经济的顶梁柱”这一常识许多无知的政治家却全然不知，他对此哑然失笑，恨不得辞去京瓷职务当个政治家……

稻盛感到如临深渊，三番五次地对员工说道：“日本人只图一己私利，不顾国家和公司，如此下去，日本必将灭亡。”正在这时，11月发生了一起“事件”。一名员工参与期货交易，自己所持京瓷股票被人骗走。发放临时奖金不过一个月，稻盛那句“为避免随意浪费所以发放股票”尚且余音在耳……一般企业中，这类情况涉及私事，通常不会公之于众，稻盛却视为关乎全体员工的问题，在大会上谈起。

“我们公司既不买地也不买股票，没有一分一厘来得轻松，全靠生产单价几块钱、几分钱东西，挣得一成利润，一点一滴地积攒起来。枯燥无味的工作日复一日，孜孜不倦，日积月累，我们只有这一条路可走。依赖奇技淫巧会赢得一时，却丧失发展的后劲。

“不可执迷于股票。只要努力奋斗，股票之类自然会随之而来。而且，无论多么会钻营，一旦执迷于此，必将前途尽毁。我本是出于好心，谁承想竟会有人拿去炒期货，真是鬼迷心窍！

“我不禁追问，究竟信任何在？对此，我也在苦苦思索。必须忠告诸位，珍惜我们呵护至今的和睦关系，从今往后更加信任，建立不为外界环境所摆布的坚固思想堡垒。我们虽是新兴企业，却赢得了世人的交口称赞，决不能因此自高自大。

“我们身边存在各式各样的诱惑陷阱，大家不过是五十步笑百步罢了。我们都面临着危险的旋涡，只不过骄傲自满的程度不同导致旋涡的大小也不尽相同而已。从今往后，希望能在出现大问题之前来和我商量，以想办法来勉强补救。这次事件请诸位引以为戒。”

然而，在大多员工却认为公司利润丰厚，但“奖金太少”。此后不多时，工会提出“年终发三个月奖金”的要求。事实上，工会干部费了很多口舌才谈妥“三个月”这一底线。不仅如此，关于 1.05% 的临时奖金，大家也议论纷纷：“反正有余钱，不如发给我们？”“非让我们拿股票是不是有什么企图？”“股票又买不了东西！”

稻盛为之愕然，立即召开三日不间断会议。当年 9 月的决算报告显示，销售额 106.99 亿日元（较同期增长 54.3%），固定收益 40.4 亿日元（同比增长 63.3%），税后利润 19.48 亿日元（同比增长 56%）。

然而，“20 亿的利润不仅仅靠大家卖力工作得来。公司无论进行决策判断还是进行项目投资之前，都必须确定‘何种商品以何种方式来推进’。如果社长对此一无所知，只是答应利润达到 20 亿就去夏威夷，而员工也盲目蛮干，最终误打误撞地达成了目标，那另当别论了。但这与我所说的‘必须劳资双方携手合做出成果’的做法完全是两回事。

“恰逢按时价发行股票，所以我想与大家一同欢庆，所以拿出 1.05% 奖金，我并没有想让诸位对我表示感谢。

“社会上普遍认为我们是高收益企业，但我们从不会认为，收益高花些小钱不足为惜，正因如此才有今日。半年度的销售额达到 100 亿日元的企业，销售及常规管理费占 7%（本年度是 7.83 亿日元），还有哪家企业能做到？正常情况收益会占百分之十几，有些甚至占

20%以上。如果我只希望‘和其他公司差不离就行’，按这样的想法来管理，数十亿的利润眨眼消耗一空。我们这种企业规模，仅仅配备两辆董事用车，这一点哪家企业能做到？其他企业直接部门与间接部门[1]的比率是三成，我们却是一成。

“本年度末（1973年9月）总资产243亿日元，扣除101亿现金及存款，余142亿日元。在去除留存收益（65亿日元）后，又需要拿出40亿日元偿还流动负债[2]，就必须向银行贷款100亿日元，那么每年缴纳的利息就达11亿日元。我们公司之所以不需要这么贷款，是因为有15年不间断积攒起来的留存收益。如果因为效益好我便给员工多发工资，长期下来利润不过数亿日元，再逢经济不景气的话，明年加薪后这些利润会荡然无存。高收益企业与不盈利的企业不过毫厘之差，它们源于经营思想的不同。并不是要求诸位在公司赚钱时也得默默忍耐，但即便一次拿出四五个月的份额，仍然免不了风言风语。盛极一时也埋下了衰败的祸根，因此我始终提心吊胆。千里之堤，溃于蚁穴。一旦人心涣散，维持京瓷发展到今天的优势便会丧失殆尽。人心不足蛇吞象，真是令人不寒而栗。”

其后，工会执行部门向稻盛申请取消夏威夷之旅。稻盛应许：“这种时局下不该有反社会之举。”于是公司取消了夏威夷之行，并将原定经费发放给员工。

稻盛从不涉足土地买卖等投机行为，以此来牟利，而是将公司的股票买存起来等待升值，等上了年纪，听到自己老婆子夸上一句“孩子他爹真行啊”，这种感觉不是最好的吗？稻盛正是抱着这种心态才给员工发放了临时奖金，竟听到“没觉得拿到奖金”这种议论，简直

1　直接部门与间接部门：直接部门指企业内的生产部门，间接部门指不直接参与生产活动的部门。

2　流动负债：企业在一年内或者超过一年的一个营业周期内需要偿还的债务合计。

枉费了一番好意。然而，由于报纸杂志众口一词说京瓷是“极度优秀企业”“高收益企业”，员工的心态十之八九因此而出现波动。稻盛想来，要求他们毫不改变恐怕也并不现实，但必须努力沟通，让他们理解自己的良苦用心。

稻盛最担心的是孩子。小学三年级期末，女儿问他：“爸爸，我们是富翁吗？”原来，小伙伴对女儿说：“你家是富翁。”星期日偶尔在家休息，稻盛一般都带她去百货商店，然后玩弹子机，接着去烧烤屋或者珉珉饺子铺。在餐馆里吃乌冬面时也不忘教导她：“有些人可是连乌冬面都吃不上！”难得打一次牙祭，却一边吃一边听训话，也是扫兴……

公司规模急剧扩大，又逢石油危机，公司内外交困，剧烈动荡，稻盛的经营思想却丝毫未曾动摇。为了应对新形势，他将一直以来对员工的教诲一而再、再而三地重提，从当年的言谈中可以读懂稻盛的态度。

西枝一江之死

西枝于 1973 年 3 月 15 日逝世，关于此事，稻盛有一段玄妙奇异的经历。

家中所设佛龛是父亲畩市专为教育晚辈买来的。稻盛因为一心忙于工作，在佛龛前合掌拜祭的次数越来越少，略有些愧疚不安。半夜，稻盛起夜时无意中发现佛龛双门紧闭，于是怒上心头，呵斥了妻子，并久违地拿起了佛灯和线香，双手合十拜祭后方才入睡。当天清早，西枝的死讯传来，而他咽气那一刻正是稻盛站在佛龛前双手合十拜祭之时。

随后，稻盛召集主要员工举行“西枝一江追悼会”，回顾如何深受西枝影响并继承发扬他的思想，借此将京瓷思想最初的基石告知员工，还讲述了西枝好酒的轶事。

悼词开头写道：“世间有些事情是凡人所不能及的。西枝大约想来我家的佛龛，谁知竟关着门，必定是当时让我帮忙打开。”讲述了当夜的经历后，稻盛讲述了“一滴思想的波澜”。

“西枝往京瓷公司注入了思想。他将一滴思想赠予我，而这竟激起横跨世界的波澜，并荡漾至今。追根溯源，倘若在座诸位，每一个人都载着这一思想，并传达给 1900 名员工，那么京瓷的未来必将辉煌。我希望能借诸位之口向全公司员工转述。”

同时，他将为西枝而设的酒杯和餐食放在自己面前，说道：“当日初次见面，我紧张拘束，无所适从，而他告诉我，喝酒就是为了一醉方休。”由此又打开了话匣子，回忆起在松风工业时与吉田源三的会面、公司创立前与西枝及交川的会面等等。西枝生性洒脱，领着稻盛一家一家地喝酒，也曾请艺伎来陪酒。当日的追悼会上稻盛也想顺应西枝的一贯风格请来艺伎，却因经费的缘故被总务回绝。

稻盛并不以为意，对员工说道：“这样也好，我给大家讲讲千金难买一句好话！”

“西枝先生一生清白廉洁，无欲无求，保持着无产阶级的质朴本色，这正是工作中必不可少的精神。有幸蒙西枝先生的好友青山先生的赏识和引见，我和西枝得以相识。西枝先生见到我以及与我一道的伙伴们，于心不忍，将自家屋宅作为抵押去贷款，为我们创办了这个公司，这个我们赖以生存的地方。以技术为本，将其转换为商品问世，通过经营赚取利润，并以此为生。希望诸位再度明确一个事实，那就是，建立京瓷公司的初衷决不为贪图利益。”

稻盛并不是第一次说这席话。新入职员工培训、联欢会等场合，他总会谆谆相告，其后也常常提及。

一名经营管理者必须坚定信念，明确为人之道，从而形成独特的思想，告之员工，继而口口相传。虽说这并不会表露出来，却正是从根本上支撑了京瓷公司发展的脊梁！

西枝逝世后七个月，也就是1973年10月20日，与其争论一生的挚友交川有也随之而去，享年71岁。最初他反对给稻盛投资，京瓷公司上市之后还说："简直像赌马中了奖！"

交川有虽与西枝情同手足，两人却总因宫木电机的经营事宜针锋相对，可吵归吵，交川有还常在西枝家借宿。真是一对不可思议的朋友！按稻盛的话说，交川是"打不死的"。然而，西枝死后，交川有身体也迅速衰弱，憔悴得不成人形，似乎特意追随西枝一般。

稻盛认为，这才是男人之间的友情。西枝一江、交川有二位，连同青山，没有明治时期出生的三位莫逆之交，不会有今天的京瓷。

内野老师之死

鹿儿岛大学相识的老师内野正夫，在京瓷公司二部上市的1971年前后体感不适，几度入院治疗，1972年（京瓷荣获大河内奖）11月转入三井纪念医院。翌年，稻盛赴美期间获知其病危的消息。回国飞机降落在羽田机场后，稻盛第一时间赶往医院，内野的家人正等在病房走廊里。

"让您百忙之中专程赶来，非常抱歉。尽管医院规定不让探视父亲，但父亲总提起稻盛先生，请务必见上一面！"

原来，因为医院担心妨碍内野休息，所以禁止家人进入病房当中。

走进病房，只见内野老师因病消瘦了许多，但依然目光炯炯地盯着稻盛，用破锣似的嗓门大声说道："稻盛君，厉害！厉害！"想必是对荣获大河内奖的褒扬。身为科学家，他深知该奖项意义非同寻常。况且战前他在“满铁”工作时期，镁的工业化生产试验大获成功，与当时理化学研究所的大河内正敏等人联合提议，成立了“日满”镁株式会社，内野代表“满铁”担任董事（1933 年）。

“时间紧迫，我必须抓紧时间整理我的philosophy，现在不跟任何人见面。”说这话时，他全身因水肿而呼吸吃力，似乎已奄奄一息。稻盛惊叹老师坚韧的意志力，并与他辞别。

1962 年，70 岁的内野诊断出胃癌，接受胃部手术，恢复良好，又健康地度过了 10 年。谁知，80 岁时因前列腺癌在三井纪念医院住院治疗。治疗尿闭症有两种方法，一种是体内安装装置把尿引流到体外，还有一种是进行前列腺全切手术。内野选择了第二种治疗方法。之所以内野做出手术的决定，在稻盛看来，可能是因为内野先生把体外挂着导尿袋苟且偷生视作男子汉的耻辱，那是明治时代粗陋的审美观。

然而，这回术后恢复却很难。家人向其隐瞒了病情，胃癌的时候告之是胃息肉，查出前列腺癌又称是前列腺肥大，内野并没有起疑心。不料有一回，主治医师无意向内野透露了癌症的事实，自此之后再难进食。

8 月 11 日，意志坚强的内野停止了呼吸。

对稻盛影响深刻的人很多都出生在 1892 年前后。内野及其好友吉田源三都出生于 1892 年，劝稻盛进入大学求学的辛岛老师也出生在 1892 年，而通过鹿儿岛一中棒球队的故事告诫“不可居心不正”的斋藤老师也出生在 1892 年前后。幸运的是，笔者收集了很多关于这位内野老师的人生及思想脉络的资料。那么，我们不妨探讨，这位明治时代的老师为昭和初年出生的稻盛吹来了什么样的思想春风。

内野是熊本县下益城郡富合村释迦堂一名地主家的四子，先后在熊本中学、五高就读，1915 年从东京帝国大学工学院应用化学专业毕业时，自愿放弃军队后备干部的名额，而作为一名辎重[1]兵服役；1917 年进入古河工业上班；1927 年成为商工省[2]大阪工业试验所的工程师。

1932 年，他成为“满铁”中央试验所无机化学科长，研究铝和镁的生产制造，因成功从矾土（氧化铝）页岩中提炼出铝而声名鹊起。1936 年，“满洲”轻金属株式会社成立，作为“满洲国”第一号特殊法人，内野出任了董事长兼总工程师。工厂运转步入正轨后，他于 1941 年返回日本。而当时国内迫切需要用国产原料生产铝，应当时商工省次官[3]椎名悦三郎的请求，经商工省委托，他作为轻金属统制会理事兼朝鲜支部长赴朝鲜任职。

1946 年，内野被开除公职（1951 年撤销）。同为下益城郡出身、初高中时代的朋友福田得志于 1952 年担任鹿儿岛大学校长，应福田之邀，1954 年内野成为该校教授。当时稻盛是该校的一名学生，内野和稻盛就是在这时认识的。

由于内野家在熊本市野田町，离学校比较远。所以他在大学实验室隔壁搁了一张床，暂居于此，每周回家一次，还常领着学生回家。内野手下一名工作了一年左右的助手堀之内毕业于 1957 年，与参与创办京瓷公司的德永、樋渡同届。据堀之内说，内野对稻盛相当器重，真可称得上“舐犊情深”。

内野喜爱历史，同时也密切关注着现实生活，尤其是“满铁”时代国家与社会的动向。作为一名涉足实业界的学者，他在鹿大卓尔不群，总会劝年轻老师“为天下社稷钻研大课题”，这句话几乎成了口

1 辎重：行军时由运输部队携带的军械、粮草、被服等物资。

2 商工省：通商产业省前身。

3 次官：相当于副部长。

头禅。

战后被开除公职期间，无疑是他最郁郁寡欢的时期。他在熊本的自家地里劳作，盐拌石花菜聊以充饥。后来他曾说：“孩子多，差点精神衰弱。”从中可知其生活不易。正是这一时期，内野全身心投入一项“功业”之中。

内野出生于熊本县中部地区的绿川河南岸，绿川南北流向，流经有明海的宇土半岛北侧。寒严禅师[1]曾在该地修建一所极乐寺。在“道德败坏”的战后社会，内野立志向家乡的人们传播寒严禅师的精神。于是，1948 年创立了尚德会，1953 年出版发行了《寒严禅师传》。此书 A5 开本（教科书大小），共 64 页，包括佛教的起源及向日本的传播、寒严的功绩、禅师论等内容。如果从书中描绘的寒严形象中提炼出内野的思想，将会发现，稻盛的思想与之何其相似！

寒严出生于 1217 年，是后鸟羽天皇[2]与修明门院之子（较日莲[3]年长 5 岁、较道元[4]年幼 17 岁）。25 岁时，他拜投当时从中国归来的负有盛名的道元门下，28 岁赴宋，居留 10 年，53 岁来到肥后（今熊本）。

1274 年，他为双亲祈求冥福而在绿川南岸的释迦堂修建极乐寺。当时绿川是连接南北九州的交通要塞，但过河不易。1275 年，寒严发愿在河上架设大渡桥，开始募集善款。第二年，长达 180 多米、宽近 5 米的桥梁完工。1284 年，围垦河口以西海岸的荒地，填海造田，建钱塘新地。

在内野看来，寒严将宗教从山间寺院带入乡间，坚持禅宗的脱俗

1　寒严禅师：指寒严义尹（1217—1300），镰仓时代的僧人，创立了寒严派。

2　后鸟羽天皇：第 82 代日本天皇，1183 年至 1198 年在位。

3　日莲：（1222—1282）日本佛教日莲宗创始人。

4　道元：（1200—1253）日本佛教曹洞宗创始人。

品格，却并不游离于实际生活之外，“投身于农民百姓之中，浅显易懂地传播教理”；另一方面，他尊敬亡故的双亲，祈冥福、尽孝道。寒严修行的根本精神在于“精诚之至，清心发愿”——为父母祈福，涤荡身心，而后出发，以创功业。

持忠孝之心，奉献于国家社稷——面对战后道德败坏的社会现状，内野提出了这个思想。

《禅师传》中写道：“无论创何种功业，只要清心发愿，没有不成之理。我以为，这不妨作为我们日常工作的训诫。”《禅师传》出版发行的第二年，内野进入鹿大执教，秉持这样的信条，向学生传道授业。他为人处世，必定常在心中描绘着寒严的风貌。内野的心愿是在永平寺度过晚年，从中也能感受到他浓重的斯多噶主义[1]。

他常告诫学生：“男子汉大丈夫，遇到困难险阻，不可逡巡踌躇，必须以强烈的意志力来成就切望之事。”这种决心与鹿中斋藤老师的教导如出一辙——不可像一中棒球队那样在精神上败北。稻盛遇事时决不避难就易，恐怕正是受到了这些明治时代人物的强烈感化。

内野在东大的同届同学、松风时代对稻盛说：“你有philosophy”的吉田源三先生与夫人住在横滨。笔者于1976年6月前去拜会，但因先生行走、说话不便，只谈了十余分钟便告辞。笔者问及书架上那套《新渡户稻造[2]全集》时，先生说道：“一高的学生谁不曾受新渡户老师影响？”1893年出生的矢内原忠雄[3]提到新渡户时说道：“他青年时代就立志成为‘太平洋之桥’的人物，并一生为之奋斗。”借此或可理解吉田源三先生所言“philosophy”的含义。

---

1 斯多噶主义：哲学家芝诺（约公元前336—约前264年）于公元前300年左右在雅典创立的哲学思想，现在一般用“斯多噶主义”来形容一个人不会感情用事。

2 新渡户稻造：（1862—1933）日本国际政治活动家、农学家、教育家。

3 矢内原忠雄：（1893—1961）日本经济学者，曾任东京大学校长。

另外，吉田先生原本泰然自若，有一搭没一搭地聊着，但提到松风工业的破产时，他骤然直起身，沉下脸来，对笔者怒目而视，劈口问道：“你是为了调查这件事来的吗？”笔者慌忙答道：“不是不是，只是想了解稻盛先生在松风时的故事。”听罢此言，他表情随即缓和，恢复了原来的姿势。曾听闻先生泾渭分明，一旦发起怒来疾言厉色，这一瞬间的插曲足可想象吉田先生的厉害。

内野先生也是一位爱憎分明的人，所以，笔者猜想，斋藤、辛岛、吉田以及内野这几位明治出生的人，都有共通的特点，那就是强烈而不懈的意志！

危机之章

毫无前路可循的时代

1974年，京瓷创立第15个年头。从那时起，直到1975年，因石油危机后的抑制总需求政策，经济形势低迷，京瓷连续两度决算报告均显示效益下滑。不仅如此，公司还遭遇了“人员过剩”和“暂停加薪”的两大危机。公司在稻盛的领导下如何勇闯难关，我们将追溯这段过往，一探京瓷发展的内在根源。

首先简要回顾迈入1974年时稻盛的一些发言——

“这是一个毫无前路可循的困难时期，堪比明治维新（1月）；国难当头一般严峻的环境是上天的考验（1月）；世局越发混乱动荡（1月）；京瓷由卖方市场转为买方市场（6月）；经济极其萧条（7月）；订单量逐月递减（8月）；经济状况之恶劣远超预计，只能靠吃冻土的青苔来求生（9月）；我们的黑字纯粹依赖于存款利息（12月）；必须由国家来处理来年的春季工会加薪斗争，那时设法做到零要求、零承诺（12月）。”

这一系列发言无不透露出他强烈的忧患意识。在当时的社会背景下，企业接二连三地破产，大量裁员：日本热学工业（5月）、负债达战后最高额度622亿日元的坂本纺织（9月）、三省堂近江兄弟社（12月）相继倒闭；东洋纺织、富士纺织、尤尼吉可、阿尔卑斯电机、三美电机等公司鼓励职工主动离职、大批量裁员甚至关闭厂区；主营汽车和弱电出口的热门产业也在对员工实行裁减或临时解雇；与京瓷公司关系密切的电气机械工业界，以日立9月的临时解雇举措为开端，1974年年末至1975年年初，仅日立、东芝、三菱电机和富士电机四家公司便有约7万人遭临时解雇。

暗无天日的日本经济！那年年初，稻盛认为，这一年是震荡时期，堪比明治维新，“经济机制不同以往，是毫无前路可循的时代”。危机四伏，他甚至担心，极左或极右分子会发起政变。公司内部，老将并无应对经验，只会坐以待毙或者东逃西窜。那么，唯有寄希望于年轻一辈。于是稻盛曾考虑敞开自家客厅，为年轻员工讲课，结果最终未能付诸实施，但他开会时屡屡提及领导者的精神风貌。

他对员工说道：

“将明治维新推行到底的年轻人，他们憧憬着新生的日本，从不曾将梦想与现实剥离。如果他们认为因为有新选组[1]在，且德川幕府力量不可撼动，那么这些年轻人就不会挺身而出。研究经营管理必须身处公司之中，一味地坐在书桌前翻阅资料只能得出泛泛之见，从而成为一名泛泛而谈的经营管理者。一天24小时不间断地思考才会有灵感闪现，借由这种灵感将不相干的事物联系在一起。技术研究与开发同样如此，经受过一番锤炼，所有问题都能迎刃而解。这种工作能力与不惧危机的工作热情相结合，才能取得创造性的成就。”

这席发言是在危机之年的年初。同年3月他收获了一个出乎意料

1 新选组：幕末时期一个亲幕府的武士组织。

的惊喜。为纪念2月份股票晋升东证、大证[1]一部，员工凑钱向公司赠送了纪念品（京都偶人）及感谢信。3月7日的晨会上，又出其不意地举行了赠送仪式，稻盛大吃一惊，感动万分，几乎说不出话来。

此事还有后话。作为回礼，稻盛自费向每一名员工赠送了1000日元的京都特色腌菜。当时员工约2400名，员工共筹款32万日元。

因为经济不景气，公司未能举行15周年纪念典礼，但向全体员工发放了一个月份额的临时奖金。“年景好时，只想着过‘好日子’，必将吃苦头。好形势下也要防患于未然，居安思危，无论企业还是个人都必须如此，这是我最基本的生活态度。希望你们能理解我的苦心，不要乱花钱。”带着这种期望，将一年定期存折交给了员工。

人员过剩问题

当年4月，之前的多层组件荣获科学技术厅长官奖，客户纷纷发来贺电。然而，订单量却急剧下降，令人惨不忍睹，从5月到6月，生产与人员不平衡的状况日益显著。

稻盛公布“订单量逐月递减”的8月前后，每月产能24亿~25亿日元的情势下，必须保证国内订单至少占四成（9亿~10亿日元），然而实际却低于两成，不足5亿日元。

如此一来，当年9月的年度（1974年4月—9月）决算报告显示，销售额为120.76亿日元（较上一年度减少8.40%），税后利润为17.42亿日元（同比减少27.75%），相较于国内订单的减少，出口却占到超过65%的高比率。

发布该决算报告的9月正遭遇前文提及的坂本纺织破产。当月召

1 东证、大证：指东京证券和大阪证券。

开的临时干部会议上，针对订单锐减，稻盛提出了如下应对策略：

“工作量锐减，如何求得生存发展？迎接冰河时代，只能依靠冻土青苔来维持生存。我们必须最大限度地减少消耗，保存体力。冷静判断，保持紧迫感，慌张而不慌乱，紧急而不焦急。”同时明确四项指示：

（一）增加国内订单。生产上的过剩人员调到营业部门。

（二）节减经费。彻底清点基层全部资材及消耗品，不得交托部下负责；逐一检查模具，减少外购费用和临时支出；电气炉尽量只开一台，合理安排日程，充分利用；除生产车间外，其他空调一律停用。

（三）削减劳务费。无谓的加班一律取消，无关人员的加班费一刀切。

（四）探讨降低资材购入价的可能性。

这种状况下，在公司总部，部门领导星期六照常上班；11月，董事与部长层领导主动提出削减工资，并波及课长、股长级（削减7% ~ 30%）。如此种种，依然无望扭转困局。

10月，大洋彼岸的KII的副社长肯・米勒与长谷川桂佑就是否采取临时解雇举措的问题发生了激烈争执。在美国，为防止企业入不敷出，通过缩短开工时间来削减工资、临时解雇等都是常规手段。换言之，必须硬着心肠遣散一部分员工，才能维持其他人的生活。肯・米勒基于美国的业界常识，主张临时解雇，而长谷川从京瓷思想出发，坚持要想办法让大家都有口饭吃。两人互不相让，最终稻盛赴美，否决了“临时解雇”，方才平息。

日本正是风雨飘摇之际，公司破产、大量裁员、工厂关闭、临时解雇……如果公司实行临时解雇政策，政府就会发放补助津贴，如此一来，劳务费负担也会减轻少许。公司内部也有这种提议，而稻盛却认为这条路旨在避重就轻，将责任推卸给当局。但是，如果不走这条路，销售额中劳务费所占的比重就会激增，1971 年 9 月至 1974 年 9 月平均维持在 15%，而之后却达到 32.5%。稻盛也曾考虑过动员职工主动离职，最终依然没有推行，但他不惮于通告全公司——“人员过剩”。

稻盛最终决定，一概不实行临时解雇或裁员，但各工厂事业部要将因订单减量而过剩的人员撤出。工作量减少后，如果还保持原班人马，工作强度大为降低，车间里原本剑拔弩张一般的气氛将荡然无存，这必然导致生产效率低下，以至于订单量反弹的时候会措手不及。基于这种考虑，生产线上只留下必要人员，其余员工成立开发部，归总务管辖，禁止进入车间。

五个小组，工作量减半则拆分成 2.5 个小组，其余人编入“预备役”，而“预备役”也以原小组为单位。大组保留大组长和小组长。如果有部门开始忙于新产品，即可全组转战。

每日晨会结束后，“预备役”人员立即去厂区内拔草、疏浚沟泥、集中培训或者参加技术学习会。事业部的负责人接手了这些过剩人员，虽然难以启齿，却不得不宣告“你发挥不了作用，所以出列”，而其他企业自动离职或者临时解雇已成常态，相较之下，无人对该举措提出异议。

有刚入公司的女员工平日因加班几乎没有休息而叫苦不迭，如今停了工作，听上司交代说：“去其他部门帮忙，或者去花坛拔草。”顿时凄然无言。

“那滋味真不好受！太痛苦了！”柴田五十二（1960 年入职）深有体会，不愿再度经历。劝说同事离开原岗位时张不开口，而看着原本与自己一同劳动的人集体去拔草、刷油漆、重新挑拣次品，心里也很不好受。即便如此，因为不会遭到辞退，在这一大前提下，无论是否“出列”，大家都心甘情愿。

最终“熬”了过来，但身处旋涡之中的人们，那段日子真是苦不堪言！

在这一困难时期，参与公司创建并在创业第二年的逃税事件中与稻盛一唱一和、演技绝佳的德永秀雄于1974年4月成为了滋贺工厂厂长。就任厂长后不久即遭遇生产与人员不平衡的问题。作为应对措施，各事业部门将当时委托外部的临时工作全部撤回，由本公司员工来处理。而人员过剩问题从第二年，即1975年3月开始越发明显。于是，滋贺工厂从约600名员工之中分离出50人，完全脱离生产第一线成立企划组，由德永亲自领导。

德永最伤脑筋的是如何保证企划组全体人员精神状态的稳定。他们或许会对命令自己离开岗位的上司怀恨在心，或许会妄自菲薄，这都是人之常情。与此同时，县内各家公司仿佛天经地义一般推行临时解雇措施，“如果经济状况持续不好，肯定头一批解雇我们”，他们的焦虑不安德永看得明明白白。对德永而言，如果企划组的人请假不来上班，他还能喘一口气，但他一直坚持说：“你们不可以请假，虽说见了面我们双方心里都不好受，但也请务必来上班。到公司来的话我还能帮上一些忙，如果你们休息，就真的爱莫能助了。”也有大婶哀叹道，每天背着便当来上班，却无事可做，很难受。寒风凛冽的日子里，为了建花坛而去河滩上捡石块，寒冷刺骨，几乎冻僵，德永一生难忘。

下雨、下雪时无法户外劳动，于是召集众人在大会议室里谈一些与信仰相关的话题，尽力抚慰他们忐忑的心理。渐渐地，话也说尽了。德永独自踱步到书店，买来钢笔字帖，吩咐字写得不好的人练字，督促平时几乎不读书的人捧起书来……总而言之，只要自己在，他们多少会安心一些。即便局面尴尬，也不得不硬着头皮承受，和他们在一起，真是煞费苦心。虽然也想脱身去做厂长的本职工作，无奈心里七上八下，总也定不下来。

这种状态从 1975 年 3 月一直持续至 5 月。起初德永根据记忆告知笔者，企划组共 100 名员工。后来查阅当时的工作记录，更正为 50 名。50 名员工在德永的记忆里却翻了倍，这并不单纯是记忆的误差，足以表明当时人员过剩问题沉甸甸地压在德永肩上，不堪回首。

稻盛一方面明确“决不裁员”方针，在经济低迷状况下依然在生产车间保持紧张气氛，同时向全公司公布人员过剩的事实；另一方面，稻盛“暂停加薪”的提议进一步证实了公司的现实困境。1974 年 12 月的领导层会议上，他提出积极方案——多抽时间投入新产品，力争早日面市，以打破困局。

一系列新产品问世

这一时期，太阳能电池、切削工具、再结晶宝石以及生物陶瓷（生物体内填埋材料）研制成功。

太阳能电池方面，1975 年 10 月，夏普、松下、美国美孚石油公司及泰科实验室合资（其中京瓷持股 51%）成立日本太阳能株式会社 JSEC。

作为切削工具的京瓷刀片发挥陶瓷高强度和耐磨性的优势，应用于金属加工，研制出超过硬质合金两倍以上高速切削的工具，并于 1976 年开始销售。

1975 年 8 月推出再结晶宝石，1977 年 11 月成立绿宝石销售株式会社。

在生物陶瓷——即所谓陶瓷生物体材料方面，1975 年春成立事业部。1976 年 8 月开发的齿科产品获美国 FDA（食品药品监督管理局）

认可，与美国强生公司联合销售；1978 年 11 月，经厚生省批准，荣获 1978 年度科学技术厅杰出发明奖。它除了用于人工牙根外，还用于包括整形外科所需要的骨折用螺栓、人工关节、人工骨骼等。这也算圆了稻盛当年学医的梦。

提议“暂停加薪”

即使在人员大量过剩、劳务费比重倍增的情况下，稻盛却依然决定“决不裁员”。稻盛明确指示节减经费的具体策略，研究开拓新产品，要求各层领导干部革新意识，全力应对公司徘徊不前的时期，从各角度突破，力求打开局面。作为一名企业经营管理者，稻盛熬心费力，而他眼中日本政府的“经营管理”却令人忍无可忍。

1974 年 3 月，国会通过公司临时特别税法，根据这一法案将增收税金 1.68 亿日元。稻盛得知后，怒火丛生，这分明是在欺压勤勉操劳的本分人。11 月烟草和酒类价格上涨。国家专营企业草案公布，自 1975 年 4 月起所有烟草品牌平均上涨 55%，而原本根据酿造量征收的酒类从量税更改为以价格为标准的从价税，变相提价。

国家专营企业涨价草案发表后，稻盛走访了京都经济同友会及工商会议所，倡议大家反对提价。其后，又在京瓷的干部会议上提及。表面看来，此事无关京瓷的经营，其实深有联系。

一方面因企业运转不力，国家税收降低；而另一方面，那一年的春季工会斗争导致工资大幅上涨，进一步减少了政府的年收入。据劳动省调查显示，当年加薪金额 28981 日元，平均涨幅 32.9%，金额与幅度均史无前例。公务员工资涨幅也达到前所未有的 32.48%，随即导致 8200 亿日元的财政缺口。酒类和烟草提价不过是一种对策。

民营企业一旦有意向提高产品价格，各家报刊会无一例外地猛烈抨击，企业只得以血汗换取收支平衡。而国家从事的经营活动，包括抚恤金、粮食管理账目、国有铁路等，即便毫无作为，国家财政也会年年增加。公务员相当于公司里杂务、总务的职位，如果其人数一味上涨，公司将寸步难行。公务人员抱着铁饭碗，主张大幅加薪，国家因此提高烟草和酒类售价来填补亏空。因为无关自身痛痒，对他们而言这只是一则简单的加减运算题。而此中利害稻盛却看在眼里，可向工商业界的人谈起时，他们竟无动于衷。

既然如此，“我们京都陶瓷不如变成宗教法人机构。环顾四周，枉费了一番口舌，那干脆各行其是。经济萧条，唯有我们要像凤凰涅槃，浴火重生”。

批判国家“经营管理”、批判社会的立场与京瓷独自的方向两相碰撞，稻盛提议“暂停加薪”，此举也蕴含着向日本社会的“经营管理”进言之意。

可是，这时正值发奖金的时期，工会提出最低发 1.8 个月份额的要求。稻盛的答复是发 2.1 个月份额。谁知员工之间却还有闲言碎语，说给股东三分五的高股息，有这些钱不如发放给员工。

然而，生产部门依然赤字。公司整体盈利是得益于存款的流动收益，这全仰仗高价购股的股东。三分五的高股息率对应股票时价为 50 日元，算下来不过 1 分钱左右。因此，所谓“降低股息”的逻辑在稻盛看来只是“纸上谈兵”。

倘若来年的春季工会斗争后工资上涨 20%，那么日本各类商品都会丧失国际竞争力。因此这并不是某家企业的薪酬支付能力问题，却关系着能否维持日本全部产品的国际竞争力。国际竞争力尽失，日本经济将功亏一篑。然而，放眼全球，正视日本经济，作为世界经济一分子，托高速增长之福而一团和气的日本劳资关系将何去何从，令人揪心。

稻盛如此向工会解释并在领导层会议上阐明道理。1975年2月《京都新闻》的“直线球与曲线球”栏目中，他探讨了经济发展与劳务费之间的因果关联，据此对日本经济的发展前景持悲观论断。与京瓷国际的圣地亚哥工厂相比较，1974年春的32.3%的涨薪使得日美薪资涨幅差异为零。而1975年1月，全美的新工资水平较前一年只提高了10%，而日本如果以15% ~ 25%的涨薪比率涨工资的话，将成为成本提高的最大因素，这将令日本经济失去国际竞争力。

“若要深究导致这次经济滑坡的因素，我认为必须将目光放长远。我果断将今年的春季加薪推迟半年乃至一年，是因为不仅在电子工业领域，整个产业界都应当考虑到国际竞争力，将日美间人力成本差距保持在10%以内。近期国际局势激烈动荡，日本民众‘小不忍则乱大谋’。借此，我呼吁每家企业不仅从自身支付能力出发来处理加薪问题，也希望大家能够关注国际大环境的动向，慎之又慎。”

3月5日，稻盛正式向工会提交申请，来年暂停加薪。如果一年难以接受，可改为10个月。

员工的反应

员工是否认可稻盛的提议？

在此之前，我们暂且偏离正题，介绍两年前，即1972年大学毕业后入职的两名员工——津田知博和时重明，追溯他们进入公司的前因后果。

两位在大学三年级（1972年）时偶然从报纸上读到京瓷公司荣获大河内奖的新闻，第一次听说京都陶瓷：“京都竟有这样的企业！”京都出生的津田也曾应聘过其他一两家公司，但通过面试，他感觉京瓷公司不分彼此，上下打成一片，这成为他选择京瓷的一大缘由。

而时重查询电话簿后前往西京原町租借的厂房一探究竟（位于山科的新公司大楼于 1972 年 7 月建成，因此他们是最后一批有幸亲眼目睹京瓷初创地的员工）。他见房檐倾斜，不由嘀咕道："会不会倒塌……"又联想起翻阅过的手头资料，钦佩之情油然而生。他也去过其他公司面试，但最高级别不过是部长面试；而在京瓷，他却直接见到了稻盛，这也是他决定留在京瓷的最大原因。稻盛目光如炬，看得人心里直发虚。而身穿工作服、脚踏帆布鞋的稻盛却和想象中企业高层领导人的形象截然不同，亲切和蔼，平易近人。

参加面试的人全都集中在滋贺工厂。点名时有人拖着长音回答"到"，点名者问道："你刚才是怎么回答的？"见那人默不作声，又说："不需要你这种人，赶紧回去！"当即责令其退场。二位对此事都记忆犹新。津田入职后分配在社长室人事科，而时重很快进入川内工厂。

在这二位入职的前一年，即 1972 年入职的柏原光人原本也对京瓷一无所知。

其父是产品供应商，告诉他京瓷公司很有意思，值得去看一眼。他于是来到西京原町，却找不到入口，只得去附近的香烟铺打听。入口处也没有传达室，只贴着一张纸，上书"有事来访请上二楼"。柏原踢踢踏踏地走上楼梯，推开门，一股升腾的热气扑面而来，他直觉这是一个蒸蒸日上、迅猛发展的公司。考试是一篇作文，题为《我的信条》。考完乘公交车去寺院，晚上举行联欢会。大家围在稻盛身边，一个接一个地自我介绍。翌日面试，不出三两天，录用通知已经送达，堪称高效率！另外一家公司在京瓷前一个星期面试，毫无特色可言，却在京瓷发下通知的一个星期后，又联系说希望再见一面，真是慢吞吞！他抱着"好像能干出点名堂"的想法选择了京瓷。

还有一名员工右成胜一，1973 年入职。他在拥有 2000 余名员工的机床厂工作了六年，看到招聘干部职工的广告，跳槽进入京瓷。从初次面试到稻盛会见他，同一件事会热情洋溢地讲好几次，这令他颇为感动。既然能够迈入人生的新阶段，那么能来到一家脚踏实地的公司，在备受尊敬的经营管理者手下工作，他觉得非常满足。他家在大阪，为了8点10分能到公司（晨会8点半开始），他6点半就得出门，开会晚了便住在五楼的大厅里，却丝毫不觉得苦累，每天迎难而上，勇于挑战，往返于大阪与京都之间三年，但入职第二年出现了暂停加薪问题。

以下是四位对进入公司第二年或第三年遭遇暂停加薪问题的发言。

时重："现实情况是没有订单。当时总说，实在没辙了，男人就去山里砍柴换钱。到那时根本不是不加薪，就算待在工厂也只有半天的活干。我当时在质检，从报废的次品中再挑选一次，想尽量减少一些浪费。我还拔过草。也有人愤愤地说什么还有贷款要还，其实根本无暇顾及，要是这一年都熬不过去还谈什么将来，很有危机感。"

津田："京瓷大有前途，只要闯过眼前这一关，就可以展望新的更大的梦想，并一一实现。对公司未来满怀信心，对经营管理者无比信任，所以大家才能欣然接受这个提议吧。"

柏原："我个人认为这么做的原因是拿不到订单。生产线闲置，生产负责人与营业人员一起忙着四处跑供销，总之获得订单是头等大事。谈下订单，哪怕今年不涨工资，通过我们的努力，明年也能涨20%吧。最终大家的观点达成了一致，但在征求意见时，单位里争执不休，尤其是拖家带口的人呼声很高。后来大家都同意，不如赌上今年一整年，此前公司在商场上无往不利，为了实现下一次飞跃，现在暂且忍耐，相信这一切终会有回报。"

右成："总之，我会服从公司的决定。之前所在的那家公司，没有出什么力，却发奖金，尽管按工会的要求加了薪，但最终公司一蹶不振。尽管公司还有一些存款，但必须意识到经营形势还是相当严峻。据我所知，周围没有人提出异议，一面倒地拥护社长的方针。”

当时工会会长是在打铁铺当学徒时经师傅介绍进入公司的奥村常雄（工会成立第二年起任会长）。奥村领导的工会接受稻盛的申请，决定提交中央委员会讨论，全体一致同意方可生效，即便赞成者占多数也不予通过。有些职工在还贷款或者有特定支出，不知能为他们做些什么，他们会提出怎样的质询意见，又如何给出针对性的答复，从那年年末开始，三个月间奥村等人苦恼不已。在职工大会上征询意向，虽说他们并没有表决权，但赞成与否的调查结果却令奥村等人高兴得热泪盈眶。虽然新进入公司的年轻员工有所抵触，但上了年纪需要辛苦养家的人竟然大力支持自己。

“我当然也希望能拿到钱。年轻人这个那个的意见很多，但他们都有车，省下两三次开车兜风的汽油费就挨过去了。没什么大不了的。我现在都是骑摩托车来工厂上班，经济实在困难的话就骑自行车。骑自行车就能来，用不着开好车。并不意味着要长期忍耐下去，是为了改善目前状况的一种应急举措。”

争议在所难免，但无论哪一次的职工大会，最终大家都赞成“暂停加薪”；1975 年 3 月 30 日，工会中央委员会全体一致通过。

这三个月的决算显示，虽然效益下滑，其后业绩迅速好转。6 月末，稻盛宣布，一年暂停加薪份额等量的资金作为夏季和冬季奖金发放（实质相当于加薪 13.7%，高于当年的电机厂商平均加薪比率）。

公司转眼重整旗鼓是因为暂停加薪降低了成本，还是受惠于外界环境，不能贸然定论，但是京瓷国内外的竞争对手却都效益恶化或订单锐减，这也是不争的事实。

作为导火索，石油危机引发了人员过剩问题和暂停加薪危机，就这样一一化险为夷。此外，因工会同意暂停加薪，有违上级团体“全纤同盟”的方针，最终，京瓷工会在临时工会大会上通过决议，退出“全纤同盟”。其后，公司制定工会宪章，探索独立发展的道路。

向世界一流企业迈进

1975 年 3 月，暂停加薪问题尚未尘埃落定之时，为了适应市场需求、推进产品生产，稻盛决定成立新事业总部。

一直以来，工厂作为生产制造单位，在厂长的领导下，根据产品划分并设置独立核算的事业部门。生产技术是公司的强项，因此偏重于从现有技术出发，拓展新品开发，而营业部门却对生产一无所知。于是，必须打通生产和营业两大部门，以市场为导向，事业总部充当领航员、指挥者的角色，引领各事业部门。那么，事业总部的部长绝非寻常之辈可以胜任。

“工薪阶层出身的社长，如果来自人事部门的话只懂人事，来自营业部门的话只懂营业，而中小企业的社长即便本身不是创办者，哪怕文科毕业，也能像生产部长一样说得头头是道。我本人呢，是个技术员，但也不能不管营业。别说什么无酒不成交之类的鬼话，但一滴酒都不喝也能谈妥。做不到这些，就不是称职的经营管理者。”营业、生产制造、技术开发、劳务、财务等各职能部门无不是自己身体的组成部分，但也不可一个不落地乱抓一气，那样最终一无所成。有所为，有所不为，稻盛正追求这种平衡。

“如果有人认为，成本不可能一降再降，那必须反思过去的做法。这就是转换思路。十五六年下来，陈年污垢越积越多——我指的是，容易将事情复杂化，经商越简单越直接越好。

“我们必须采取艰辛的发展方向，否则员工就无法生存下去。公司上下必须悬起一颗心，捏着一把汗，严阵以待，但又不能缩手缩脚。我希望今年能够坚定信念，以破竹之势实现飞跃，否则是死路一条。

“今年，全体员工都是销售、总务、采购和生产。虽说经济不景气，但我们正在尝试新产品，所以发展的脚步并没有停止。宗旨并不是支援营业，而是全员目标一致、思路统一，互相开展启蒙教育。自己有所心得，还要为身边的人答疑解惑，不希望出现浑水摸鱼的人。现如今，各家企业的经营管理者只图苟延残喘，无力求发展。此刻，正是拉开企业差距的最佳时机。望能举全公司之力，共同奋斗！力不能及的人可以离开。全体员工都是经营管理者，为公司经营管理而出力。这并不是要求你们为我卖命。

“本年度经营方针的重中之重是开发新产品、开拓新市场以及怎样才能快速投放市场。今年的京瓷不同以往，之前进军广泛的领域，以多样的产品打天下，而目前希望能多角度、全方位地维持企业稳定性，在此前提下推陈出新。”

1975 年 4—9 月的中期决算（自那一年起每年一度决算）报告显示，效益大幅度提升。在战后这场最大的经济危机中，经济状况持续恶化，大型企业纷纷破产。虽说如此，日本国内的彩电和计算机零件行业基本复苏，京瓷的IC组件等出口形势也有所好转。借向苏联出口价值 22 亿日元成套设备之东风，销售额实现 135.23 亿日元（与前期相比增长 54.9%），税后利润达 26.07 亿日元（同比增长 75.4%），均创下新高。经济萧条最具代表的兴人公司[1]在 8 月 28 日破产（战后最大的破产）。9 月的决算报告中，上市企业中三分之一出现赤字。在这一阶段，无论长期还是短期来看，京瓷都是名副其实的“无借债

1　兴人公司：日本生物化学企业，现隶属于三菱商事。

经营”。

当时，稻盛曾想去旁听京都大学的硕士课程，学习电子学、材料学、会计学等。过去他凭借无师自通的经验当统帅，而京瓷迅猛发展，早已今非昔比。以前的土枪土炮换成了机关枪和坦克，说不定还要配备火箭炮。但也有人说，不懂那些新式武器的操作，土枪土炮凑合足矣。

稻盛认为，现在的京瓷公司要求他加强专业素养，在此基础上进行规划和构想。为了成为世界一流的经营管理者，必须掌握这个时代最顶尖的学问。那时，他 43 岁。但因过于繁忙，计划一直没有付诸实施。

这里必须指出的是，稻盛自身并不是渴望成为“世界一流的经营管理者”。京瓷从一家微不足道的街道工厂起步，自那时开始，重重责任意识的推动之下，稻盛走到了今天。白手起家的小工厂如何维持下去，一股坚持不懈的意志力引领着他，来到了“世界一流”的高地。而“世界一流”的高地意味着相应的责任意识也是“世界一流”。因此，无止境地向上攀登是稻盛的宿命。这不仅源于无法抵挡的外部压力，也不仅是他自己一厢情愿的选择，稻盛正处于两者的平衡点上。

第二年的 2 月京瓷决定发行 ADR（美国信托证券，详见后文）。16 年前租借厂房开办的街道工厂，如今将在世界经济中心——纽约证券交易所登场。

同时，9 月度的决算显示，业绩显著回升。对一路突飞猛进的京瓷公司而言，日本经济形势的整体衰落是一次巨大的考验。真金不怕火炼，稻盛呼吁员工，将这一年视为飞跃之年（4 月会议）。新产品的推出虽不能算成功，却也步入了正轨。

1976 年 1 月 10 日，经营方针发表。开篇宣布，去年公司的业绩非常出色。

“这是过去经济形势良好时也不曾达到的惊人数字，实在了不起！在一团迷雾之中圆满复苏。我希望你们保持自信，但也不可骄傲。

“公司之所以能发展至今日，是因为我常保持着危机感。有些企业登上王位便高枕无忧，在电子工业界，他们会在眨眼间一败涂地。正因为本行业需要承受巨大风险，所以只有具备足够的才干和勇气，率先进行迅猛的技术革新，风险反而会转化为优势，如虎添翼。然而，若稍有迟缓也会全军覆没。

“若能在1、3、4月抢先投放市场，后半年市场占有率将会大增。据美国调查机构称，京瓷公司占美国组件市场份额的七至八成。今年宏观和微观经济前景都很明朗，但我觉得未来依然风云莫测。”

无论如何，唯有开发新技术、研制新产品才是发展之道，继而一鼓作气，顺势增产。此前减产时期为了维持生产效率不惜组成除草队，而为了避免几经锤炼的体制因增产而受到削弱，稻盛提出在不增加人员和设备的前提下增加产能这种“不合理要求”——考虑到之后产量也有可能大幅度回落，往前飞奔的同时做好后撤的准备。这绝对不是瞎折腾，稻盛认为，在电子工业界，这是赖以生存的法则。最终，1976年4月至1977年3月，该年度的销售额达401.9亿日元（前期相比增长35.6%），税后利润71.61亿日元（同比增长37.1%），为公司创立以来的最佳业绩。

发行ADR

经营方针发布两日后，即1月12日，稻盛由安城钦寿常务董事（1960年入职）等人陪同飞赴美国，与KII的上西社长、肯·米勒副社长会合，目的是发行美国信托证券（ADR，即American depositary receipts）。其他国家的证券在美国国内证券市场流通时，该证券或原始股必须存托于美国银行，由该银行发行并出售等值的ADR。继1961年索尼公司以后，日本数家公司都发行了ADR，1946年创办的索尼是在成立第15年发行的ADR，1959年创办的京瓷公司是在成立第17年发行的。

为此，京瓷编写了公司目录，国外投资者依据这份目录进行投资。美国各地召开公司说明会期间，稻盛广受赞誉，称其为“与众不同的经营管理者”。美国证券业顶尖杂志《机构投资者》的记者（*Institutional Investor Journals*）于28日对他进行了采访。面对该杂志社副社长、一位金发碧眼的美女记者的提问，稻盛又以赛马来做类比——一匹穷乡僻壤的赛马闯进了日本赛马大会，这回又来到纽约参加国际竞赛，美女记者听得很是新鲜。之后，稻盛一行来到大笔购置股票的机构投资公司。在那里，有人询问：“作为股东，您对京瓷公司的哪一方面最为关注？”稻盛做了如下回答：

“我公司的产品多销往半导体相关行业，所以该行业的动向成了关键因素。极端地说，这是一个迅猛更迭的行业，说不定我公司的产品明天就会被淘汰。然而，我们敏锐捕捉动态，不断开发新产品，以求得发展。今后京瓷能够发展顺利，取决于以下三点：①今后能否保持开发能力；②今后能否具有将开发出的产品投入工业化生产的能力；③能否持续产生效益。”

提问者莞尔，最后说道：“能见上一面真是三生有幸。”

此次“集体亮相”中，稻盛身高1米77，43岁，率真开朗，回答提问时不卑不亢、落落大方，这一切连同卓越的企业精神，给外国人留下了良好的印象。回想起当年从“斯巴鲁”到“世纪”的君子豹变，他曾忠告诸位部下，经营管理者必须在各方面具备“一流”气质。而在发行ADR的光辉舞台上，稻盛表现得无懈可击。

午间，此次ADR发行的存托银行——美国著名的花旗银行（FNCB，First National City Bank）副总裁举办午餐会；下午，股票承销证券公司美林（Merrill Lynch）向稻盛汇报股票的预购情况。据称，预购已超出发行股数，已无手持股，还有来自欧洲的预订，照此情形，估计证券公司没有必要采取通常发行股票时的稳定股价策略。

28日当天，根据东京证券交易所下午3点的收盘价决定了美国的卖出价格。纽约时间凌晨1点，京瓷与日美两国的承销证券公司（日本为大和证券）相关人员齐聚广场饭店，等待那一刻的来临。在现场，一边对第二日提交给美国证券交易委员会（SEC，Securities and Exchange Commission）的公司目录进行最终调整，一边通过连接日本与广场饭店的热线电话传达日本股价的动态。

日本的收盘价是3600日元，而美国的卖出价格必须兼顾京瓷公司的意愿、美国投资者的意愿、日美双方的股价浮动、日元兑美元的汇率——日本股价浮动一日元相当于美国股价浮动八分之一美元等等。因为八分之一美元之差会导致3750万日元的净收入差额。最终，凌晨3点，稻盛一锤定音，以ADR（原价2股）23美元成交。

正午过后，SEC批文下发，大家开香槟举杯庆祝之后，美林公司举办午餐会。当天恰逢稻盛生日，与会者同唱生日歌，赠送蛋糕和礼物，稻盛致辞。原极东贸易的KII副社长永井立升担任翻译。

“我认为，经营公司是一门艺术，相当于在一张白纸上作画，要求彻底发挥创造力，方方面面都完美无缺，如同无瑕的白玉，触目难忘。我倾全力打造的这件艺术品得以在世界经济中心——纽约展示，不知会得到怎样的评价，万般期待，同时也忐忑难安。所幸即日售罄，赢得‘十全十美’的褒奖，喜不自禁。衷心感谢我们的员工及参与者的协同努力。而本公司公开招股的时间凑巧与自己的生日重叠，这样的人想必全世界都罕见。恐怕世界上再难找到谁能如我有这般好福气。我对将自己带到这个世界上来的双亲表示深深的感激，同时不知该如何向我的妻子描述这份幸运。”

傍晚，稻盛做东，在法国餐厅举办宴会招待相关人员。宴会上，KII社长上西阿沙致辞。

“京瓷公司不存在一定之规。这在美国真是难以想象，每天早晨包括领导干部在内，全体员工打扫办事处，开晨会，做早操；工作得废寝忘食是家常便饭，还会连续多日埋头工作到深更半夜。恐怕这可算是京瓷的常规。只要京瓷的常规能延续，公司必将不断发展。”

来美国头三个月禁止上西说日语的梅村正庆听到上西这席话，又因这次庆祝辉煌成就的美酒而微醺，不禁喜极而泣。

宴会上，人们喜笑颜开，熠熠生辉。结束后稻盛送别客人，竭力抑制住快要涌出的泪水。

本次ADR发行160万股，净收入50亿日元，全部投入KII。

很多员工不禁感慨，我们公司竟然也能走到这一步。原本收购圣地亚哥工厂的时候，员工大多不以为然；在美国发行股票，当日售空，他们仍难以置信。长年累月在车间厂房挥汗如雨的工人们茫然不明所以。

对此，稻盛早有预料，他特意做好准备，以便员工能具体了解“公司如何走到这一步”。那就是从那年夏天开始成为惯例活动之一的，组织员工子女赴美旅行。当地《京都新闻》报称：“在经济低迷的泥沼里竟有如此令人羡慕的事情。”毋庸赘言，稻盛首次赴美时感慨万千，并希望孩子们也能亲身体验他当初赴美的心情。并且，公司并没有限制员工必须连续工作多少年以上才能参加此活动。在册所有员工的子女，从小学五年级至初中三年级均有资格参与抽签，选中20人进行为期两个星期的美国旅行，费用全部由公司承担。从1978

年起，KII员工的子女赴日旅行也成为惯例。

选中者会收到以稻盛名义发来的通知，其中稻盛寄语道："这笔费用是你们（孩子们）的父亲、母亲以及他们的同事用血汗换取并积攒起来的，请不要忘记感谢为你们提供这次机会的父母和身边的人，希望你将来也成为一名值得他人感激的人。此外，我称自己为'爱做梦的人'，即便周围总有人泼我凉水，但我依然执着地努力去实现。希望大家也能勇于追求理想，美梦成真，愿这趟旅行能为你们的梦想添砖加瓦！"

这个通知中也倾注着稻盛的一贯思想。稻盛追逐梦想并为之付出努力，员工们因此辛苦工作，任劳任怨，这幅单纯的图景正勾勒出京瓷的发展面貌。因为这种思想实在不足为奇，所以局外人难以感同身受。

下一章笔者会进一步讨论这一问题。

狂之章

不拘一格

前文追述了稻盛遇事时何等语重心长，但若不顾及一下员工对此的感受，可能就会有失偏颇。稻盛一有机会便会劝导员工，四平八稳才好工作！而员工工作起来常不拘于一般的繁文缛节，称其为“京瓷狂徒”恐怕也不为过。这种“狂徒”精神正与稻盛自身突破经营管理者桎梏的一贯立场正相契合。

每一名员工的发言都透露出京瓷的特质，即便不曾亲耳听到稻盛的言谈，也能描绘出京瓷的图景。因为京瓷的构造极为单纯（因此也极为强大），员工无不表现出京瓷的全貌。原因在于，员工虽然只是公司的一分子，却也具备京瓷的整体特征。他们并非马赛克一般拼凑而成，而是一种全息性的局部，犹如一叶知秋。川内工厂遇到一名高中学历的员工，他讲述自己刚入职时感到相当意外：“原以为我只是流水线上一个不起眼的工位……”（福留重夫，1976 年入职），这句话道出了局部和整体的关系问题。

倘若只见员工的“狂徒”之态，却不倾听他们对稻盛的看法，描述他们心中的稻盛形象，就容易一概而论，以为他们不过是“兢兢业业的普通职工”。既然高层领导和基层员工都不拘一格，那么衡量企业的一般尺度在理解京瓷公司本质时是否根本行不通，必须另寻他途？这一假设在本书的采访工作进行一段时间后成为笔者的基础认识。与此同时，一手打造出这家企业实体的稻盛思想，自然而然地印刻着昭和初期出生（1932 年）的那一代人的特质。

我们暂且告别ADR发行后的宴会结束时忍着泪水送别与会者的稻盛，回到“狂徒们”的视点上来。

撞头磕脑，千回百折

“早晨你要撒种，晚上也不歇你的手，因为你不知哪一个会发旺，或是早撒的，或是晚撒的，或是两样都好。”

创业以来员工的奋斗历程令人想起《旧约全书》中《传道书》的这一节。

山本正之，1935 年出生，从立命馆大学毕业后进入某公司，随后主动辞职，1962 年进入京瓷。他后来才意识到自己进了一家破工厂，却也没有了退路。当时公司不过一百人左右的规模，每天拼着命地干，真担心身体会垮掉，不知道能坚持到什么时候……上司鼓励他：“现在工资低，也请再忍耐一阵子，一定会好起来。”之前所在那家公司气氛宽松而温吞，看到京瓷员工每天不停歇，自己也有了“只要身体吃得消就得好好干”的劲头。

从京都普通高中毕业的坪野勉与山本同一年进入京瓷，他起初完全不理解稻盛的想法，总嗤之以鼻：“净说好听的！”四年不为所动，连老员工波户元（“反稻盛之乱”事件的参与者之一）等人都说：“坪野这小子真没治，太不懂事！”稻盛利用联欢会等机会与坪野等员工谈话，耗费了数倍精力。时而安抚，时而鞭策，甚至一起去澡堂，从不会高高在上。在此期间，坪野的上司岗位调动，第二天起营业部门电话打个不停，每天回到宿舍已经是夜里两三点。过了两三天，他昏昏沉沉地上班时被待在工厂大门附近办公室里的稻盛撞见。“这样下去不要命了？”于是立即补充了人手。自那之后，坪野对稻盛逐渐信任起来。他也开始理解，因为稻盛本身工作已经忙得够呛，说话从不拐弯抹角。

“辞职信递交了好几次。”1960 年入职的波户元省三说道。每每工作陷入僵局、撵不上稻盛时，他都痛苦不堪，便想辞职。工作任务接连不断地被分配下来，虽说波户元非常感激稻盛让他负责这些工作，但因为自己根本无法像稻盛期待的那样把工作做好。于是，他感到非常苦恼，就揣着辞职信去见稻盛，每回经稻盛一劝，连辞职信都没能拿出来。在滋贺工厂上班时，几乎没有星期日，大家也都无意调休，一心扑在工作上，白天黑夜不在家，附近的人常问他妻子：“您家先生什么时候回来？”

进入公司后全力拼搏，19 年转瞬即逝，为跟上公司的发展速度，波户元不顾一切。然而，跳槽进入公司的领导干部越来越多，作为元老级员工，他们恨不得每天多干八小时。总之一句话“加把劲”。波户元认为，汗水不会白流。

与波户元同时进入公司、“反稻盛之乱”事件的另一名参与者柴田五十二不曾写过辞职信，却也动过好几回辞职的念头。1978 年 7 月进入总公司工作前，他从没离开过生产一线，所负责的事业部有 130 名员工，工作非常辛苦。但是他认为如果只有自己还好说，为了大家可不能打退堂鼓，于是坚守着工作。有大学毕业进入公司不到一年的部下邀请他参加聚会，结果被集体责难道：“你工作太拼命了，有你这样的人在我们都偷不着闲！”他反唇相讥：“胡说八道！”

柴田说，在报纸杂志上看到有关公司的报道，这才意识到：“我们干的事情竟然这么厉害！”当初并非为干一番大事业而来，况且也算不得轰轰烈烈或者风风光光，反倒整日灰头土脸。为何会取得举世称颂的业绩？原因不外乎工作中遇到问题肯下功夫钻研。如今问题虽然不多见了，但那时工厂四处也经常有争执，大家撞头磕脑，千回百折，在前进的道路上终于摸索到自己的步幅。一旦发生问题，争论不休，剑拔弩张，不愿再犯同样的失误。公司内部也有买进卖出，一举一动都与金钱有瓜葛。自己所在部门出现了次品将会造成多少损失一清二楚，所以力争杜绝损失。而如果因为其他部门的原因造成次品，免不了前去痛骂一顿。

工会秘书长福井诚于 1973 年跳槽进入京瓷。他作为材料研究所总务部的负责人，早晨第一个来到研究所上班，也是最后一个下班。他常自问道，自己又不是研究人员何苦这么努力？研究所的年轻同事也曾问他，为何如此拼命工作？

“我不是什么能人，除了用体力来报恩，没有其他办法。”

“女工们也在车间里奔忙。现在播撒种子，将来才能开花结果。发奖金也是一个道理。我知道必须开发优秀产品才能得到回报，但我自己不懂技术。为了减轻培育种子的研究所年轻同事们的工作负担，我早晨提前来，一边收拾桌子一边脑子里不停转，想着得帮他们解决某个问题或者某产品下了订单到现在还没有交货……公司经常会用到电器，管理是否安全规范，工伤补偿措施是否完备，前前后后、方方面面都考虑清楚，否则我不放心回家。”

工会活动大多定在星期六和星期日。暂停加薪那段时期，一年 105 个节假日，福井只休息了一个星期左右。“为了大家”是他的精神支柱，辛苦劳累自不必说，也想多放一天假，但既然自己人生的行动原则是“为了大家”，就必须负起责任，这是他的人生态度。他从没想过辞职，但与年轻的同事闲谈时发现，他们对自己完全不理解，这种感觉与其说痛苦，不如说是悲哀。

与福井同龄、同样跳槽进入公司的右成胜一在京瓷工作的这些年里印象最深的里程碑事件是发行ADR。然而，他一贯的态度是，何必浪费时间探究哪件事具备划时代意义，不如重视每一天。所以当笔者郑重其事地问他，里程碑是哪件事？他竟一时语塞。恐怕所有的员工都有差不多想法。功夫不负有心人，长年累月的奋斗最终为世间认可，倍感欣慰，与此同时斗志也油然而生，日复一日，良性循环。他说，归根结底在于坚持不懈的努力。

转折点意识在每一名员工心中都非常淡薄，稻盛更是如此。当我问到京瓷 20 年间有几次转折点，他答道："没有什么转折点，过去是一张白卷。"作为采访者只觉怅然若失，不知访问如何继续，犹如坠入深渊。话说回来，哪怕一部事无巨细的京瓷公司发展史，依然无法触及京瓷的某些实际面貌，那里隐藏着所谓的"秘密"。

非契约关系

但是，3600 多名员工并非每个人都能保持清醒的头脑和客观的认识，并倾注到日常工作当中。在滋贺工厂遇到一名年轻员工，高中毕业后进入公司工作了一年零八个月，他说道："加班多，节假日也得来上班，长期在这里太辛苦了。"应该有员工想法相仿，这也无可厚非。

还有这样一件事。事业部刚组建时，营业部长是中途进入京瓷的。上班第一天，恐怕是原公司的习惯，他翻开报纸读着读着打起盹来。其他事业部的股长见状毫不客气地来到身边，直言不讳："部长，我们公司没有人一大早就看报纸打瞌睡。报纸在家读完了再来，如果困了麻烦上楼（总公司五楼的榻榻米房间）休息。"那位部长火冒三丈：“小小股长敢这么嚣张！”当晚召开的欢迎联欢会上，此人向稻盛抱怨说，今天遭股长一顿训骂，公司怎么能有这种事。稻盛答道：“你还好意思说！上班第一天看报纸打瞌睡，股长提醒你，竟然还因此生气，哪是新上任的状态！你应该认为，他骂得好！”翌日起，这位部长再也没有来上班。

类似前文提及的高中毕业职员以及这位“一日部长”的例子不计其数。今日的京瓷，如同大浪淘沙一般。

柴田五十二以江川的干流和水岸作比：“有些人仿佛岸边哗啦哗啦的小水流，经过两年三年，他们并不会分流出去，却汇入干流。我们的工作是缩短这一阶段的时间。”

话中所言“我们的工作”，是指成为一名稻盛思想的传道者、传教士，京瓷领导干部有义务在日常工作中承担传教士的职责。对此，他们与稻盛心照不宣，而这种“默契”成为双方的不解之缘，远非公事公办的纸面合同关系能比。

而且，身处京瓷“干流”的员工，他们的工作状态，哪怕在其他场合，也会无意识地流露出来。

某日，一位京瓷的董事乘坐出租车，司机转述了京瓷总部附近某餐厅阿姨的话：

“京瓷员工常来我家吃饭，他们可真吓人。从进店到饭吃完尽说些工作上的事，吓死人了！”

这其实是京瓷的常态，是“干流”的家常便饭。疯狂工作的员工可能随处可见，但所谓“疯狂工作”一般指尽职工的本分，勤勤恳恳，任劳任怨，甚至工作过度，却没有触及实质问题。

京瓷自创办以来，公司内部仅凭经营管理者与员工的关系是无法解决所有问题的，这一点有目共睹。人与人之间不仅是管理者和员工的关系，有时是师傅和徒弟，有时如同父子一般相处。稻盛并不觉得两者有别，与稻盛“一道”组建京瓷公司的人们同样如此认为（只不过我说“一道”，元老们肯定不认同，会连连解释道，哪有哪有，只不过是拼了命追赶才能追上稻盛）。

管理者和员工的关系如果参照师徒关系的话，那就会别有洞天。《课堂上的孩子们》（日本放送出版协会）一书收录了下面这篇林竹二（原宫城教育大学校长）与竹内敏晴（导演）的对谈。

我认为所谓授课，就是帮助孩子们攀登到运用自己的手脚无法独立抵达的高度，而要授课，就必然需要教师。可现如今却误将教师工作不到位当成培养孩子的主动性。实质上，这种误解孩子“自发、主动行为”的想法本身并不纯粹，甚至夹杂着卑劣的成分。唯有将其击碎，才能还原美丽而真实的面貌。

击碎后才能一睹其内在实质。尽管现在确实还没有暴露出问题，但在出现问题前，必须毫不吝惜地一一击碎，直到深藏其内的珍宝出现。只有相信这种珍宝必然存在，你才不会半途而废，草草了事。击碎后还必须有觉悟、有能力去修理整顿。

这里说的“授课”可与京瓷的“经营”相类比，教师与孩子们正如稻盛与员工。由此可以理解，稻盛为何在具体的工作现场对员工严加斥责，而开会或联欢会时也不忘晓之以理。这种理解角度可能有人会认为有失客观，但仅仅依靠冷静客观的观察也必有疏漏之处。

京都大学名誉教授、因批判达尔文进化论和学术探险活动而闻名的今西锦司，曾作为领队登山。对此他说过下面这段话：

“的确，当看到老爷爷也登上山的时候，我就想‘执念’真是不可小觑。比如要攀登喜马拉雅，就要拼命组建登山队，但在这过程中，却总会有人打退堂鼓，但我们坚持用这种‘执念’来‘浇灌’他们。于是，有人会愿意和我一起出发，甚至帮我去说服其他人。这是另一种意义上的‘教育’。我认为这是真正的‘教育’。”（载于《日本经济新闻》1979 年 9 月 22 日，与日本山岳会会长西堀荣三郎的对谈）稻盛对员工的教育与其殊途同归。

人与人交往时，无论社长还是职工，同为劳动者——这应该是稻盛的准则。这一准则并不是理念中或表面上的平等原则，而是从根本上（即稻盛常说的原理法则）源自一个人或者说一名劳动者的正当言行与态度。稻盛认为，在京瓷工作是一种休戚与共的创造行为。

因此，以观察普通企业的目光、仅仅通过经营者与工人的契约关系来衡量的话，必然会发现超出那个尺度或者达不到最低限度的部分。此时，人们往往不会质疑既有尺度，却对超出尺度的状态起了疑心，从而将自己理解不了的状态斥为“发疯”或“宗教性质”。因此，如果不理解包括超出部分在内的整体，就无法探得京瓷的本质。

关于这一问题，先介绍一位曾经在大企业任职的员工，他进入京瓷公司时间不长，却身不由己地汇入干流之中。然后，再通过几名员工的发言做进一步的思考。

“进入的并不是一家企业”

新崎盛敬与稻盛同样出生于 1932 年，1954 年他从东大经济系毕业进入三和银行，前后担任人事课长、驻澳大利亚办事处处长等职，1977 年 5 月进入京瓷公司，成为贸易事业总部部长，6 月荣升公司董事。笔者见到新崎时，他进入公司一年半左右。

新崎初见稻盛是在进入公司仅一个月前，当时澳洲的工作经历在他的心中留下重重阴影。澳洲物质丰裕，在勤奋的日本人眼中，澳大利亚人工作起来毫无干劲，敷衍了事，只盼着下班呼朋唤友地聚会。

而新崎受基督徒伯父的影响，信奉禁欲主义，他越来越强烈地感受到，如果经济发展的最终目的仅仅是饮酒作乐，那么内心难免空虚。加之他那一代人亲身体验过战时、战后的饥荒，根本无意追求物质享受。于是他起了隐居山林的念头，憧憬着西田天香[1]在山科一灯园的生活。尽管并非对银行的工作有什么不满，但是，他想，如果与稻盛这样的人相遇能成为实现自己精神富裕的突破口，那么不妨一见。于是他见了稻盛，希望了解稻盛的人生哲学，并在见面当天便做了加入京瓷的决定。

“如果他所说是事实，那可真了不起，竟有这样的企业在第一部上市，不如赌一把！”关于待遇、职位两人都没有提。

而这位初次见面时与稻盛谈了几个小时便断然做决定的新崎引用了《圣经·新约全书》“希伯来书”中的一节：“信就是所望之事的实底，是未见之事的确据。”他并不完全了解稻盛这个人，也不知京瓷公司的全貌。然而，冥冥中却有“确据”一般的启示引领着自己。或许也蕴含着某种期待，从而将“未见之事”当成“确据”，基于“所望之事的实底”，他下定了决心。

“我认为进入的不是一家企业，而是一个宗教团体，类似于佛教徒的苦修。”总之，新崎打算在三年间虚心求教，虽说对京瓷不是全盘认同。

由新崎主持的事务敲定会议时，他会要求大家提交：①什么问题；②解决策略；③总结出自己的第一方案和第二方案。然而，京瓷的会议每次一开始便语无伦次，听得人糊里糊涂。他不赞同稻盛开会时不限时，一个一个点名，并询问“什么问题”“这么行吗”这样的处理方法。因为在会议时间内很难集中意见，没有时间观念是京瓷的

1 西田天香：（1872—1968）日本宗教人物，教育家，1905 年在京都山科区成立“一灯园”。

大忌。

“不在乎浪费时间，不记得工作是在与时间较量。”然而，他们都是单纯朴实的人，感到有义务照料他们——新崎如是说。

新崎以及他的同辈人，即出生于昭和初期的人，多数还保留着一种浓厚的理想主义色彩，认为工作是实现自我的方式，或者说是实现更高价值、为应当实现的价值而奉献一生的途径。这种想法在自诩潇洒的同僚看来得不偿失。除了工作，你还剩下什么？然而，阿基米德就是在洗澡时悟出了定律裸身飞奔而出，这种状态与稻盛所说“渗透进潜意识的愿望”本质一致，如果艺术家或科学家会因此备受赞誉，为何却对企业人另眼相待？新崎说，企业人也会如此，他向在银行工作的朋友、医生描述京瓷的工作状态时，对方常说：“真无法想象，这么拼命！”

不仅新崎，笔者采访过的每一名员工几乎都遇到过类似事情。“接到任务后顺利完成，那种充实感才是人生价值、工作价值。在京瓷公司很多人很早就已经深有体会。任务将在我手中顺利完成，这种情绪下自己会忘记时间的流逝，一不留神工作到深夜，却丝毫也不觉得痛苦难挨。常和大学时代的朋友聊天，自己进入公司一年半载时就已经独立完成的工作他们才刚刚接手。而谈起自己目前的工作内容，朋友大多会吃惊，说在自己公司这是课长级别才会做的事情。”（津田知博，1973 年大学毕业入职）

“工作与生活不可分割。在工作中一出现什么念头，脑子会止不住地思来想去。责任并非来自分配指派，却是自己主动去承担，所以会想尽办法地实现。完成任务也就实现了自己的人生意义，进而才能真切地感受到自己还活着。坦率地说，从没有人招呼我下班时间以后再干点什么去吧（笑）。在工厂里常和上司说，大学毕业时我以为上班就是每天按时打卡，下了班去廉价小酒馆喝上一杯。抱着这种想法

来到公司一瞧，根本不是那么回事！但我从不觉得苦，倒认为就应当以这种方式生活。”（时重明，1973 年大学毕业入职）

“学生时代随心所欲惯了，进公司上班后反倒不知道空余时间该做什么好了。周围的人都说我，何必工作到这么晚？而我自己却乐在其中。一方面，是有任务交代下来，另一方面，为了让自己手头的工作有进展，会一鼓作气，不完成决不回家，从没有因此觉得苦。常有人问，干嘛像个拼命三郎？又有闲言碎语说，公司随意使唤你们，压榨劳动力之类。贸易公司的人也常说我们是疯子。我自己从没有过这种想法。”（柏原光人，1972 年大学毕业入职）

“新进公司的人，如果以普通上班族的心理来应付，根本待不下来。在迫于无奈去做事的心态下，对工作也没有兴趣。所以一开始就告诉自己，必须自己主动去做。时间一到不管手头有没有活就下班回家，出去旅旅游、打打麻将、过过小日子，这样也不是不行，但男子汉大丈夫，还是应该通过工作发现工作的意义、人生的价值。”（坪野勉，1962 年高中毕业入职）

“参加同学聚会，有人毫无预兆地来一句，你工作这么拼命赚得不少吧？可是，京瓷的人从来不会觉得自己工作过度，大家都很享受工作的乐趣。”（右成胜一，1973 年跳槽入职）

“朋友们常说我何苦这么拼命工作，也不多赚一分工资。不对，你赚的 1 万元和我赚的 1 万元分量有差别！因此我很满足，也并没有感觉不自由。在某外资企业工作的人工资极高，生活光鲜亮丽，开销也很惊人。存不存钱并不重要，更重要的是切实地感受到自己在流汗，有劳动的充实感。世俗观念认为我们是傻瓜，也不理解我们说的话。不过，开商店的人、雇用几名工人的街道工厂的人、还有让自己新入门的媳妇管账的人，他们却都懂。”（福井诚，1973 年跳槽入职）

“旁人看来工作辛苦，但辛苦得有价值，其实非常享受！”（三宅

新一，1965 年入职）

局外人以为他们是工作狂，当事人却乐此不疲，这一感受却难以传达给局外人。只能说，切身体验过的人才会明白。

诗人石原吉郎曾这样描述能乐中的“狂女[1]”：“舞姿疯狂，内心却藏着一个坚不可摧的愿望。”（《一期一会之海》）京瓷员工的“狂态”同样可以理解为，源于内心所藏的“念想”或“愿望”。这种“念想”深刻影响着稻盛与员工之间的各种关系，而这种关系又凝聚成员工心中的稻盛形象。

员工描绘的稻盛形象

员工都说，在联欢会等场合与稻盛见面交谈后，会觉得自己似乎成长了许多，受到了某种难以名状的影响。

“稻盛是一个注重内心精神世界的人。”（山崎和之，1977 年高中毕业入职）

“遇到社长后，自己的生活方式焕然一新！”（长谷川桂祐，1967 年入职）

“面试的时候，稻盛问我座右铭是什么。我答道，并没有什么特别的座右铭，但在公司工作七年，严于律己、宽以待人，这句话一直铭记于心。当时社长却说，‘这很有问题，宽以待人是不是妥协的产物？所谓宽以待人，必须要通过严厉的方式才是正确的。你自己有时候是不是也会睁一只眼闭一只眼，心想用不着发多大火？’听到这话，我瞬间感到，他已经将过去七年间的自己看得一清二楚。”（福井诚，1973 年跳槽入职）

1 狂女：指日本传统能乐中不顾一切追寻感情的女性角色。

“刚来的时候从早到晚没少挨训，稻盛哪天没对自己发火的话，我反而感觉很失落，心里很不是滋味——大家应该都差不多。”（波户元省三，1960 年入职）

“京瓷发展壮大的原动力是社长的梦想。社长有了什么打算，会自己在前方引领大家齐心协力跟上。在这样的环境和氛围下，社长的设想一件接一件地实现，日积月累，越做越大。”（樋渡真明，参与了京瓷的创业）

“社长常出人意料地打破常规。连续不断的突破，如同宇宙爆发一般无限扩张，永无止境。等我们抵达预定目标，社长却又先行上路，引着我们继续前进。”（青山令道，1960 年入职）

这些对稻盛的描绘之中蕴含着一份信任和尊敬，连局外人也看在眼里。再结晶绿色宝石在东京召开展销会期间，一位素昧平生的七旬老人来对冈川健一（人工结晶绿色宝石专务董事）说：“听年轻的员工对贵公司的社长交口称赞。没想到那么年轻的员工平时都能经常接触到社长，而且大家对他赞不绝口。一般来说，班车上总有人会对社长或者上司抱怨几句。虽然没有与社长见过面，但我认为，贵公司的社长真是了不起！”

这些年轻员工当然不是有意识地为公司宣传而奉承稻盛，只是心直口快，毫无掩饰地倾吐了平日的感受。一定有人不以为然，认为领导实行高压政策，统一员工口径。对此如何理解，取决于各人的经历和心态。

1929 年，鹿儿岛出生的弗兰基堺[1]无偿担任京瓷的公关顾问。他在工会召开的演讲会上曾一语道破：“京瓷是倒金字塔结构。”具体说来，稻盛并非站在组织的顶点由员工支撑，却位于倒金字塔的底端，

1　弗兰基堺：（1929—1996），著名演员，本名堺正俊。

支撑着整个京瓷。一针见血！

“在这里工作，心里有这种欣慰感。因为即便失败了，我们也能得到社长的帮助。”（奥村常雄，1967 年跳槽入职）

“因为得到信任，所以自己能放手一搏。全力飞奔时，摔倒了也会得到帮助，没有后顾之忧。”（青山令道，1960 年入职）

这些言谈都能反映出京瓷“倒金字塔”的状态。

“进入公司以来，社长和高层领导对我们进行培训、教导，大家都尽心竭力地给我谈话。谈话的内容都归结到社长所讲的道理上。每一名领导干部都朝着同一个方向前进，我们随之也感受到激情。如果在工作上感到痛苦的话，那是因为领导和员工在思想上没有产生共鸣。社长的领导力并不是一种技巧，而是他人格的全部体现。”（新田和夫，1974 年跳槽入职）

“社长曾对我说，要保持活力。听到这话，我顿时热血沸腾，这句话一直印刻在自己的脑海中。不知道为什么，它增添了我的自信。”（右成胜一，1973 年跳槽入职）

“社长言传身教，告诉我们工作和生活的道理，同时敦促我们去体验。这些已经超越了理性的层面，‘单位时间价值’‘阿米巴组织’之类技术手段的有效性与社长伟大的领导能力相比，根本不值一提。”（新崎盛敬，1977 年跳槽入职）

“哪怕是很难的技术，经过社长一说，就觉得可以做到。这似乎决定了我们一大半的开发能力。”（山本正之，1962 年入职）

综上而言，如果仅凭其海外战略、经营手段和技术能力的话，京瓷无法取得如今的发展态势。

与“反稻盛之乱”事件的参与者之一波户元省三聊天时，他不时地冒出对稻盛的尊敬、信任之语。笔者不由得感慨：“受到这么多员工爱戴，社长真是幸福！”而这句基于常识的判断当即得到一个极其自然却又斩钉截铁的回答："不，我们才是幸福的人。机缘巧合进入公司，邂逅了杰出的人，能在他那里工作，何等幸运！"我一时语塞。那时，为本书采访、积累素材已经三个多月，话中所提到的"邂逅"正是一个关键词。

"石油危机"的翌年，即 1974 年，公司上下为打破困局全力以赴。伊藤谦介（在松风工业与稻盛相识并参与京瓷创业）在某次会议上，对部下们谈起草创时期的稻盛："至今印象深刻的是他告诉我们什么梦想。"接着，讲述了下面这段话：

"那时我们只有一座隧道炉、两只单窑炉、两三台手动冲床和土炼机，仅此而已。刮台风时，因为玻璃经不起风吹，我们就得拼命地用手摁住玻璃，板壁上也系上绳子防止倒塌。然而，我们怀揣梦想，团结一心，同悲同喜。社长常将军歌中那一句'一支烟两人分着抽'挂在嘴边。大家意气相投，同分一杯羹。基督徒说，面包为基督之肉所化。同样，大家分享的并不是东西本身，而是一种精神。"

冈川健一也说："社长赋予了我人生的意义。"

或许有人不以为然，说人生的意义怎么能来自于别人的给予。而毫无疑问伊藤和冈川的话却是二位《诗与真》[1] 的表述；仅凭与稻盛的一次会面便决定进入公司的新崎用"信仰"来形容"相识"的"真"，其意相通。

若有读者认为伊藤、冈川、新崎他们的言谈过于正经，那么，下面这种说法如何？本藏富贵子（进入公司一年半时采访）原本和双亲的意愿一致，希望找一份双休日、高工资的县内工作，于 1977 年高中毕业进入京瓷，被分配到国分工厂。他与来工厂视察的稻盛握手后一天都没有洗手，是个乐天开朗的人。

1 《诗与真》：德国著名诗人歌德的自传，以"诗"的笔调描绘了自己"真"的人生历程。

“我觉得他是一个花园的主人。花园里，玫瑰呀，百合呀，鲜花盛放，但他却连野草也不忘施肥……”

“年纪轻轻，说话却老气横秋”

某位经营管理者对稻盛说：“不把全世界的钱都赚到口袋里，你不会罢休的！”也有中小企业主认为：“何苦这么拼命，是为了争名誉吗？我们只要一家老小吃饱穿暖就够了。”

我们会想当然地以为，如果员工勤奋工作，对社长推心置腹，信任有加，那么高高在上的社长就只需要坐享其成。事实上，并非如此。社长唯有不断努力，才能不负众望，回报员工，并将这份信任延续下去。

1971 年秋，即收购飞兆圣地亚哥工厂、二部上市后不久，稻盛与京瓷的名声横空出世。当时稻盛还不满 40 岁，他遇到了一位不仅在关西、在日本也是数一数二的、很有名望的社长。

“你年纪轻轻，说话用不着老气横秋的。像你这么年轻的实业家，一般都是又贪钱又贪色，老老实实说自己就冲着这些，又有什么关系？天经地义的事！像我这样上了年纪快要一只脚跨进棺材的人，才看破钱财和美色，心如止水。可是听你说话，好像比我都老成……”

听了这话，稻盛想：“到了六七十岁，功成名就时，手头也有了积蓄，便可超然自得，这谁都能做到。年轻人这种明知不可为而为之、义无反顾的无畏气魄，他们无法理解，以为我只是在说漂亮话。”

稻盛从不碰围棋、象棋和麻将之类。他已经押上了旷日持久的人生，每天都在赌输赢、决胜负，所以并不在意那些小小不言的成败。然而，他也不会在员工面前装成圣人君子。“醉卧美人膝”也不错，但这世间，工作、女人、玩乐，哪能全都易如反掌？工作结束后打打麻将，浑浑噩噩一生，结果不过尔尔，而自己的工作中却有无穷的天地。他对新入职的员工直截了当地说:“什么兴趣爱好之类赶紧忘掉!哪有工夫来搞兴趣爱好。兴趣爱好有益于身心，那是因为本职工作没做好！”

西乡隆盛也曾说过：

“不惜命、不图名、亦不为官位、钱财之人，困于对也。然无困于对者共患难，国家大业不得成也。”

工作之余与同辈人聊天。时光倒转，空袭下，瓦砾上度过的战时和战后生活一齐涌现出来。这些年，自己究竟怎么过来的？浮生若梦，如露如电，恐怕一眨眼就会变成踉踉跄跄的老头，缩在脏兮兮的小酒馆一角，坐在一群不相识的年轻人旁边，听他们谈得热火朝天。因摄入酒精过量而哆哆嗦嗦的手端着酒杯，送到嘴边啜上一口，口齿不清地开始人生训导：“想当年，我年轻的时候……”那么，这一天天该怎样认真度过呢？

对稻盛而言，工作就是人生。在马拉松现场观赛的年轻人由众人推举着站上跑道。机缘巧合竟办了公司，并成为生活的全部。不足100名员工时尚能不忘初心，超过100名发展到300名时也能努力不懈。据说在电子零件产业界，企业规模以300名为限，谁知京瓷的员工相继超过了500名、1000名……果真可以吗？一边存疑、反思，一边继续发展，2000名、3000名也并非绝无可能。日日精进，岂能荒度？

“努力拼搏一辈子！”

稻盛的状态近似于清教徒，甚至如殉教者一般凛冽无畏，而这只是出于一名创业经营管理者内心那永无止境的责任意识。其背后，是一种夙愿——人终有一死，希望为国家而耗尽短暂的一生。偶然与必然因素交错，塑造出这位经营管理者，那么，必须忘我奋斗，将生命寄托于此。公司的兴衰与自己生死攸关，唯有全心全意地奉献此生。那时候，公司也有了生命，有了呼吸。

稻盛喜唱军歌。思绪万千地唱起军歌，已经远去的过往似乎瞬间拉到了眼前，也可以从高层建筑林立、物质富裕的今天一下子回到焦土上的原野……

挥别故土已然数月 出生入死战马相伴
攻下山河所向无敌 手握缰绳寸步不离

枪林弹雨 全仗你冲锋陷阵
战役告捷 洒泪喂你粮草（《爱马进军歌》）

靠战马闯过生死关，九死一生。战斗结束，第一件事就是喂爱马粮草。这种心境不正与“鞍上无人，鞍下无马”一致？

男子汉纯真无价 都市夜空下 金星闪烁 泪眼婆娑谁人知晓

为浪子消得人憔悴 请听我一诉衷肠 男子汉前路漫漫 女人又怎会明了（《男子汉的纯真》）

我与你 同期之樱 我与你 同期之樱
繁华终将飞散 为国家 各奔他方 （《同期之樱》）

与员工肩并肩唱着歌，往事不经意地浮现在眼前：自己哔哔地吹着笛子沿街叫卖梭形面包，吆喝着：“热乎乎的爱国面包！”捉来蝗虫蘸上调料烤着吃；铁钎穿上田螺抹了味噌酱；摘水芹、马兰等野菜；喝着地瓜粥，从没想到过神国日本竟会战败。“岂能败给美国！”不服输的情绪已经深入骨髓。

战后，衣衫褴褛的战争孤儿夺走了珍贵的饭团；黑市上加入发酵粉的电动面包制造机；用卷烟器将裁下字典的纸做成香烟；瓦砾之上艰难度日，靠地瓜藤充饥……粗茶淡饭，却健壮地活了下来。那时，年幼的稻盛也在为生存而拼命。

“男人是浪漫主义者，希望寻找一个抛头颅、洒热血的地方。”稻盛说道，“自己梦寐以求的是一位圣者，为他赴汤蹈火在所不辞。”

暂且不论这是昭和初期出生的那一代人的特质，还是稻盛的个人性格，听他的言谈，能感觉到精神上一种不为人知的饥渴感。时代精神喂不饱他们，唯有自己去追求、去创造。

梦之章

寻求共同体

一路追忆、思索之后，结论呼之欲出——京瓷公司并非作为一家企业存在于世间，而是一个共同体，一处精神家园。

前文曾提及，稻盛曾打算敞开自家客厅，开设讲习班。其实他内心暗涌着办学的愿望，希望从事“人性教育”，这也与稻盛的“共同体”愿景息息相关。常听说某些在地方上工作的年轻员工，因为工资高于当地普通薪酬标准，整天打扮得光鲜亮丽，开着不合身份的车四处兜风，购置高级立体声音响，引起了本地人的反感。此时稻盛不免会想到，何不责令他们节假日去田间耕作，教他们挥汗劳动的意义。而京瓷却倾全公司之力，隆重开展盂兰盆舞会、运动会等，认真程度丝毫不亚于对待工作。这正是“全面人格教育”思想的体现，个人生活也会展现出京瓷员工的风貌。稻盛常提到，卓越的才干是上天的眷顾，必须奉献于不具备才能的人们，个人的才干决不可据为己有。而在战后，民主主义强调对个体的尊重，认为一个人凭借自身才能获得的一切归本人所有。稻盛的思想与其格格不入。

突如其来——却也算不得唐突——军歌《战友》中的这一段歌词

冒了出来：

回想起去年登船起航 故土渐远
玄界滩[1]握手初见 自报家门 从那以后
一支烟两人分着抽
来信互相传阅 一次次谈起身世与过往
总会拍着肩膀 彼此约定
朝不保夕 不让尸骨荒弃

可以说，稻盛心中“共同体”愿景的出发点正是歌中描述的那幅图景。创业期“同志们”异口同声地说：“生活即工作，工作即同事，从早到晚都和同事在一起。”这并非巧合，恰是稻盛内心在现实社会中的投射。因此，“创建共同体”不是目标，而是以此为出发点，组建成了企业的形态。

作为一名企业经营管理者，稻盛从不追逐虚名浮利，常告诫员工不可浪费，不可放纵私生活，无论业绩好坏，都必须耐住性子，勤俭力行。从中也可以看出，他得益于双亲的生活态度。将畩市和姬美所体现的战前生活道德准则在企业中复苏，这一尝试的成果正是京瓷公司的成功。从这一意义而言，稻盛的企业经营管理融入了日本平民切身的生活感受、生活智慧的某一侧面。概而言之称为“战前”，其历史仍能往前追溯。历史学家安丸良夫曾说道，日本民众的生活智慧可以如此理解：

从不怨天尤人，坚忍不拔，勤勉正直，不畏坎坷，勇闯难关。这

1 玄界滩：日本九州西北部的海域。

种生活智慧由来已久，约近世中期享保期[1]以后，以石门心学[2]、富士讲[3]等思想运动为媒介自发形成，不久又通过富农、富商阶层主导，广泛为民众所接纳……如今这种生活智慧可称作“俗世道德”式的自律、自控，如此形态的自律、自控正是日本从封建社会向近代社会过渡时期支撑其社会基础的民众的精神气质，是民众精神自立的表现。（《出口直》[4]，1977 年，朝日新闻社）

为何上述思想会扎根于民众之中？原因在于，这与以“家”为单位“自给自足”的模式正相符合。民众的期望是丰衣足食、家业永兴，与其钻营小聪明、小伎俩或者一夜暴富，不如踏踏实实、勤于家业更有保障。然而，前提条件是：

其一，勤于家业——不仅为一个家庭带来好处，更保证以家庭为单位的社会体制下个体生产的稳定性；其二，全体家庭成员以“俗世道德”为践行标准，尤其家长以身作则，从而“一家之主的权杖能劝诫其他家人”。

事实上，阿米巴组织正是以独立核算为目标的家庭单位，而京瓷是这些家庭单位的联合体，稻盛则是当之无愧的“族长”。

如果把上述模式称作“京瓷共同体”，那就意味着存在着成形之物，也就意味着京瓷这家企业可以被描述为“生产某种商品并通过销售获得利益的企业”。尽管如此，如果就此断言“京瓷共同体”已经存在的话，这是很不负责任的说法。因为大部分断言者都是凭直观进

---

1 近世中期享保期:1716 年至 1735 年。

2 石门心学:江户时代中期的思想家石田梅岩（1685—1744）开创的一个伦理学支派，作为“町人哲学”“道德性实践实学”，阐述“商人之道”，提倡“正直”“俭约”的经济伦理，对日本商品经济和社会职业伦理的发展具有独特的理论贡献。

3 富士讲:诞生于江户时代的宗教团体，以富士山为信仰，攀登、参拜富士山为主要活动。

4 《出口直》:安丸良夫写的出口直的传记。出口直（1837—1918），开创日本新宗教“大本”。

行判断的。

而且，倘若认为共同体真的已经存在，这个共同体也并不是靠成员构成的，而是靠思想、意识而形成的，这是日积月累的结果，与“京瓷是不断流动（并非数量上的发展）的组织机构”相对应。换言之，即便存在京瓷共同体，也是常处于流动状态中的。

“决不抛弃”的思想

某位经济评论家曾说：“京瓷并不新，骨子里是一家非常传统的公司。”这句话道出了京瓷公司的某一侧面。换言之，京瓷本质上继承了日本的“旧观念”。然而，不禁要问，为何“老古董”能进驻崇尚“现代化”与“合理性”的美国并在企业经营管理上取得成功？KII的日籍领导者引领KII成功闯过危机时，并没有抛弃“日式旧观念”。这一成功必须从整体上来考察，其中包含获得利润、人与人之间和睦关系等因素。这实质上可归结为以下两个问题：日本在内的世界先进国家中企业面临最尖锐的问题是什么；京瓷及KII如何处理这一问题。遗憾的是，对该论题笔者既无积累也不具备论述能力，仅就京瓷的实际情况作一表述，以期从中获得某些启迪。

1974年，一位美籍工程师进入KII。10年前，即京瓷创业5年左右，他就职于美国陶瓷业最大的竞争企业，该公司的专业技术在美国广为人知。当时他告诉稻盛，自己能胜任某种某种工作，稻盛却认为其水平有限。此人在京瓷的工厂实习结束后即将归国之前，他对工厂的领导干部说道：“听说京瓷已经是世界首屈一指的企业。谁知在厂区里转来转去，根本没有看到让人耳目一新的技术。是否有超出我本人理解范围的技术呢？再次环顾四周，只能说相当失望。”后来，稻盛在圣地亚哥碰见此人，因他工作态度不好而勃然大怒，说道：

"你说很失望京瓷没有新技术，于是回了国，而我认为你的水平不过尔尔。如果你认为京瓷是靠某种技术才获得巨大成功，那还是别待在我们这里了！技术上的进步，竞争对手会紧追不舍。即便京瓷凭借世界顶尖技术而成功，同行业者若想超过并非难事。既然你认为顶尖技术才是优势，正如你所言，我们技术一般。但是，仅凭这一点成为世界第一的话，必定会陷入穷途末路。企业需要全方位的优秀，包括技术在内，而不是哪一点特别突出，关键是保持平衡。看似我们只使用了普通技术，为何成为世界第一？你竟没有对此进行过思考，那么，你不可能成为一名出色的管理者！"

此处所说的"技术"也可替换为"思想"。这种貌似陈旧的日式思想毫不起眼，为何竟可以通用于全世界？京瓷并不是因为经营理念、经营方法、生产技术先进而成为全球性企业。这种思想最传统保守却又领先于世界，而这种领先，并不是出人头地或者除旧布新的成功——即提升自己从而进入先进领域，京瓷一直处于底层。若解释这一问题，有必要先探讨一下"京瓷共同体"。

从某种意义而言，高收益、多国籍、开发新技术、共同体愿景……包括这些在内的完整的京瓷公司，可以说是现代企业所采取的企业形态中的一种罕见实验。

然而，作为一名企业管理者，稻盛思想并非照搬平民的生活智慧。我猜想，其思想的核心是"不可不闻不问"（稻盛本身并没有如此表述）。无论作为一名企业管理者或是族长，他抱着一种想法或者说"执念"——发挥员工乃至共同体中每一名成员勤俭力行的精神，对于其努力予以物质或精神回报。

稻盛说，父亲在战后的社会动荡中缩手缩脚，无所作为，其他人只能干瞪眼，恨得牙痒，甚至想责问他是不是“禁治产[1]者”……不贪图虚名浮利，勤俭持家，不借外债，不畏强欺弱，在触手可及的范围内过日子，这就是畩市的生活方式，在战后混乱的社会局势下毫无施展之地。畩市作为一名老百姓，他坚定不移的生活伦理为时代所颠覆，其努力“无人问津”。岂止如此，遭到冷眼相待的不仅是畩市，少年时为国捐躯的志向也被时代遗弃，随风而逝。

虽说企业只需要契约与计算就能成立，但无论多么微小的努力都会有助于企业的发展，“一视同仁”的想法包含于共同体愿景之中。如此一来，稻盛不知不觉地拯救了为时代所伤的父亲和自己。将微小的努力作为经营管理中的有效因素，因此他特别在意“努力的方式”，对此要求严厉，常常疾言厉色。而这正出于“道是无情似有情”的关心，员工们才不约而同地用“严慈”来形容稻盛。

此外，在家（阿米巴）这种小型单位组织当中，其成员的工作状态，其他成员也具体可见。尽管阿米巴式经营的先决条件是“独立核算”，而贯彻“决不抛弃”的思想，才能使其有效地发挥作用。

只要读罢安丸良夫著的《日本的现代化与民众思想》（1974 年，青木书店）一书，就会发现稻盛这种注重人心及其独立性的思想与石田梅岩的石门心学、呼吁复兴荒芜乡村的大原幽学（1797—1858）等观点极为相似。尽管稻盛的思想并没有系统化，却可通过探索日本哲学渊源的发展脉络，在此基础上进行考察，从而更容易理解稻盛视为“天经地义”的思想所具备的本土特性。将这一条作为经线，京瓷往海外拓展企业活动时所采取的方式作为纬线，则可将前文提到的“实验”一词的民族意义与国际意义相统一，开辟一条“普遍化”的道路。

1　禁治产：法律上指对心神丧失以及精神耗弱者，禁止其自管财产。

聚会时

言归正传，继续讲述京瓷的真实故事。此前，我们主要回顾稻盛在会议上的正式发言，这一节将描绘聚会时的稻盛，虽然并没有正式文件记录，但还是来看一下对“打造京瓷竞技场”（青山政次语）起了重要作用的聚会上稻盛的表现。

稻盛时隔一年再次来到滋贺工厂，进入车间巡视，与各部门领导谈话，持续了一整天（1978 年 11 月 9 日）。当晚在蒲生町文化馆大厅召开联欢会，约 60 人出席。

总务山口育生提醒出席者注意时间，早点结束，并希望向未能出席的员工转述今晚的谈话。之后，稻盛站起身：

“总公司从这里迁往京都时，记得我曾说过，我走之后这里肯定会变得不像样。如今，这里还保留着我在时的景象，走到厂房背面一看，那些破烂还扔在那里。建工厂的时候，在空着的散水[1]中铺了砾石，说来也是惭愧，尽管当时没有钱，依然买了 500 日元一株的雪松种上，为厂区的环境花了不少心思。我们这些手艺人，讲究的是平衡、协调和完整。

“陶瓷事业部飞跃发展，机械设备却破得喀哒喀哒直响，只得采购了高速设备，其实很不合算。当时业绩数字好得出奇。于是我问干部为何业绩那么好，他说是因为换了新窑炉。那么，竞争对手也换新窑炉的话是不是也能业绩上升？窑炉有钱就能买得到。著名棒球投手的投球姿势都非常了得，但成绩极佳的投球手却各有各的姿势。冲压机吱吱叫唤，其实是在哭诉他需要养护了。你必须心明眼亮，对机器一丝一毫的变化都能敏锐察觉。如果向着这一方向进步，陶瓷事业部

1　散水：在房屋等建筑物外墙的墙脚周围用砖石、混凝土铺成的斜坡，宽度多在一米上下，作用是把雨水排离墙角，以保护地基。

就会取得更好的成绩。

“我也和厂长谈过，如果掸去建筑物上的积尘，修理好便宜的薄板墙和嘎嘎作响却无法转动的锈铁门，再重新粉刷的话，就可以改变周围环境，那么对机器的看法也会有所改观。

“我常提到保持平衡，即使在噪音喧天的车间里，哪怕一根针落地的声音也都能听得见。也就是说，如果对物体的变化、状态的打破这些不敏感，那么很难出成就。”

说完，稻盛碰杯之后一口气灌下。桌上的菜肴稻盛连筷子都没动，端着酒杯来到众人当中。五六人围成一桌，斟上啤酒或烧酒，推杯换盏。稻盛杯里盛满烧酒，听从未谋面的员工谈工作，说着“你看起来一副聪明相，头脑真的好使吗？”

“社长，京瓷向国际化方向发展，我也想去国际社会闯一闯，你能不能派我出国，不管上哪儿都行！”“说什么傻话，只要你在这儿工作，哪儿都能去得成！”“我会好好在这儿工作！”“能派的地方多了，东南亚怎样……”一面说着，一面来回于各桌之间。

“常听前辈们说用心经营。我如今感受最深的是，无论是本职工作也好，俱乐部活动也好，都要团结一致，而这件最困难的事我们做到了。”

“一提出解决方案，必会有人反对。既然有异议，态度不强硬就无法达成统一。为了统一，即便有人反对也必须拉拢过来，最要不得的是摇摆不定。同时必须找出症结：我明明觉得是件好事，他们为什么会反对？答案就是自己还没有形成自己的人品。在理解大家情绪的基础上，经过分析得出解决方案，再来说服大家。一旦有人反对，先回过头来自我反省、自我追问——为何自己会考虑不周，从而提升自我。所谓管理之道，是人与人之间的较量。最令人气馁的是意见不统一，各行其是，从而丧失信任感。身为领导者，必须有决心、有魄力！”

“到现在已经经历好几回了，一做决定就有人反对，再决定又反对，哪怕是好事也不行。”

“一再出现类似情况，为此劳心费力，是对人的一种锻炼，没吃过这种苦的人做不成事。像你这样愁眉不展的状态才是一种进步。烦闷苦恼，不知如何是好，却还得硬着头皮上，这就是人格的提升。立场不坚定、无可无不可的人不会有这种烦恼！”

言之谆谆，循循善诱。说完，稻盛又来到其他桌边坐下，与这桌员工饮酒吃菜，继续谈心。

倾听各部门的苦恼，询问新产品的开发进度，述说京瓷今后的发展方向，又谈起种种憧憬，希望在哪里哪里买一大片地盖医院，治疗全世界的疑难杂症；建一座有学校的京瓷村……这期间他几乎不吃东西，喝酒聊天。与此同时，厂长德永也在各桌间穿梭，不知与哪一桌商定，联欢会后一起去八日市。

就这样，从 6 点开始，转完十桌以后已经过了 9 点半。担任司仪的山口见时候不早，又知稻盛连日工作繁忙，今天又一整天在工厂里视察，早已筋疲力尽，便想着早点结束联欢会，于是招呼大家回席，严肃告诫禁止酒后驾车，打算散会。

“时间早已过了 9 点，社长连日来……”

“提我干什么？与我无关！”稻盛在座位上大声对山口说（众人大笑）。

“我们的联欢会开到这么晚……嗯……忙碌了一整天……”

“你等一会儿，因为我累了所以要结束联欢会，这是什么理由？（众人大笑）我还能坚持很长时间。难道这个场地是借用到 9 点半吗？直说不就行了！”（众人大笑）

“明白了！已经很晚了，为了不影响明天的工作，今天就到这里结束了！”

稻盛用询问众人的语气说道：“奇怪，这里租到几点？”山口答道：“10点。”稻盛说：“所以最晚10点就得走，这要事先告诉大家！（众人大笑）哪怕明天有再多工作，今天晚些也无妨。”（这时，“换个场地继续！”“开到10点！”的呼声此起彼伏，欢声、掌声雷动）。稻盛继续说道：“你要说这里的时间到了，不得不散会，我们还能接受。说什么社长累了、明天还有工作之类，如果大家不认同你，接下来打算怎么办？”（笑。山口一时呆立，张口结舌。掌声与笑声。）稻盛接着说:“我们还想继续开，你呢？（笑声与掌声）你快下台吧！（掌声热烈）场地就到10点的话，那就喝到10点，明天就算出了次品也不怕！”（哄堂大笑）

滋贺工厂离京都不远，稻盛却一年没来，他并没有把那一天的联欢会单纯当作谈话的场合，也想借机与大家同乐。

一些人站起来，肩搭着肩，唱起了歌：“我与你，同期之樱……大家逐渐跟着合唱，一曲终了，全体起立，围成了一个圈。

“滋贺工厂之歌！”随着这一声高呼，歌声又起。

晨光熹微　海潮之风扑面

深吸一口气古铜色的胸膛　年轻的骄傲

大海之子在舰队服役　日复一日从不休息

接着又唱起了《同期之樱》。稻盛握着酒杯和烧酒瓶，不知谁拎着用来兑烧酒的水壶，往每个人的酒杯里斟入烧酒和清水，望着他们一饮而尽。

一首接一首，《去国已数月》《勇军必胜》《吉良的仁吉真不愧是男子汉》……终于曲终人散（稻盛各桌斟酒也到了尾声），厂长德永领唱社歌。

“在黎明的天空中回荡……”德永站在圆圈当中指挥，唱罢所有人热烈鼓掌。掌声雷动之时，山口说：“那么，到这里……”稻盛打断：“等一下，没你什么事！（面向众人）回席再告别一次！”全体应声归位。稻盛刚一开口：“真诚地对诸位说……”这一瞬间，不知是谁领头说道：“衷心感谢！”

“很久没来这里，所以我想尽力补偿。各位每天辛苦工作，今天不会喝酒的人也喝上一口，不会唱歌的人也唱上一句。我非常想和大家说一说话，可能也因此给大家添了麻烦，只是为了补偿这一段无法挽回的时间空白。今天就到此为止，感谢各位！”

全体异口同声地道谢，同时热烈鼓掌。

山口说道：“今天能出席聚会的，仅仅是各事业部的几个人，作为各事业部的代表，大家有机会直接与社长谈话。因此，回到工厂后请务必在车间里派上用场！今天，感谢社长百忙之中前来！”全体鼓掌。

山口继续说道：“现在，我们以掌声欢送社长。”稻盛摆手：“不必不必，我和大家一同回去。”全体拍手，欢送稻盛。

第二日，有人问稻盛，参加联欢会累得够呛吧？

“累是累，但不知不觉地融入其中，毫无倦意，结束后才感觉到疲乏。最近不常出席了，以前总和他们聚会，新年联欢会一次也没有缺席，年末一连十天半个月，老婆子都埋怨了。”

这次联欢会前不久，当年新入公司的大学毕业生（就职于总公司和滋贺工厂）邀请老员工及稻盛一起吃火锅。那时稻盛也几乎一直在喝酒、谈话。�市和姬美担心聚会太多会损害健康，可见并非毫无来由。

去美国之后稻盛变本加厉。早晨六七点钟起床，白天开会发言，直到夜里两三点还在与当地的美籍、日籍员工谈话，同行的老员工打趣道："看这样子，以前的社长又回来了！"

"潜意识论"的推进

如前所述，1974年效益下滑，1975年暂停加薪，而1976年创有史以来最佳业绩。到了1977年，形势急转直下，再度效益下滑（参见254页）。

1977年提出如下经营方针：

"我们已经告别负债经营的高速发展期，一直以来各部门努力减少浪费，因此，不必因进入缓慢发展期而采取应急措施。话虽如此，我们依然要转变为'进攻型经营策略'，向此前未能涉猎的领域进军。与高速发展期不同，现阶段不容易进行大型产品的开发，那么希望大家将注意力放在小型产品上，以数量取胜，积少成多。作为材料生产商，我认为我们完全可以发展成拥有1000亿家客户的企业，这也是我所希望的发展方向。本年度作为1000亿家客户企业目标的开端，希望1977年4月至1978年3月的总销售额至少要达到500亿日元。"

目标明确，然而当年3月、4月、9月，中央银行贴现率三度调低并实行以公共投资为主导的政策刺激经济发展，可经济形势依然停滞不前。另一方面，前一年出现的日元升值势头今年仍然持续，1月日元兑美元汇率行情是1美元兑290日元，12月飙升至1美元兑240日元，这对出口占六成以上的京瓷公司冲击不小，仅因日元上涨造成的销售额减少及亏损达20多亿日元，成为"噩梦般的一年"。年末召开的事业总部部长、厂长会议上，稻盛悉心阐释"迎接背水一战时主体的精神状态"，并要求员工进入"痴狂"状态。

前文曾说道，稻盛初次赴美前为了学习使用西式马桶，特意去公营住宅的朋友家借住。自那以后，一坐上马桶他会不自觉地脱口而出："得去美国啊……"这一经历引发了稻盛对潜意识世界运转机制的关注。正所谓，现实世界是心灵的写照，所思所想会深入意识底层。1976 年 5 月的制窑业协会大会上，稻盛以《寄希望于技术开发，背水一战》为题做了一次演讲，在此我们稍作回顾：

"创造性思维并不会在遇到某种需求时稀里糊涂地冒出来。正视问题，冥思苦想，煞费苦心甚至渗透进潜意识之中。如此一来，即便考虑其他事情的某个瞬间，潜意识仍然对问题念念不忘。处理问题时这种几近'壮烈'的状态下，才可能有创造性的灵感闪现。常有这种情形，彻夜工作，筋疲力尽，恍惚间灵光一闪，之前束手无策的问题有了解决对策，一筹莫展之际如有神助。"

一有机会他便会如此告诫员工，而首次全面展开论述是在 1977 年末的会议上。

京瓷目前问题重重——为扩大国内销售额而提高良品率；为应对日元升值、实现收支平衡而采用新的公司内部汇率；先行一步开发新产品等，这些举措哪一项都不容易实施。而员工之中又出现低落情绪，认为"根本不可能"。然而，"如果抱定'不可能'的心态，终将落空"——此话要从十二三年前松下幸之助的一次演讲说起。

当时，松下幸之助谈及"水坝式经营"——经营如同水坝拦水，保持一定的流动水量，留有余裕。听罢，在场的中小企业经营者嘀咕起来："道理我们都懂，正因为没有余裕才施展不开，又何必听这种不痛不痒的话。"有人提问："能否告诉我们，怎样才会做到'留有余裕'？"松下微笑道："我不知道用什么方法。但是，必须坚信一定要做到'留有余裕'。"与会者哑然失笑，而稻盛却对这句话印象深刻。

"他的意思是，坚定信念才会实现。"

其实，类似的“傻话”一直以来稻盛自己也对员工说个不停。尚在西京原町宫木电机租借的厂房时，有一次新入职员工打棒球，球飞入对面的香烟铺，砸出的灰泥落进了味噌汤里。老板娘怒气冲冲地跑出来问责，稻盛一个劲儿地道歉，继而怒斥员工道：“不准再扔球！”对方却一脸委屈：“没有运动场，干什么都不行！”“只要你憋着劲工作，用不了多久一定会有运动场！”听了稻盛的话，他们露出不可思议的表情。不多时，滋贺工厂建成，岂止运动场，连游泳池都一应俱全。而初次赴美后稻盛那句“带你们去国外开开眼界”也被当作笑谈，谁知香港之旅和员工子女的海外旅行竟成为现实。无论什么事，如果想都不曾想过，谈何实现？回首过去一件件具体的经历，稻盛说出下面这番话：

我们目前所处的环境障碍重重，形势消极，令人沮丧，但我们不能仅凭头脑来思考自己的愿望能否实现。所谓强烈的愿望，唯有用心描绘，满腔热忱，甚至渗透进潜意识之中。人只有在为了达成愿望而“痴狂”的精神状态下，才会取得创造性成果，思维局限于一般认识范围的人绝无可能做到。

正如当初开发“人工结晶绿宝石”时，友人强烈反对，说宝石买卖99%都不会成功，而我却一门心思地琢磨，“想做，而且一定做成”。如今看来，谁也不会认为那是失败之举。我们这群人，个个“不信邪”，只知奔着成功而去。生物陶瓷最近也慢慢变成了一个“痴狂”的团队，认定生物陶瓷一定有销路。这两样都是前所未有的行业，毫无前人的经验可循，我们也无法通过一贯的常识进行判断。因此，像掷骰子一样，头脑中如何算计都不顶用。话虽如此，仅凭原有的产品系列吃老本，公司将不得不缩减规模。我们是一个关乎3000人命运的共同体，为了维持生存，必须硬着头皮向其他行业和领域拓展，并取得成功。

纵使我大声疾呼，依然不是所有人都能明白必须要做什么。之前，我们跨越了种种障碍，如今又陷入了极端困境。希望诸位胸怀强烈的愿望，不达目的誓不罢休，不仅用头脑思考，还必须渗透进潜意识之中。

何为渗透？日思夜想，梦寐以求，念念不忘，愿望渗透进潜意识或者说深层心理之中，这与头脑无关，也有别于我们平日运用的个人才能。潜在的意识一天 24 小时工作，哪怕在思考其他事情的时候也不例外，因此得以突破。超心理学[1]称之为“超常能力”，而心灵学则称之为“守护灵”“前世记忆”等。总而言之，并不借助于现实世界中一个人的知识或技能，如果极其纯粹、美好而热烈的愿望足以渗透进潜意识之中，那么自己的灵魂也会助一臂之力，连睡觉的时候潜意识也在向着成就愿望的方向前进。而且，使灵魂或称作潜意识能够工作的前提，必须是美好的愿望，否则断无实现的可能。

我向来不愿在个人问题上花费脑力，生活中一天 24 小时只考虑公司事务，脑力和体力 100%地投入公司，我认为这是社长的使命。一旦在个人问题上浪费了时间和头脑，不禁产生罪恶感，自我问责。唯有美好心灵所描绘出的愿望，上天才会鼎力相助。

眼下遇到的问题绝不可能仅凭借才智一蹴而就，就像哥伦布的鸡蛋，见别人做成了才恍然大悟。去实现不合逻辑的事情，一般人望尘莫及。然而，一旦成功却发现不过尔尔。从结果反观，便不足为奇，万事俱备即可实现。但一般人通常辨别不清形势，盲目行动，结果一无所成。而我所说的“痴狂”状态，正是在这种情况下，将“绝对不可能”的事情变为现实。

1 超心理学：与下文中的心灵学一样，研究超常现象，并不为主流科学界所承认。

无论我是否有意而为之，一路走到现在，都有诸位相伴同行，所以我的长篇大论诸位能听得进去。事业总部部长新一年度的工作计划是否“纸上谈兵”，仅靠脑子来思考无济于事。

我想告诉诸位，内心所描绘的憧憬——纯粹而美好的心灵中萌生的希望与抱负，不可沾染一丝阴云——将变为现实。其中不可掺杂含混或迟疑，“上面交代必须达到多少销售额，但是……”“但是”“可能”终会投下阴翳，造成负面效果，甚至功亏一篑。一旦有所保留，便前功尽弃。要么大功告成，要么一败涂地。如果有几个人能真正地理解其含义并付诸行动，便能实现更加宏伟的蓝图。

拍着胸脯保证“能行”，这就是京瓷的历史。如今的京瓷在18年前无法想象，可谓是一桩奇迹。然而，京瓷内部全都是奇人异士吗？也不尽然！从客观现实的角度考虑，这一切无论如何都不可能实现，而我们这个集体竟梦想成真！

以客观条件恶劣为由，沉沦于前景灰暗的设想，则没有前途可言；而光辉灿烂的未来若仅止于空想，也毫无意义。希望能出现一两位，懂得“用心描绘”，并知道如何行动。

如何向员工清楚解释自己的思想，稻盛深感苦恼，斟酌再三。当天的会议发言，他全情投入。结束后回到办公室，稻盛脸色苍白，一头倒在沙发上，很久一动也不动。

既不会谨小慎微，也不是有勇无谋，唯有摸索到谨慎与勇敢的微妙平衡点，如同少年和夫在原良田野的沟渠上一跃而过，心无杂念，既不灰暗也不明亮，不偏不倚，正处于两者间的微妙平衡点上，这才是出路——看透这一点，稻盛已经安然脱险。

在这一时期缩减当年的年终奖恐怕不妥，所以在工会提出要求之前，稻盛承诺发放三个月的份额。当年9月8日，首任社长宫木男也离世。

翌年，即1978年年初发布的经营方针中，稻盛提出“胸怀强烈、执着而坚定的愿望，渗透进潜意识之中，树立自己的目标，满腔热忱，奋斗不懈”这一经营口号，呼吁“为关乎4000人的命运共同体而诚心祈祷、热切盼望”，计划年度营业额实现550亿日元，12月月产量达56亿日元。

为应对日元升值，公司内部汇率留有余地，在1美元兑290日元时设定为275日元。不料日元一路飙升，达到250日元，涨势依然不停，5月涨至230日元。5月，稻盛对前来采访的财经记者说道：“日元升值这一难关，必须急中生智，全力以对，发挥超常的精神力量！”

12月完成月产45亿日元，他对员工的努力表达了谢意：“日元急遽升值的背景下，这个业绩相当了不起！”

1979年3月的决算报告显示，550亿日元的既定目标尚未完成，但出口额较前期增长18.4%，国内销售额实际涨幅高达49.4%，营业额总计503.43亿日元（较前期增长30.1%），税后利润68.65亿日元（同比增长4.6%）。

销售额与利润及员工数的变化（1972—1978年）

	销售额（千日元）	利润（千日元）	员工（月平均，人）
1972年	11 255 986	1 948 981	1580
1973年	23 881 972	4 359 087	2249
1974年	20 805 080	3 228 074	2508
1975年	29 633 134	5 224 752	2409
1976年	40 189 784	7 160 551	2825
1977年	38 683 963	6 563 373	2893
1978年	50 342 988	6 864 933	3060

梦的开端与尾声

1979 年迎来了创业 20 周年，该年度应提出什么经营方针？渡过了石油危机、经济萧条、日元升值、闯过重重难关的今天，似乎并无新鲜事值得一提，也无法具体描述 10 年、20 年后的京瓷，那么，借 20 周年之际，不妨总结长期以来的经营方针，因此稻盛提出：

①往不同行业、不同领域拓展；②延伸至 1000 亿家客户企业；③迈向国际化。

第一点，陶瓷材料、半导体、电子零件、一般产业机械方面的陶瓷应用以及珠宝首饰、生物陶瓷等多样化发展已从助跑阶段进入起飞阶段；

第二点，希望在创业 23 周年，即 1982 年 3 月期决算时——最迟 1983 年实现；

第三点，计划 KII 员工达到 1000 名，工厂与总公司在圣地亚哥，设旧金山、达拉斯、芝加哥、新泽西四处营业所，四家 KII 的子公司——包括得克赛尔（微波放大器生产商）、巴伊克兰（陶瓷电容器生产商）、塞拉达因（用于国防及宇宙开发的微波陶瓷生产商）、美国费尔特米勒（产业用陶瓷厂）——员工达到 700 名，在欧洲成立费尔特米勒·京瓷、京瓷香港（销售公司）等，并建设海外工厂。

经营口号是“深思熟虑，勇往直前，挑战新事业”，1976 年至 1978 年间又提出“戒骄戒躁，更上一层楼，现在是过去的结果，未来靠今后的努力”“全员一致，上下一心，开发新技术，研制新产品”“胸怀强烈、执着而坚定的愿望，渗透进潜意识之中，树立自己的目标，满腔热忱，奋斗不懈”，明确指出了创业 20 年总结之年的经营口号。

除了“胸怀……”一语，并无出奇之处。“戒骄戒躁……”是在本公司令人瞠目结舌的成长速度之下，告诫员工不可自满，努力不辍；“全员一致……”表明向不同行业拓展；“胸怀……”激发逆境之下的斗志；“深思熟虑、勇往直前……”谨慎而大胆，慌张而不慌乱，宏观与微观并重，看似矛盾，但唯有找到两者间的微妙平衡点，才能开辟出道路——这一切都凝聚在稻盛的经营思想当中。

该经营方针发表于 1 月 30 日。两个月后，4 月 1 日，星期日，京瓷 20 周年纪念庆典在京都宝池的京都国立国际会议场上隆重举行。会场正面，左挂国旗，右悬社旗，旗帜两侧分别垂着两个醒目的条幅，上书大字标语。

全场齐唱国歌。唱毕，总务部长七里义卫从员工关系、客户关系、回馈社会三方面对纪念活动进行说明。之后，稻盛起身致辞。他首先向同甘共苦奋战至今、开创佳绩的员工及相关单位的人员表示感谢，继而回首过往，歉意满怀：

“我一心期盼公司的稳定与发展，在过去的日子里，时常对诸位严加苛责。你们所做的一切，我的感激之情难以言表。我们仿佛在登山，山路连绵不断，一座接着一座，翻完一座山稍作休整时，我本应有些时间去慰问诸位，表达感激，但因为过分不近人情，竟不曾说一些暖心的话，对此我也在反省自责。过去的不周到之处，借这次庆典之际向大家致以歉意，请你们原谅！”

随后，稻盛再次强调，一如既往地保持勇气与希望，承担经营重任，加强维护不可多得的人际关系、互相信赖的伙伴关系，诚心相待，从而支撑公司今后的发展；希望今后戒骄戒躁，不可躺在过去的荣誉上，坚持正确的为人之道，贯彻始终，那么离 1000 亿家客户企业已不久远。稻盛明确了“百尺竿头更进一步，创造独一无二的企业”这一抱负，并期望能有机会与员工深入交流。“对年轻人才的培养决定了京瓷的未来”，他以这一句结束发言。

紧接着，松风时代开始结伴同行 24 载的青山政次（监事）发言：“能在这里致辞真是无上的荣誉，犹如梦一般的奇迹。”他比较了创业初期与 1979 年 3 月期决算报告的数字，员工从 28 名变成 3600 名，销售额从 2600 万日元变成 500 亿日元，纯利润从 187 万日元变成 70 亿日元，资本金从 300 万日元变成 30 亿日元，总资产从 1900 万日元变成 550 亿日元，这期间“自己只是如‘跟屁虫’一般追随着社长”。

另外，大会上还表彰创业功臣青山（1902 年生）、樋渡真明（常务董事、国分厂长、1933 年生）、冈川健一（常务董事、CRESCENTVERT株式会社专务董事、1934 年生）、德永秀雄（常务董事、滋贺厂长、1933 年生）、滨本昭市（董事、特殊产业事业本部部长，1936 年生）、伊藤谦介（董事、电子零件事业本部部长，1937 年生）六人。冈川作为功臣代表发言：“20 年，摸爬滚打，浑身粘满泥，一直工作到现在。如今回想起来，恍然如梦。这话由我来说多少有些冒昧，因为我愚钝无知，只靠着生拉硬拽在后面紧追不舍。每天都被训斥个不停，但身边永远有出色的伙伴，幸甚至哉！”

随后对长年工作的劳动者进行表彰。连续工作 20 年的职工当中，除了创业功臣之外，还有初中毕业进入公司的川口孝（KII圣地亚哥工厂）。他回忆道，创业时每天回家已是天明，邻居以为自己是夜不归宿的浪荡子；接下IBM订单时费尽心血；圣地亚哥工厂遭遇危机时期，每次稻盛来美，为工厂的存亡开会讨论直到深夜……

接着，员工向稻盛赠送感谢信及纪念品。波户元省三（1960 年入职）与坪野勉（1962 年入职）走上舞台致感谢词：“您作为经营管理者功不可没，与此同时，还是我们的人生导师，如同父兄一般，与您相识三生有幸！向一路支持着您的家人表示深挚的敬意！”赠送了一套盔甲。

午后，红白歌战开始，弗兰基堺担任主持。伴随着《宇宙战舰大和号》的主题曲，选手们陆续进场，并打着聚光灯介绍稻盛、青山等八位评审。其中，稻盛在松风时的领导、参与公司创建的北大路季正（1977 年退休）也在此露面。

既然是歌战，随便唱上几首可不行。这一回，他们仿照全国人民的年终庆典项目——红白歌战，排场豪华绚烂。暂且不论唱功如何，歌手的服装与表演完全可以与之相媲美。助阵团也花了不少心思配合出演，并不只是跑龙套。将 20 周年纪念典礼办得风风光光，抱着这一渗透进潜意识中的愿望，他们所投入的精力与热情丝毫不亚于工作，一心倾注在当天的舞台上。

如此说来，似乎与企业经营管理毫不相干的“游艺活动”也在无意中透露出经营者的思想，呈现出经营者与员工的关系。中途，弗兰基堺几番热情相邀，稻盛站上舞台，唱起了《故乡》。

追兔子玩耍的那座山，钓小鱼嬉戏的那条溪，如今又入梦境，不能忘怀是故乡……

一晃近 40 年，当年故乡的原野之中，终于下定决心从沟渠上一跃而过的少年，如今站在人们的面前，已是一个集团的首领。这一集团及其首领在 20 年间背负着各自的宿命——

不存在脱离京瓷的稻盛，也不存在脱离稻盛的京瓷。而这却是各自必须超越的宿命。

如何超越？

一个少年的梦，从未停止生长，“狂徒”们策马扬鞭，一路驰骋。谁也不曾看见梦的开端，更无从知晓梦在何处终结。正如，谁都不知道，一心向前疾驰的人们，他们将会去向何方。

后记

1960年，我是一名大学一年级的学生，当时正处于安保斗争的旋涡之中。当时，难波（大阪的地名）高岛屋前的广场直到西梅田的中央邮局前，整条御堂筋[1]禁止车辆通行，法式游行队伍手牵手横成一列，占满了街道。我身在其中，情绪高涨，只有一个念头“但愿这个社会能有一点好转”。然而，因国会自动通过安保条约，运动急速退潮。自己曾是反权利运动的一员，这一意识作祟，大学毕业后我不愿进大公司就业，坚决不肯成为一枚小螺丝钉。大学上了六年，进入职场的时间一拖再拖。

大学读到第六年，我先在堺市一家财会专业学校当讲师（仅一学期），继而在内刊、小杂志社工作，总是辗转于员工不过几名、十几名的“摇摇欲坠”的单位。1972年前后，我担任一家小杂志的主编，蒙经济评论家相良龙介告知：“京都有一家叫京都陶瓷的公司，颇为有趣。”

在此，不得不提当时的社会背景。1970年，日本高速发展的象征——世界博览会在大阪开幕；1973年因第一次石油危机，日本经

1 御堂筋：大阪市一条南北向的干道，北通梅田，南接难波，全长4027米，路宽43.6米。

济一蹶不振，进入低速发展时期。我当时居住在大阪府茨木市，对大荣公司[1]空空荡荡的货架记忆犹新。

1975 年，杂志新策划了一期专题“如何度过零增长时代”，我以此为主题开始采访关西的企业经营管理者，其中成功采访了稻盛先生。当时，京瓷公司将稻盛先生的内部谈话、外界演讲等内容编辑成册，发行了好几期《京瓷哲学》。我通读了这些资料，认为京瓷的创业方式中蕴藏着理解京瓷的关键要素，所以希望几位创业的同人能一并在场，这一要求他们也爽快地答应下来。

1975 年可称为日本“战后最萧条”的一年，9 月的中期决算报告显示，三分之一的企业赤字，而京瓷的销售额却较前期相比增长 54.9%，税后利润增加 75.4%，创有史以来最高纪录。当年 9 月，京瓷的股价超过长期居于首位的索尼，成为日本第一。我对这些事实全然不知，在这种情况下进行了采访（附带说一句，1975 年度京瓷的销售额超 296 亿日元，员工数为 2400 名）。身为采访者，我的“无知”令人羞愧，但当时我对企业的销售额、利润和股价之类毫无兴趣。数字始终是相对的，靠销售额、利润和股价来评判一家企业是否优秀，这种通用的评价方法我向来不以为然。数字本身摇摆不定，怎能作为评价依据？我一直坚信，现在业绩不佳又如何，有些经营管理者必须“从其思想来考察”。

当时京瓷普遍的企业形象是“经营手腕高超”“掌握世界先进技术，学术水平高，通过开发新产品获得专利，没有竞争对手，利润大”“高速发展的潮流中应运而生的幸运公司”等等。

另一方面，石油危机后物资紧缺，整个日本社会对大企业经营者的不信任情绪高涨。我身为一名普通工薪阶层，认为：“大企业经营

1　大荣公司：日本零售企业，前身是一家杂货铺。

管理者道貌岸然，实际上却囤积居奇，通过投资不动产获利，绝对不能信任。”

采访时，稻盛先生穿着工作服，彬彬有礼，诚恳地回答我的问题，持续了两个小时。这次采访给我的切身感受是：“这人表里如一！”其时，稻盛先生对我说：“谁的能力都不会与生俱来。即便有能力，境况不同也可能误入歧途。我这个人担任这里的社长，并不存在任何必然性。发挥自己的能力，却将因此而获得的东西据为己有，这是极大的罪恶。”

另一方面，1960 年安保斗争失败后，对我自己而言，如何确认自我、确立自主性是最迫切的课题。当时 43 岁的稻盛社长坦然道出的伦理观，我欣然接受，并为之震惊：“竟有这样的经营管理者！”其中并不存在所谓的成功秘诀，却凝聚着稻盛和夫的为人之道。这篇采访报道我所拟定的标题是“自己的能力并不私有”。

与此同时，我殷切地希望“成为第一个为他写传记的作者”。

说实话，我内心对稻盛先生的成长经历有一种强烈的亲近感。稻盛先生的双亲与我的双亲都出生于 19 世纪 90 年代至 20 世纪头十年的明治时期，同属于当时的平民阶层，小学文化。稻盛先生的父亲是印刷厂的出色手艺人，因技艺与耿直性格得到认可，自己办了一家印刷作坊；而我的父亲是镇上的钟表匠——电池驱动的钟表问世之前，无论是手表还是挂钟全是发条式。修理费是家里主要的收入来源，他珍惜每一分劳动所得。当然，我所出生、成长的秋田市是一个小城镇，自行车竞赛、赛马等无缘一见。稻盛先生也好，我也好，成长过程中都以自己父亲为榜样。此外，稻盛先生中学时代曾患肺结核，而我高中时也因肺结核养病两年半。

刊登采访报道的杂志出版后，我提出希望能执笔写一本关于稻盛的书，并为此进行采访。谁知遭到了稻盛先生的拒绝：“太忙了，没有时间让你采访，而且公司也不值得接受采访。”但我不死心，不时地让新闻记者在杂志上撰写京瓷相关的稿件，还赠送自己刚出版的第一本书（《如花似影》——当时人尽皆知的间谍大屋政子母亲的传记）。如果以拳击打比方，我是连续出击轻刺拳，总在提醒他们“别把我忘了”。如此过了三年，1978 年 7 月左右，终于得到答复说：“可以接受采访。”最初碰头的时候，出现在接待室的稻盛先生劈口就说：“蒙您如此欣赏我……”这句话完全出乎我的意料，一时惊愕不已——当时我从未曾想过“主动地”用“欣赏”之类非理性的目光来看待采访对象。

后来才知道，之前也有几家大型出版社提议，委托著名作家撰写传记出版。他们全都谢绝，却委托一家“摇摇欲坠”的杂志社、一个毫无名气的作者——我！

10 月，我前往稻盛先生出生地——鹿儿岛市，逗留一周，与他的双亲、长兄利则、弟弟妹妹以及小学、初中、高中、大学时代的友人见面。

我当时住在大阪府茨木市，从家坐电车两个半小时才能到京都市山科区的京瓷总公司。起初星期一至星期四在京瓷附近百步之遥的旅馆过夜，每天早上到京瓷“报到”，借用他们的小接待室当成“根据地”，在那里采访创业时期的同人以及各部门员工。星期五返家回放录音带，整理完毕后再回京瓷，如此循环往复。最大的烦恼是总也碰不到稻盛先生，另外，几乎找不到创业时的记录，这在迅速起家的企业当中也很常见。

当时的京瓷总公司是一栋五层大楼，一到四层是办公室。能有独立办公室的只有社长稻盛先生及监事青山政次先生，连董事在内全都在大办公室。因此，不久便知道谁在几楼的哪个位置，我自由出入各楼层，无人查问。午饭在员工食堂解决，还曾在滋贺工厂的宿舍泡澡，借住单身宿舍，旁听工会大会，整个儿沉浸在京瓷公司的氛围当中。

然而，林林总总的素材累积在一起，却总也无法将拥有 20 年历史的京瓷公司形象确定下来。稻盛先生当时一心向前看，全神贯注于今后的打算，根本无意回顾过去。我束手无策，与秘书下坂博信先生谈及我的苦恼。他告诉我，稻盛先生与公司内部干部以及跳槽入职员工的谈话录音留有存档，可能会有价值。录音带有百来盘，我一天一天地播放。终于逐渐了解，当公司内部发生问题时稻盛先生会如何与员工进行交流，这对塑造稻盛先生的形象起了大作用。我先后采访了约 90 人，采访记录汇集成 2000 页的大型笔记本共计 10 册。

当时爽快接受采访的各位，再次向你们表示感激！

积累素材的过程当中，我的内心似乎产生了一种责任感。“如此彻底的采访我是第一次，大概也是最后一次。那么，就用这本书定下京瓷公司的基调。这个责任重大，决不能半途而废！”责任感油然而生。

1979 年 3 月开始写初稿。谁承想，工作单位发生了异常变动。我身为主编几乎不在公司露面，整日埋头于京瓷的采访，而打击整个经济界的萧条状况导致公司收入减少，工资拖欠。4 月，数名员工（编辑与营业）集体辞职，只剩社长、我、女性会计，共三人。如果作为收入来源的月刊杂志一年发行少于 10 册，将吊销第三种邮政物品[1]的资格。于是，我每天去公司，一边撰写京瓷的书稿，一边编辑杂志。

不仅如此。当时家中孩子年幼，一天，妻子当面对我说：“你做自己喜欢的事情穷困潦倒也就罢了，也得为在家中的我想一想。”毕

1　第三种邮政物品：为文化发展而给予各种优惠政策的定期发行刊物。

竟，工资不知什么时候才会发下来，也不知能拿到多少，这么说也在情理之中。真是“内忧外患”！

5月我患上流行性结膜炎，有十天左右既不能读书也不能写字，身心俱疲，仿佛沉到了谷底。每天到公司处理杂事、编辑杂志，几乎喘不过气来，即便如此，我还继续坚持写稿。终于到了8月，我累得一行字也写不出来了。正在那时，1960年一同处于安保斗争旋涡之中的三位大学时代的朋友以“消暑”之由邀我去酒馆、唱卡拉OK，晚上住在箕面[1]的朋友家。大约是换了心境，10月10日，书稿终于完成。

第一版印刷1万部，在12月初发行。报纸上刚登出广告便连日接到好几回电话问：“哪家书店有售？”需要立即增印。但公司常年拖欠印刷厂的钱款，印刷厂回复说，如果不提前支付不予加印，而公司又拿不出这笔钱。如此情形下，翌年1月，前文提到的那三位朋友又来邀请我参加新年聚会。酒席上，他们问道：

“销量如何？”

“卖得不错。本来是要加印的，不过没钱。”

“这样的话，我们三人筹个100万日元。”

当场拍板。这100万日元，再加上社长向自己朋友借款，终于得以加印。虽然已是23年前的事情了，困难时期给予无偿支援的朋友们，我至今心存感激，想在这里留下他们的名字：庵谷寿男、岛征一郎、八木孝昌。

数年后，我回过神来，突然意识到，这本书的完成纯属“侥幸”。我自己努力去写是事实，但这一切远非我力所能及。首先，采访之初京瓷公司的多样化发展刚刚萌芽，还只是一家陶瓷类电子零件生产

1　箕面：大阪市地名。

商。《创造京瓷的男人：稻盛和夫》发行（1979 年）三年后，即 1982 年，公司名称从“京都陶瓷”变更为“京瓷”，以此为象征，京瓷摆脱了纯粹的零件供应商角色，1983 年收购领域完全不同的相机厂商雅西卡，1984 年挺进电信事业——此举当年被评论为“一大失策”，京瓷公司已经焕然一新。换言之，我进行采访的时期是能从“稻盛和夫及其同伴”这一视角来考察京瓷公司的最后一个阶段。当然，我本人能在毫无希望可言的不利状况下完成书稿，也纯属“侥幸”。拖欠工资成为常态，员工弃社而去，妻子当面斥责，身体崩溃等负面条件，却为这本书助了一臂之力。

此外，本书还有三册的读后感文集。发行三个月后，一家闻所未闻的地产商“东日本住宅”的社长寄来了一封信及一本《〈创造京瓷的男人：稻盛和夫〉读后感》的册子，其中收录了全公司 700 名员工提交的读后感中选出的 90 篇文章。中村功社长的信中写道：“读罢，内心的震撼远非用‘感动’两个字可以形容。对容易懈怠、松劲的小生来说，每一字每一句都是强烈的鞭策。”我自己也深受感动。

京瓷公司也向员工征集读后感，在内刊《敬天爱人》上编成一辑发行；第三册是我自己编辑的杂志《经济与文化》的特刊——《创造京瓷的男人：稻盛和夫》腰封上刊登了有奖征集读后感的广告，从全国各地寄来的 50 篇文章全部收录其中。

如今，本书的中文版正在翻译当中。我从没想过竟会出版中文版，其出版策划是浅田厚志社长。《创造京瓷的男人：稻盛和夫》一书的出版帮我们摆脱了经营危机后，他进入我社编辑部任职。他志向远大，白手起家独自创办出版社，我们的交情也很不一般。我记得还有这样一段轶事，盛和塾的一次经验座谈会上，浅田社长发言讲述了出版文化社创业的历程，稻盛先生点评时几度落泪。

最后，要特别提到青山政次先生（1999 年 10 月 20 日离世）。这位稻盛先生的伯乐、京瓷公司的发起人。以下节选自当时的笔记：

“我认为他是一名不可多得的人才，思维活跃，能力不寻常。在松风时稻盛不过二十三四岁，却愿意独自承担重任，完成工作。谁也没有能力去指导他。而稻盛心中强烈回响着‘情意’与‘人情’，这才是根本。忍不得，心里一有话，便要立即说出口，要说就说个痛快，却又不会触怒对方，先把自己的不足和盘托出。创业头一年想欺瞒税金的事也一样。”（稻盛先生一心扑在工作上，很不顾家，常与朝子夫人产生冲突，朝子夫人还曾领着孩子离家出走。因为家附近有京阪电车的轨道，万一跳进去那可不得了，稻盛慌忙道歉把她们拉回来。稻盛先生对我谈起这件事，但印成铅字时考虑到当时女儿年幼，所以书中并未收录。）

“一个劲地往前狂奔，大家跟在后面吃力追赶。阿米巴组织很重要，但与之相比，稻盛从一开始就会教导职工，以‘京瓷哲学’为基础创建社风，这才是京瓷发展的原动力和根基。每每有聚会，他一边饮酒一边对谈。‘竞技场’打造结实，一头扎进去，自然会身不由己地随势而动。”

青山先生谈及本人的故事也颇为有趣：

“上中学时，偶尔吵架，大家都来围观，因此觉得很不好意思，便不再发怒；曾因自己的言谈给别人造成了麻烦，从那之后不爱开口说话。所以，不轻易生气，不爱说话，不撒谎，这三点是人生准则。算术很好，被称为‘算术太郎’，围棋和象棋从小学一年级开始学习；打败了附近的大人，被称为‘神童’；高中时热衷于拉小提琴，大学（京都帝大工学部）喜欢打台球（四球），还获得了交谊舞的教师资格证书；麻将、三味线、百人一首和歌、国际象棋都有级别证书，这辈子打算一共拿到 20 个段位；还曾经早晨 7 点至晚上 7 点游泳五公里。京瓷创办后什么都没做，为了打高尔夫考取驾驶执照已经是 71 岁高龄……稻盛是工作行家，我是玩乐高手。”

我想，纵观松风时代到京瓷创业的来龙去脉，恐怕没有青山先生就没有京瓷。我这人麻将、围棋、象棋、开车全不精通，青山先生在我眼中简直就是“身怀绝技”。正是这位风雅人物、玩乐高手，才会对稻盛和夫慧眼识珠。说起来，未能如愿出版一本追思青山先生、西枝先生和交川先生的文集，实属遗憾（青山先生的追悼会上，我向上西阿沙先生传达了自己的心意，他竟有“Good Idea”之感。）

本书终究是一本“人性之书”，并不是一家企业的成功谈。

加藤胜美

2003年11月27日

年表

公历	稻盛和夫相关事件	社会事件
1878 年	祖父稻盛七郎出生	大久保利通遇刺身亡
1881 年	祖母上野伊势鹤出生	自由党组建（板垣退助任总理）
1904 年		日俄战争爆发
1907 年	父亲畩市出生	枥木县谷中村破坏事件
1910 年	母亲溜姬美出生	大逆事件
1927 年	祖母伊势鹤去世	因金融危机，铃木商店倒闭
1928 年	*3 月，畩市与溜姬美结婚 *畩市成为印刷厂员工	中国东北张作霖被炸事件
1929 年	长兄利则出生	世界经济大恐慌
1932 年	*和夫出生（1 月 21 日） *畩市独立办印刷作坊并开始制纸袋	井上藏相、团琢磨、犬养首相遭暗杀
1944 年	稻盛从市立西田小学毕业，鹿儿岛第一中学入学考试失败，进入寻常高等小学校就读	
1945 年	*3 月，稻盛被诊断为肺结核，发着烧参加一中考试，再度失败，进入鹿儿岛中学（私立）就读 *4 月，为了躲避空袭全家疏散到小山田村 *6 月 17 日，鹿儿岛大空袭 *8 月 6 日，家中房屋毁于空袭 *9 月开始，畩市贩盐、姬美倒卖旧衣	8 月 15 日，日本宣告无条件投降。
1946 年	10 月，在小山田村建房子（住到 1948 年 2 月）	天皇发表《人间宣言》
1948 年	*稻盛不顾父亲反对进入高中，不久开始卖纸袋 *姬美开始沿街卖米	东条、广田等七名战犯被处绞刑
1949 年	畩市在印刷厂工作（约 10 年）	*下山事件 *三鹰事件 *松川事件

（续表）

公历	稻盛和夫相关事件	社会事件
1951 年	稻盛报考大阪大学医学部药学科失败，升入鹿儿岛大学工学部应用化学科。	朝鲜战争爆发
1952 年	姬美患肺结核	《日美安全保障条约》生效
1954 年	*稻盛帝国石油入职考试失败，被松风工业录用 *内野正夫前往鹿儿岛大学任教	美国在比基尼环礁进行氢弹爆炸试验。
1955 年	稻盛鹿儿岛大学毕业以后，进入京都绝缘子制造公司——松风工业工作	*家庭电器时代开始 *神武景气
1956 年	精密陶瓷成功问世	经济白皮书高唱“已经不是战后”
1958 年	*开发低温烧制镁橄榄石陶瓷 *12 月，稻盛从松风工业离职	*发行 1 万日元纸币 *电视机销售数量突破 100 万台
1959 年	4 月，京瓷成立，稻盛出任董事兼技术部长	*美智子风潮 *进入私家车时代 *耐久消费材料普及 *下半年开始出现岩户景气
1960 年	东京办事处成立	*安保斗争 *浅沼稻次郎遇刺身亡 *制定高速发展政策
1961 年	高中毕业者的“反稻盛之乱”	*苏联发射第一颗人造卫星 *休闲热潮
1962 年	稻盛第一次赴美之行	电视机普及率达 49%
1963 年	*滋贺工厂第一栋厂房竣工 *参加在京都与蒲生町的岁末互助运动	*大阪站前的第一条过街天桥完工 *“连休”“职业摔跤赛”等词流行
1964 年	*社刊创刊 *接受通产省矿工业技术试验研究的补助 *稻盛通过第二次国外旅行，确定本公司技术可通用于全世界	*东海道新干线投入运营 *经济增长率达到 13.9% *东京奥林匹克运动会
1965 年	*5 月，稻盛出任社长 *美国德州仪器公司在阿波罗计划中使用京瓷产品	*倒闭企业激增 *物价问题严重

（续表）

公历	稻盛和夫相关事件	社会事件
1966 年	*IBM 大量订购 *开始“单位时间价值”法	*废除百元纸币 *年末经济萧条一发不可收拾
1967 年	*稻盛开会发言：“京瓷站上了迈向骨干企业的起跑点，必须开创新途径，否则无法破除壁垒。”	*“嬉皮”出现 *史上空前的额外津贴（被誉为“昭和元禄”）
1968 年	*荣获第一届中小企业中心奖 *设洛杉矶办事处 *京瓷产品符合美国德州仪器公司的宇宙通信机器零件的规格	*认定疼痛病为公害病 *学生运动兴起 *日本 GNP 居世界第二
1969 年	*向鹿儿岛大学捐赠稻盛奖学金 *鹿儿岛县川内市工厂开工 *京瓷国际成立 *成立工会	*“阿波罗 11 号”登月 *新日本制铁成立 *学生运动激化
1970 年	*因经济不景气，生产及销量严重下滑 *IC 多层组件开始生产	*日本世博会 *日本万国博览会赤军派“淀号”事件 *三岛由纪夫事件 *年末开始经济滑坡
1971 年	*“从斯巴鲁到世纪”的思想转换 *10 月，京瓷股票在二部上市 *本年度决算首度出现效益下滑	*美国发布美元防卫声明 *1 美元兑换 308 日元 *国内经济一蹶不振
1972 年	*提出“创建第二发展期”经营方针 *因多层组件的开发而荣获大河内纪念生产特等奖 *鹿儿岛县国分市工厂开工 *山科新公司大楼开工	*田中角荣发表《日本列岛改造论》 *合赤军浅间山庄事件 *地价、股价暴涨 *出现通货膨胀
1973 年	*全公司香港之旅 *创业的恩人西枝一江、交川有、大学以来的恩师内野正夫去世 *受石油危机冲击，对日本社会的未来有强烈的危机感	*大型商社垄断买卖问题 *地价暴涨 *石油危机 *囤积恐慌

（续表）

公历	稻盛和夫相关事件	社会事件
1974年	*京瓷股票在东证、大证一部上市 *纪念一部上市，公司员工向稻盛赠送人偶 *因“电子电路用的陶瓷多层技术的开发”而荣获科学技术厅长官奖 *生产部门人员过剩 *因烟草与酒类提价而批判国家“经营”	*物价混乱，在国会上成为争论问题 *田中首相不明资金来源问题 *日本经济进入缓速发展时期
1975年	*“正视作为世界经济一分子的日本经济”，向工会提议“暂停加薪” *3月开始实现无借债经营 *开发再结晶钻石绿宝石 *9月23日，京瓷股票成为日本最高股价 *日本太阳能株式会社JSEC成立	*越南战争结束 *兴人倒闭 *公共企业体等工会协会为“罢工权”罢工
1976年	*发行ADR，员工子女开始海外研修旅行 *“迷雾之中”业绩迅速恢复	*美国洛克希德丑闻曝光 *企业破产件数及负债总额创历史最高
1977年	*发布“一千亿家客户企业”的经营方针 *再结晶宝石销售公司成立 *因日元升值，蒙受20多亿日元损失 *首任社长宫木男也去世 *年末会议上，向领导干部阐述潜意识理论	*洛克希德事件公开审判 *日元升值冲击日本经济 *进入超LSI开发阶段
1978年	*提出潜意识理论的经营口号 *在洛杉矶郊外贝弗利山市开设再结晶宝石海外直销店 *KII员工子女开始日本旅行	
1979年	*创立20周年纪念典礼 *20周年的员工奖励——新加坡之旅 *稻盛被授予圣地亚哥荣誉市民	
1980年	*纽约证券交易所股票上市 *各地办事处普通员工子女参与京瓷子女海外研修旅行 *京瓷员工墓地落成法事	*两伊战争爆发
1981年	国分工厂成立汽车零件事业部	埃及总统萨达特遭暗杀

（续表）

公历	稻盛和夫相关事件	社会事件
1982 年	*NHK 播放陶瓷发动机汽车试车过程，引发精密陶瓷潮流 *陶瓷人工骨关节发售 *10 月，公司更名为“京瓷”	
1983 年	*收购相机生产商雅西卡 *新阿米巴运动第一届成果发表大会	洛克希德事件审判结束，田中角荣定罪
1984 年	*稻盛财团成立 *第二电电筹备 *开发各种类型的人工骨骼	NHK 开始卫星转播
1985 年	*自有品牌的陶瓷剪刀、陶瓷厨刀发售 *4 月，第二电电成立 *稻盛出任京都经济同友会代表干事 *稻盛财团助学金首次捐赠仪式 *第一届京都奖颁奖仪式	＊第一名艾滋病患者 ＊阪神职业棒球队日本夺冠
1986 年	10 月，稻盛出任董事长，安达钦寿出任社长	苏联切尔诺贝利核电站核泄漏事故
1987 年	*与日本的太阳能株式会社（JSEC）合并 *电话会议系统发售 *关西手提电话成立 *企业形象广告开始 *小型单反相机“SAMURAI”发售	*国铁民营化 *东京地价暴涨 *纽约市场黑色星期一 *全日本民间工会联合会成立 *巴勒斯坦出现反以色列组织 *哈马斯成立
1988 年	稻盛成为美国陶瓷协会名誉会员（首位日本人）	*苏联从阿富汗撤军 *Recruit 公司贿赂案事发
1989 年	*自有品牌个人电脑发售 *6 月，伊藤谦介出任社长 *关西手提电话开始提供服务 *开发第一辆太阳能电池汽车	*实施 3% 的消费税 *柏林墙倒塌 *东证平均股价创历史最高纪录
1990 年	“盛友塾”更名为“盛和塾”。	*伊拉克军队入侵科威特 *东西德统一 *泡沫经济崩溃
1991 年	*稻盛出任第三次临时行政改革推进审议会“世界中的日本”部会长 *《京瓷环境宪章》制定	*中东海湾战争爆发 *《废物再生利用法》施行
1992 年	*稻盛出任第三次临时行政改革推进审议会“政府职责”组主审员 *DDI 长途电话全国网络建成	*脑死亡后允许器官移植的报告 *巴西全球峰会

（续表）

公历	稻盛和夫相关事件	社会事件
1993 年	*铱星日本公司成立 *DDI在东证二部上市 *住宅用太阳能发电系统发售（业界首次）	*欧盟成立 *纽约世界贸易中心大楼爆炸案 *J联赛开幕 *五五年体制崩溃
1994 年	*京都不死鸟足球俱乐部成立 *全公司京瓷哲学学习会开始	*关西国际机场投入使用 *车臣事件爆发 *曼德拉出任南非共和国总统
1995 年	*稻盛就任京都工商会议所会长 *电影《地球交响曲第二乐章》完成 *支援“长江文明学术调查团”	*阪神、淡路大地震 *地铁沙林事件 *Windows95 发布
1996 年	*公司信息系统化委员会成立 *在稻盛的倡导下“日美二十一世纪委员会”成立	*全国手机拥有量突破 1000 万台 *以色列连续发生自杀式恐怖袭击 *本·拉登发表《圣战宣言》 *塔利班武装攻占首都喀布尔，并成立了临时政府接管政权
1997 年	*6 月，稻盛就任京瓷名誉董事长 *DDI开始“DION” *所有工厂获得ISO14001 认证 *电影《地球交响曲第三乐章》完成 *“麦森设计”发售	*实施 5% 的消费税 *神户连续发生杀害儿童的事件 *山一证券申请停业 *东南亚金融危机 *防止地球变暖京都会议
1998 年	*向国立民族学博物馆赠送“英国议会资料” *新总公司大楼竣工	印度、巴基斯坦核试验
1999 年	*6 月，伊藤谦介出任董事长，西口泰夫出任社长 *DDI全国体制统一（当年的NTT拆分）	*欧洲统一货币“欧元”诞生 *科索沃争端，北约轰炸南斯拉夫
2000 年	10 月，KDDI成立	*第二次巴勒斯坦大起义 *冲绳峰会
2001 年	京瓷集团销售额超 1 兆日元	*美国“9·11”事件 *美国轰炸阿富汗
2002 年	*稻盛出任巴拉圭共和国名誉总领事 *阿布夏尔·稻盛领导力研究学会成立	日韩世界杯
2003 年	*京都不死鸟足球俱乐部天皇杯获胜 *社会福祉法人“盛和福祉会”、财团法人“稻盛福祉财团”成立 *稻盛荣获“安德鲁·卡内基博爱奖”	*伊拉克战争 *非典型性肺炎 SARS 扩散 *向伊拉克战场派遣自卫队

索引：稻盛哲学

大男人，只要认定是正确的事，就必须坚持到底！

……………………………I部《好哭鬼之章》

我头脑不好，和其他人付出一样的努力是行不通的。别人花两个小时，我得花上四个小时！

………………………………I部《焦土之章》

你有philosophy。

天上不会掉馅饼。

英雄惺惺相惜，无论如何都甘之如饴。

决被可受钱所驱使。

吾等定此血盟不为私利私欲，但求团结一致，为社会、为世人成就事业。特此聚合诸位同志，血印为誓。

………………………………I部《松风之章》

我们虽天资愚钝，但常言道，三个臭皮匠顶个诸葛亮。愚钝的我们为工作付出超常的努力，那么，也能获得不寻常的成就。首先，要强于借给我们厂房的宫木电机；然后，成为西京原町第一、中京区第一、京都第一。

公司创办之际，只为“对他人负责”，毫无私心杂念。

人必须对万事万物心怀感激。哪怕身患肺结核，也不例外。责任降之于我，哪怕不堪重负，恨不能一走了之，也应当视若珍宝。

追问自己以及他人，何为正道，何为正确的为人准则。

以技术为本，将其转换为商品问世，通过经营赚取利润，以此为生。

承担起“对他人的责任”，基于“创造性”理念，快马加鞭，策马向前，这正是稻盛的天性。

他从未意识到，通过借债扩大公司规模是经营常规，却始终保持着本分自律的生活态度，执着于早日还钱。

税前营业所得不可当成利润，税金也应归入经费，只有扣完税的利润才能视为真正的盈利。

客户是上帝。

如果有勇气现在就辞职，难道没有勇气相信我吗？说我不足为信，那有没有勇气来验证一下？一起在这里工作，看看我到底是不是在骗你们。到那时，如果还认定我是骗子，就任你们千刀万剐。

发生问题时，他唯有义无反顾，背水一战。

想取得常人的成就，那么做寻常的事情就行；倘若要更上一层楼，必须付出非同一般的努力——常规的努力无济于事。

这类东西决不能疏忽大意，我并没有随便浪费时间。这些细节不注意的话，大处就更稀里糊涂了。

祈祷吧，祈祷便能实现。

“感谢报恩”思想。

从今往后，必须思考如何回报家人、回报社会。

高明的大将，既不会随意驱使马，也不会听任马跑。

“单位时间价值”扩大到京瓷的整体经营，简而言之，即“销售最大化，费用最小化”这一原则。

承认自己只是弱者，从而发展出弱者的智慧生存术，这反而成为了京瓷的长项。

没有哪家企业像京瓷这样朝气蓬勃、勇于开拓、锐意进取。不骄不躁，谦虚上进，必将达成目标。

骨干企业的世界与迄今为止所处的世界不可同日而语，必须开创新途径，否则无法“破除壁垒”，这就像将加法运算转换为乘法运算，甚至变动更为剧烈。

稳定即停滞。我们公司时常处于变化之中，不会一年半载毫无动静。职务也常变更。换言之，业绩稳定，为此，组织必须时常流动。

在相扑台正中央发力。

着眼于未来，以发展的眼光看待自己的能力！

必须急起直追。

这也可用“登山”作比。倘若沿着山脊线攀登，分不清是平地还是坡道，感觉不到阻力，不知不觉已经登顶。然而，稻盛走的这段路程险峻陡峭，令人发憷，唯有自己壮着胆打头阵，往上攀登。途中必会有人掉队，自己只能不为所动，将剩下的人拉扯上来。如此种种，无非为了早日将公司驶入安全地带。

人一有钱就会心满意足，产生惰性，不愿工作。这和运动一个道理，如饥似渴才有动力。

公司上市并不是扬名立万的捷径，而是肩负重托，伴随着为实现股东期许而奋不顾身的悲壮感。

仅仅把股票当成一张纸。

从“斯巴鲁”向“世纪”的君子豹变。

稻盛以长期的亲身实践向员工表明——必须像队长一样冲锋陷阵，并以躲在后方为耻。

要理解两头的实际情况，必须要亲身实践。

…………………………………Ⅱ部《孤注一掷与君子豹变之章》

一个人的生存不能仅依赖于自身的力量，必须对万事万物心存感激！

摒弃得过且过的态度、敷衍了事的想法，奋力拼搏，勇往直前，岂不正是创造精神？

奋力拼搏不仅要有悲壮感，还要有幽默感。实现10亿去夏威夷，9亿去香港，8亿的话去禅寺打坐！

看待自身能力时不可囿于当下，而要面向未来，以动态、发展的眼光来把握。

召集志同道合者，彼此惺惺相惜足矣。众人齐心协力，互帮互助，这种付出才有意义。我决不愿看到在一起工作的人心存芥蒂。你我之间不是冷冰冰的雇佣关系，大家由衷地希望一同工作。

企业随着经营管理者才干的发展而发展。企业本身向前发展，管理者却尾随其后，岂不荒谬？

日本人只图一己私利，不顾国家和公司，如此下去，日本必将灭亡。

盛极一时也埋下了衰败的祸根，因此我始终提心吊胆。千里之堤，溃于蚁穴。一旦人心涣散，维持京瓷发展到今天的优势便会丧失殆尽。人心不足蛇吞象，真是令人不寒而栗。

西枝往京瓷公司注入了思想。他将一滴思想赠予我，而这竟激起横跨世界的波澜，并荡漾至今。追根溯源，倘若在座诸位，每一个人都载着这一思想，并传达给1900名员工，那么京瓷的未来必将辉煌。我希望能借诸位之口向全公司员工转述。

…………………………………Ⅱ部《戒之章》

年景好时，只想着过“好日子”，必将吃苦头。好形势下也要防患于未然，居安思危，无论企业还是个人都必须如此。

冷静判断，保持紧迫感，慌张而不慌乱，紧急而不焦急。

决不裁员。

我本人呢，是个技术员，但也不能不管营业。别说什么无酒不成交之类的鬼话，但一滴酒都不喝也能谈妥。做不到这些，就不是称职的经营管理者。

营业、生产制造、技术开发、劳务、财务等各职能部门无不是自己身体的组成部分，但也不可一个不落地乱抓一气，那样最终一无所成。有所为，有所不为。

十五六年下来，陈年污垢越积越多——我指的是，容易将事情复杂化，经商越简单越直接越好。

全员目标一致、思路统一，互相开展启蒙教育。

望能举全公司之力，共同奋斗！力不能及的人可以离开。全体员工都是经营管理者，为公司经营管理而出力。

我称自己为“爱做梦的人”，即便周围总有人泼我凉水，但我依然执着地努力去实现。希望大家也能勇于追求理想，美梦成真。

……………………………………Ⅱ部《危机之章》

在京瓷工作是一种休戚与共的创造行为。

渗透进潜意识的愿望。

他已经押上了旷日持久的人生，每天都在赌输赢、决胜负，所以并不在意那些小小不言的成败。

哪有工夫来搞兴趣爱好。兴趣爱好有益于身心，那是因为本职工作没做好！

男人是浪漫主义者，希望寻找一个抛头颅、洒热血的地方。

自己梦寐以求的是一位圣者，为他赴汤蹈火在所不辞。

……………………………Ⅱ部《狂之章》

卓越的才干是上天的眷顾，必须奉献于不具备才能的人们，个人的才干决不可据为己有。

我们这些手艺人，讲究的是平衡、协调和完整。

我常提到保持平衡，即使在噪声喧天的车间里，哪怕一根针落地的声音也都能听得见。也就是说，如果对物体的变化、状态的打破这些不敏感，那么很难出成就。

所谓管理之道，是人与人之间的较量。最令人气馁的是意见不统一，各行其是，从而丧失信任感。身为领导者，必须有决心、有魄力！

一再出现类似情况，为此劳心费力，是对人的一种锻炼，没吃过这种苦的人做不成事。像你这样愁眉不展的状态才是一种进步。烦闷苦恼，不知如何是好，却还得硬着头皮上，这就是人格的提升。立场不坚定、无可无不可的人不会有这种烦恼！

现实世界是心灵的写照。

创造性思维并不会在遇到某种需求时稀里糊涂地冒出来。正视问题，冥思苦想，煞费苦心甚至渗透进潜意识之中。如此一来，即便考虑其他事情的某个瞬间，潜意识仍然对问题念念不忘。处理问题时这种几近“壮烈”的状态下，才可能有创造性的灵感闪现。

彻夜工作，筋疲力尽，恍惚间灵光一闪，之前束手无策的问题有了解决对策，一筹莫展之际如有神助。

如果抱定“不可能”的心态，终将落空。

我们不能仅凭头脑来思考自己的愿望能否实现。所谓强烈的愿望，唯有心描绘，满腔热忱，甚至渗透进潜意识之中。

为了达成愿望而“痴狂”的精神状态下，才会取得创造性成果，思维局限于一般认识范围的人绝无可能做到。

希望诸位胸怀强烈的愿望，不达目的誓不罢休，不仅用头脑思考，还必须渗透进潜意识之中。

使灵魂或称作潜意识能够工作的前提，必须是美好的愿望，否则断无实现的可能。

脑力和体力100%地投入公司，我认为这是社长的使命。一旦在个人问题上浪费了时间和头脑，不禁产生罪恶感，自我问责。唯有美好心灵所描绘出的愿望，上天才会鼎力相助。

一般人通常辨别不清形势，盲目行动，结果一无所成。而我所说的“痴狂”状态，正是在这种情况下，将“绝对不可能”的事情变为现实。

想告诉诸位，内心所描绘的憧憬——纯粹而美好的心灵中萌生的希望与抱负，不可沾染一丝阴云——将变为现实。

为关乎4000人的命运共同体而诚心祈祷、热切盼望。

急中生智，全力以对，发挥超常的精神力量！

戒骄戒躁，不可躺在过去的荣誉上，坚持正确的为人之道，贯彻始终。

…………………………………Ⅱ部《梦之章》

图书在版编目（CIP）数据

创造京瓷的男人：稻盛和夫 / (日) 加藤胜美著；蔡越先译. — 北京：东方出版社，2015.9
ISBN 978-7-5060-8485-7

Ⅰ.①创… Ⅱ.①加…②周… Ⅲ.①稻盛和夫—生平事迹②稻盛和夫—企业管理—经验
Ⅳ.①FK833.135.38②F279.313.3

中国版本图书馆CIP数据核字（2015）第229549号

创造京瓷的男人：稻盛和夫
（CHUANGZAO JINGCI DE NANREN:DAOSHENG HEFU）

作　　者：[日] 加藤胜美
译　　者：蔡越先
责任编辑：贺　方
出　　版：东方出版社
发　　行：人民东方出版传媒有限公司
地　　址：北京市朝阳区西坝河北里51号
邮政编码：100028
印　　刷：北京文昌阁彩色印刷有限责任公司
版　　次：2015年11月第1版
印　　次：2020年5月第3次印刷
印　　数：11001-14 000册
开　　本：710毫米 × 1000毫米 1/16
印　　张：18.25
字　　数：228千字
书　　号：ISBN 978-7-5060-8485-7
定　　价：45.00元
发行电话：（010）85924663　85924644　85924641